Harald PÖCHER

Rozwój sprzętu wojskowego do chwili obecnej

Harald PÖCHER

Rozwój sprzętu wojskowego do chwili obecnej

Broń, pojazdy wojskowe, systemy wspomagania dowodzenia i elektronika wojskowa od sił zbrojnych do chwili obecnej

Wydawnictwo Bezkresy Wiedzy

Imprint

Cover image: www.ingimage.com

Publisher:
Wydawnictwo Bezkresy Wiedzy
is a trademark of
International Book Market Service Ltd., member of OmniScriptum Publishing Group
17 Meldrum Street, Beau Bassin 71504, Mauritius

Printed at: see last page
ISBN: 978-620-0-81208-7

Spis treści

Przedmowa

Historia produkcji broni jest tak długa jak historia człowieka. Kiedy minął czas rajskiego wywłaszczenia, wojna stała się środkiem do zdobycia lub obrony własności i władzy na siłę. Od tego czasu pojęcia "broń, systemy wspomagania dowodzenia i kontroli, pojazdy wojskowe, elektronika, technologia robotów i tak zwana "wojna gwiazd" są nierozerwalnie związane z pojęciami "siły zbrojne", "utrzymanie pokoju" i "wojna".
Niniejsze opracowanie stanowi próbę przedstawienia w skondensowanej formie najważniejszej broni, systemów uzbrojenia, sprzętu telekomunikacyjnego, pojazdów wojskowych, elektroniki i robotyki w siłach zbrojnych od czasów współczesnych do współczesności. Praca ta nie jest zatem pracą naukową poświęconą historii produkcji broni i systemów uzbrojenia, lecz jest jedynie pracą referencyjną w zakresie uzbrojenia i wyposażenia sił zbrojnych w skrócie. Dlatego nie jest ona skierowana przede wszystkim do ekspertów, ale do czytelników zainteresowanych bronią i systemami uzbrojenia. Ponieważ nie jest to praca naukowa, autor świadomie powstrzymał się od używania przypisów.
Autor dziękuje Akademikerverlag za chęć włączenia książki do programu wydawniczego i zlecenia jej tłumaczenia maszynowego na kilka języków. Dla autora jest jasne, że przy istniejących programach tłumaczeniowych może dojść do rozmycia tekstów tłumaczonych na inne języki i że ostatecznie nic nie zastąpi człowieka jako tłumacza. Jednak autor chętnie zaakceptował tę nową metodę, aby samemu zdobyć doświadczenie w jej stosowaniu.
Co więcej, jestem głęboko wdzięczny wszystkim tym, którzy w ten czy inny sposób przyczynili się do powstania tego dzieła, poprzez krytykę i dobre rady lub zachęcające sugestie z daleka.

Wiedeń, kwiecień 2020 r.
Profesor Uniwersytetu Honorowego (NKE) Dr Harald PÖCHER, brygadier

Wprowadzenie

Historia broni, systemów uzbrojenia, pojazdów i elektroniki używanych przez siły zbrojne we współczesnych czasach w skondensowanej formie do tej pory prawie nie znalazła się w świecie niemieckojęzycznym. W badaniu siły zbrojne są rozumiane jako siła zbrojna państwa. Jest on podzielony na siły zbrojne, siły powietrzne i marynarkę wojenną. W poszczególnych gałęziach sił zbrojnych istnieją również różne rodzaje broni. Dla lepszego zrozumienia zadań poszczególnych oddziałów, poszczególne oddziały i ich zakres zastosowania zostały przedstawione we wprowadzeniu.

Armia

Militarno-naukowy termin "armia" odnosi się do częściowej siły do prowadzenia wojny na lądzie. Armia składa się z kilku gałęzi sił zbrojnych.

Obrona NBC: Wiele krajów nadal przechowuje jądrowe, biologiczne i chemiczne (NBC) środki bojowe. Nie tylko niebezpieczne elektrownie jądrowe stanowią dziś zagrożenie dla naszego zdrowia, ale także grupy przestępcze i terrorystyczne, które mogą uzyskać dostęp do tej broni. Trzęsienia ziemi, wypadki chemiczne, epidemie i zanieczyszczenie środowiska stwarzają dalsze zagrożenia. W przypadku katastrof ekologicznych i naturalnych, w przeciwieństwie do zagrożeń wojskowych, czas ostrzegania jest krótki. Tylko jednostka pomocowa, która jest gotowa do działania tak szybko jak to możliwe, optymalnie wyposażona i przeszkolona na najwyższym poziomie, ma szansę coś zmienić. Siły obronne NBC są wykorzystywane w czasie wojny do ochrony żołnierzy przed zagrożeniami NBC, a w czasie pokoju są nieodzownym instrumentem pomocy w przypadku katastrof, zarówno na szczeblu krajowym, jak i międzynarodowym. Jego wyposażenie umożliwia wykrywanie substancji niebezpiecznych, odkażanie (odkażanie, odkażanie, odkażanie) ludzi, sprzętu i terenu oraz ratowanie ludzi przed zniszczonymi i skażonymi przedmiotami.

Artyleria: Twoim zadaniem jest wspomaganie rozmieszczania oddziałów bojowych przy użyciu broni dalekiego zasięgu. Jeśli obszar walki jest szczególnie zagrożony, jeśli atak ma być odparty lub jeśli atakują własne siły, to artyleria również będzie interweniować z jej bronią. Do tego celu dostępne są nowoczesne pistolety samobieżne. Jednostki obserwacji artylerii znajdują się na linii frontu. Zgłaszają cele, wysyłają żądania ognia, obserwują miejsce trafienia i w razie potrzeby ogłaszają poprawki drogą radiową. Kalkulatory następnie przekazują te informacje do broni. Artyleria posiada nowoczesne wyposażenie techniczne - m.in. elektroniczne systemy kierowania ogniem, dalmierze laserowe oraz systemy nawigacyjne i kierunkowe.

Jednostki zwiadowcze: Zadaniem jednostek zwiadowczych jest obserwacja i meldowanie o działaniach wroga - są więc aktywne na linii frontu i skanują, jak daleko posunęły się już wrogie siły. Oddziały zwiadowcze badają pozycje wroga i utrudniają mu zajęcie korzystnych pozycji. Zarówno stacjonarne, jak i mobilne siły zwiadowcze umożliwiają wczesne działanie i szybkie reagowanie na wrogie działania, zapobiegając w ten sposób nieprzyjemnym niespodziankom dla żołnierzy. Informacje zbierane przez siły zwiadowcze mają często ogromne znaczenie; są one potrzebne kierownictwu wojskowemu jako podstawa do podejmowania decyzji o dalszym rozmieszczeniu sił bojowych. Siły zwiadowcze to uniwersalna, mobilna, zmechanizowana jednostka, wyposażona w czołgi myśliwskie, pancerne wozy bojowe piechoty, a także wozy kołowe i kołowe czołgi harcerskie.

Obrona przeciwlotnicza: Siły przeciwlotnicze chronią przed atakami z powietrza strategicznie ważne pomieszczenia, przedmioty i obiekty. Do tego celu używa dział przeciwlotniczych i pocisków kierowanych. Priorytetem jest ochrona osób, a przede wszystkim sił lądowych na obszarach w pobliżu granicy. Szkolenie prowadzone jest dla operatorów broni palnej, broni kierowanej i radarów, pilotów i kontrolerów ruchu lotniczego, mistrzów broni palnej i mechaników radarowych.

Strażnik: Strażnik jest jedną z najważniejszych jednostek wojskowych. Jego głównym zadaniem jest reprezentowanie państwa. Szczególnie podczas wizyt państwowych i dużych uroczystości prawie zawsze obecne są formacje honorowe Gwardii. Jednak oprócz tych reprezentacyjnych zadań, wszyscy żołnierze Gwardii są również świetnie wyszkolonymi piechurami i mogą być rozmieszczani jak każdy batalion myśliwski. W przypadku operacji Strażnicy przejmują głównie zadania z zakresu ochrony przestrzeni kosmicznej, eskortowania i ochrony obiektów. Są oni również regularnie zatrudniani jako asystenci. Gwardia pokazuje również swoją szczególną tradycję światu zewnętrznemu, na przykład na państwowych przyjęciach.

Myśliwi / Piechota: Myśliwi / Piechota jest wałem i kręgosłupem armii. W krytycznych sytuacjach jako pierwsi przyjeżdżają zazwyczaj myśliwi/fandlarze. Używają oni lekkiej broni i dlatego są bardzo zwinni. Dodatkowo, żołnierze są wspierani przez nowoczesną i potężną broń piechoty. Należą do nich broń przeciwpancerna i granatniki. Wojska bojowe, które pod względem liczebności stanowią największą część oddziałów bojowych, są specjalnie wyszkolone do wykonywania różnych zadań. Na przykład, żołnierze, którzy są rozmieszczeni w górach, są poddawani kompleksowemu szkoleniu alpejskiemu. Inni natomiast, którzy w sytuacji zagrożenia powinni jak najszybciej znaleźć się na miejscu zdarzenia, przechodzą szkolenie lotnicze z wykorzystaniem śmigłowców lub mają do dyspozycji zbiorniki na kółkach.

Hunting Command: Hunting Command jest specjalną jednostką sił zbrojnych do nowych i szczególnie delikatnych misji. Żołnierze komandosów podejmują się misji, które nie mogą być wykonane przez konwencjonalne siły. Do zadań elitarnych żołnierzy należą operacje dowodzenia, gromadzenie informacji wywiadowczych, bezpieczeństwo osobiste, ewakuacja obywateli za granicę czy aresztowania zbrodniarzy wojennych. Głównym zadaniem Jagdkommando-Verband jest szkolenie żołnierzy dowodzenia i przygotowanie ich do operacji specjalnych. Komandosi należą do delikatnych zadań operacyjnych Jagdkommando-Żołnierzy. Część sił Jagdkommando jest w ciągłej gotowości do operacji w kraju i za granicą. Po ostrzeżeniu żołnierze wykonują następujące zadania: specjalne rozpoznanie w celu uzyskania ważnych informacji Kompanii Dowodzenia - na przykład uwolnienie osób przetrzymywanych jako zakładnicy, aresztowanie osób poszukiwanych, takich jak zbrodniarze wojenni, zniszczenie niebezpiecznych stanowisk broni, ochrona osobista. Poza tym pomagają żołnierze dowództwa łowieckiego: operacje poszukiwawcze i ratownicze wysokiego ryzyka, ewakuacja ludzi z obszarów kryzysowych, zwalczanie sił wywrotowych - takich jak terroryści. W operacjach międzynarodowych dowództwo łowieckie wspiera siły konwencjonalne, jeśli wymaga tego szczególna sytuacja zagrożenia na obszarze kryzysowym.

Czołgi i piechota pancerna: Korpus pancerny składa się z batalionów czołgowych o dużej sile ognia i uderzenia: używają najnowocześniejszych pojazdów bojowych. Podczas gdy pojazdy bojowe, myśliwskie i piechoty zapewniają ogromną siłę ognia, piechota Panzergrenadierbataillons zapewnia niezbędną elastyczność. Najważniejszym systemem uzbrojenia korpusu pancernego jest główny czołg bojowy. Drugą ważną bronią jest główny czołg bojowy, który jest tak potężny, że może podążać za głównym czołgiem bojowym w każdym terenie.

Niezwykłą siłą zmechanizowanej piechoty jest przeplatanie się bitwy z walczącego pojazdu piechoty z rojem piechoty w teren. Dzięki temu żołnierze mogą optymalnie dostosować się do odpowiednich wymagań swojego otoczenia. Grenadierzy otrzymują oczywiście odpowiednie wsparcie techniczne, które umożliwia im realizację ich zadań. Oprócz AIFV, posiadają one również inne specjalne pojazdy gąsienicowe i kołowe.

Siły powietrzne

Wojskowy termin naukowy "siły powietrzne" odnosi się do częściowej siły do prowadzenia wojny w powietrzu. Siły powietrzne mają organizację naziemną i jednostki latające.

Siły powietrzne: Państwo musi zapewnić swoim obywatelom bezpieczeństwo nie tylko na ziemi, ale i w powietrzu. Siły powietrzne są odpowiedzialne za utrzymanie spokoju w przestrzeni powietrznej. Lokalizują, identyfikują i, w razie potrzeby, wymuszają wtargnięcie do samolotu. W razie potrzeby, zmuszają je również do lądowania. W sytuacjach awaryjnych, kolektory są wyposażone w rakiety powietrze-powietrze. Urządzenia przechwytujące są wbudowane w system, który w całości umożliwia zachowanie suwerenności powietrznej. W ten sposób system radarowy wykonuje wybitne usługi w zakresie nadzoru przestrzeni powietrznej. W przypadku neutralności lub obrony, ludność może zostać ostrzeżona w odpowiednim czasie o nadlatujących samolotach za pomocą systemu radarowego. W skład sił powietrznych wchodzi również obrona przeciwlotnicza, która wykorzystuje działa przeciwlotnicze i pociski kierowane do ochrony strategicznie ważnych obszarów i obiektów przed atakami z powietrza. Oprócz samolotów przechwytujących, siły powietrzne posiadają również samoloty transportowe, zwiadowcze, łącznikowe i szkoleniowe. Ponadto siły powietrzne obsługują eskadry helikopterów do pewnych zadań, które mają również ogromne znaczenie w sektorze cywilnym. Śmigłowce są stale w pogotowiu, aby ratować ludzkie życie po wypadkach, na przykład w przypadku wypadków w wysokich górach lub katastrof powodziowych.

Nadzór nad przestrzenią powietrzną: Nadzór nad przestrzenią powietrzną w znacznym stopniu przyczynia się do zachowania suwerenności państwowej. Szczególnie dla neutralnego państwa kluczowa jest zdolność do utrzymania suwerenności powietrznej. Stan monitoruje przestrzeń powietrzną przez całą dobę za pomocą swoich stałych i ruchomych czujników. Połączone w sieć systemy radarowe monitorują ruch lotniczy wraz ze stacjami cywilnymi. Batalion radarowy obsługuje pasywny element nadzoru przestrzeni powietrznej za pomocą systemu radarowego Gold Cap. System składa się z pierwotnych i wtórnych systemów radarowych, które precyzyjnie lokalizują lecące obiekty i określają ich wysokość i kierunek lotu. Stacje radarowe batalionu są ze sobą połączone w sieć i przekazują swoje dane do centrum operacyjnego. W celu optymalizacji przepływu informacji, systemy armii współpracują również z cywilnymi stacjami radarowymi.

Siły morskie lub marynarka wojenna

Wojskowo-naukowy termin "siły morskie lub marynarka wojenna" odnosi się do częściowej siły do prowadzenia wojny na morzu. Siły morskie składają się z formacji pływających, na które składają się okręty wojenne i okręty pomocnicze oraz inne wyznaczone jednostki, takie jak lotnicy morscy, marynarki wojenne, obiekty pomocnicze i szkoleniowe. Ponadto termin "marynarka handlowa" jest powszechnie używany w odniesieniu do wszystkich statków handlowych danego kraju i związanej z nimi administracji.

Lotnicy morscy to siły powietrzne należące do sił morskich danego kraju. Mogą być wyposażone w samoloty i helikoptery, które są używane przez statki lub z lądowych lotnisk do zadań morskich.

Korpus Piechoty Morskiej jest wyspecjalizowaną jednostką do zadań piechoty we współpracy z siłami morskimi. Obejmuje to działania amfibii, takie jak lądowanie na wybrzeżach, ale także zadania związane z ochroną na pokładach okrętów wojennych i inspekcje statków handlowych.

Międzyresortowe rodzaje broni

Oprócz rodzajów broni, które można jednoznacznie przypisać do konkretnej gałęzi sił zbrojnych, istnieją również rodzaje broni, które występują we wszystkich gałęziach sił zbrojnych. Zasadniczo, są to inżynierowie, oddziały telekomunikacyjne, patrole wojskowe, żandarmeria wojskowa i oddziały zaopatrzeniowe.

Pionierzy: Pionierzy mają za zadanie zwiększyć ruch własnych oddziałów i utrudnić w jak największym stopniu ruch oddziałów przeciwnika. Aby to osiągnąć, Pionierzy wspierają oddziały bojowe, budując bariery, mosty, osłony i stanowiska ochronne, układając lub usuwając miny, wysadzając drogi i przejścia. Ich wyposażenie umożliwia również pionierom skuteczną pomoc w przypadku katastrof. W przypadku najpoważniejszych wypadków i niszczycielskich zdarzeń naturalnych, żołnierze przychodzą z pomocą ludności. Tam, gdzie środki pomocy cywilnej nie są już wystarczające, Federalne Siły Zbrojne i ich specjaliści interweniują w celu udzielenia wsparcia. Na przykład podczas operacji powodziowych pionierzy budują tymczasowe mosty i tamy ochronne, są rozmieszczani podczas katastrof śnieżnych i sztormowych, obwałowań skał i osunięć ziemi oraz ratują - często z narażeniem życia - ludzi, zwierzęta i towary.

Wojska telekomunikacyjne: To, czym są dostawcy usług telefonicznych w sektorze cywilnym, wojska telekomunikacyjne w sektorze wojskowym: zawsze dążą do dobrych połączeń. Zarówno w czasie pokoju, jak i w czasie operacji, dowodzenie i kontrola nad jednostkami byłyby nie do pomyślenia bez żołnierzy telekomunikacji. Oddziały telekomunikacyjne muszą nie tylko zapewnić niezakłócony kontakt między oddziałami, ale także przestrzegać zasady "Uwaga, wróg słucha". Dzieje się tak dlatego, że wszystkie komunikaty mogą być przechwytywane, a ruch radiowy może być ukierunkowany. W ten sposób ewentualny wróg mógłby interweniować i przekazywać fałszywe wiadomości. Z tego powodu ruch telekomunikacyjny jest zawsze zaszyfrowany, zakamuflowany i tylko w wyjątkowych przypadkach transmitowany w postaci zwykłego tekstu. Aby zapewnić szybką i bezpieczną transmisję komunikatów, Siły Telekomunikacyjne pracują z ultranowoczesnymi urządzeniami radiotelefonicznymi i kluczowymi. Żołnierze telekomunikacyjni nie tylko obsługują połączenia telefoniczne, radiotelefoniczne, radiotelegraficzne, kierunkowe, transmisji danych i telefaksowe, ale także zestawiają te połączenia. Układają linie, utrzymują je w dobrym stanie, a w przypadku usterek, namierzają źródło błędu. Siły zbrojne dysponują nowoczesną siecią telekomunikacyjną, składającą się ze stacjonarnych i mobilnych centrów operacyjnych i monitorujących. Jednak technologia ta jest tylko tak dobra, jak operatorzy.

Patrol Wojskowy i Żandarmeria Wojskowa: Patrol Wojskowy i Żandarmeria Wojskowa to siły porządkowe sił zbrojnych. Jego zadaniem jest ochrona żołnierzy oraz wszystkich obiektów i dóbr wojskowych. Realizuje zadania patrolu wojskowego oraz ochrony osobistej i odpowiada za bezpieczeństwo i porządek w ramach kontyngentu podczas misji zagranicznych jako żandarmeria wojskowa. Jako nowe i niezwykle trudne zadanie żandarmeria wojskowa będzie również - w zależności od mandatu - rozmieszczana w celu przywrócenia i utrzymania porządku publicznego. Może to obejmować prawie wszystkie aspekty pracy policji i wymaga specjalnych szkoleń i współpracy z krajowymi organami wykonawczymi.

Głównymi zadaniami patrolu wojskowego i żandarmerii wojskowej są: Eskortowanie transportów jest jednym z obowiązków patrolu wojskowego. Kontrole serwisowe i bezpieczeństwa, ochrona osobista, rewizje, obsługa zamówień, ankiety, eskorta i transfery.

Siła zasilająca: Siła zasilająca zapewnia, że wszystkie jednostki sił zbrojnych otrzymają odpowiednią amunicję, niezbędne zapasy i niezbędne części zamienne we właściwym czasie i na właściwym miejscu. Bez funkcjonujących zapasów, nic nie działa w nowoczesnej armii. Każda sytuacja i każda misja przynosi nowe wyzwania dla żołnierzy w siłach zaopatrzeniowych. Czy to w akcji, czy na treningu, wszyscy żołnierze chcą

być dobrze nakarmieni i właściwie ubrani. Jest to obowiązek Służby Gospodarczej, która jest również odpowiedzialna za prowadzenie spraw finansowych. Amunicja i materiały eksploatacyjne (takie jak paliwo) są dostarczane przez Field Equipment and Supply Service. Wszystkie pojazdy i sprzęt wojskowy muszą być również utrzymywane w dobrym stanie technicznym. To również wchodzi w zakres szerokich kompetencji Sił Dostawczych, które obsługują serwis techniczny w zakresie konserwacji i napraw materiałów. Jako ważna część zaopatrzenia, ratownicy medyczni opiekują się rannymi i chorymi - żołnierzami lub cywilami - i zapewniają im opiekę medyczną. Ratownicy medyczni zapewniają wstępną opiekę i przywożą rannych do szpitala polowego lub cywilnego. Ale ratownicy medyczni udzielają również pomocy międzynarodowej. Nawet w codziennych barakach służby medyczne nie muszą narzekać na brak pracy. Sani" dbają o higienę w koszarach, opiekują się komisjami stanowymi oraz izbami chorych i szpitalami wojskowymi.
Cyber Siły Obronne: Cyber Siły Obronne to siła obrony w przestrzeni wirtualnej. Cyberobrona obejmuje wszystkie środki służące bezpieczeństwu technologii informacyjno-komunikacyjnych (TIK), a także wszystkie środki służące ochronie przed atakami cybernetycznymi na terytorium kraju i jego obiekty, które zagrażają suwerenności. Ataki cybernetyczne na wojskowe systemy TIK, jak również na infrastrukturę krytyczną lub instytucje konstytucyjne państwa mogą stanowić zagrożenie dla suwerenności. Walki w sieciach komputerowych mogą być prowadzone w ramach wojskowej obrony narodowej, wkładu sił zbrojnych w bezpieczeństwo wewnętrzne oraz w ramach operacji zagranicznych.
Badania nad historią broni, systemów uzbrojenia, pojazdów i elektroniki sił zbrojnych w czasach współczesnych zostały oparte na obszernym studium literatury. Książka jest podzielona na 13 rozdziałów. Rozdział pierwszy służy jako ogólne wprowadzenie do rozwoju i produkcji broni. W rozdziale drugim autor analizuje rozwój i produkcję broni armii. W następnym, trzecim rozdziale przedstawiono broń marynarki wojennej. Rozdział czwarty służy do analizy broni Sił Powietrznych. Rozwój pocisków przedstawiony jest w rozdziale piątym. Rozdziały szósty, siódmy i ósmy służą do analizy broni jądrowej, biologicznej i chemicznej. W rozdziale dziewiątym przedstawiono systemy wspomagania dowodzenia, a rozdział dziesiąty służy do zobrazowania cyberobrony. Systemy elektroniczne zostały zbadane w rozdziale 11. W następnym rozdziale 12 przedstawiono analizę systemów sztucznej inteligencji i robotów dla celów wojskowych. Po tym następuje ekskurs na temat logistyki w siłach zbrojnych. Prezentacja wykorzystania przestrzeni kosmicznej do celów wojskowych jest zastrzeżona dla rozdziału 13. Rozdział 14 zawiera streszczenie rozważań.

Obszerny materiał zdjęciowy został starannie dobrany zgodnie z przepisami prawa autorskiego.
Rysunki 1, 2, 3, 4, 5, 6, 7, 8, 9, 10, 10A, 11, 12, 13, 14, 15, 16, 17, 18, 19, 21, 22, 23, 24, 25, 26, 27, 28, 29, 31, 33, 34, 35, 36, 37, 38, 40, 41, 42, 43, 44, 45, 47, 48, 49, 50, 51 pochodzą z archiwum autora. Ilustracje nie wymienione powyżej pochodzą z: 20 (General Dynamics), 30 i 32 (Strona główna US-Navy), 39 (Strona główna Royal Navy), 46 (Raytheon) i 52 (NMD).

Lista skrótów

Skróty ogólne Skróty krajowe

GRT	Tonaż rejestrowy brutto	B	Belgia
Cm	Centymetry	D	Niemcy
FH	haubica polna	Dk	Dania
FK	Broń polowa	E	Hiszpania
FlAK	Broń przeciwlotnicza	F	Francja
FlAR	Pociski przeciwlotnicze	AR	Wielka Brytania
FlAL	Przeciwlotniczy pocisk	I	Włochy
GebK	naprowadzany	Isr	Izrael
Wiek	Działko górskie	J	Japonia
K.O.K.	Wiek	Ö	Austria
KT	Cesarz i król	E.U.	Austria-Węgry
m	Kiloton	Rus	Rosja
max.	mierniki	Su	Związek Radziecki
MG	Maksymalnie	Sw	Szwecja
MK	Karabin maszynowy	ZSRR	Związek Socjalistycznych
mm	Armata automatyczna		Republik Radzieckich
m/sec	Milimetr		
OECD	metry na sekundę	USA	Stany Zjednoczone
	Organizacja Współpracy		Ameryki Północnej
	Gospodarczej i Rozwoju		
PS	Horsepower	CHRL	Chińska Republika Ludowa
AD	po Chrystusie		
NATO	Organizacja Traktatu		
	Północnoatlantyckiego		
NASA	Krajowa Agencja		
	Aeronautyczna i Kosmiczna		
Sm	Mile morskie		
t	tona		
TNT	Trinitrotoluen		
ONZ	Organizacja Narodów		
USD	Zjednoczonych		
B.C.	Dolar amerykański		
WAPA	przed Chrystusem		
	Układ Warszawski		

1. Rozwoju i produkcji broni

Produkcja uzbrojenia ma długą tradycję w historii ludzkości. Podczas gdy w odległej przeszłości była to jeszcze kwestia "gołego" bezpieczeństwa życia, zmieniło się to wraz z pojawieniem się zorganizowanych armii. W dalszej części termin "uzbrojenie" jest używany do określenia wszystkich środków fizycznych i psychologicznych wymaganych do ustanowienia ochrony wojskowej. Wzmocnienie lub redukcja uzbrojenia lub sił zbrojnych na znaczną skalę jest potocznie nazywane uzbrojeniem lub rozbrojeniem.

Potrzeby wojska sięgają od roślin ozdobnych do schronienia po urządzenia elektroniczne. Pokazuje to, że jakakolwiek próba dokładnego rozgraniczenia lub całkowitego pokrycia jest mało prawdopodobna, aby przyniosła zadowalający wynik. Gospodarka może produkować dowolne dobra o charakterze wojskowym. Przemysł zbrojeniowy jest zatem rozumiany jako ta część gospodarki narodowej, która wytwarza towary w celu jak najbardziej ekonomicznego zaspokojenia potrzeb sił zbrojnych. W tym kontekście termin "gospodarka zbrojeniowa" wykracza daleko poza termin "przemysł zbrojeniowy" i w związku z tym obejmuje nie tylko produkcję "twardego" uzbrojenia, ale także, na przykład, firmy i przedsiębiorstwa produkujące tzw. towary podwójnego zastosowania. Są to towary podwójnego zastosowania, w tym programy i technologie przetwarzania danych, które mogą być wykorzystywane zarówno do celów cywilnych, jak i wojskowych. Obejmują one wszystkie towary, które mogą być wykorzystane zarówno do celów niewybuchowych, jak i do wszelkich form pomocy w produkcji broni jądrowej lub innych urządzeń do przeprowadzania wybuchów jądrowych.

Wojny są częścią ludzkiej historii. Jeśli spojrzeć na epoki historyczne według wojennych standardów historycznych, można zauważyć, że

-Od starożytności do 1800 r. skala działań wojennych - mierzona liczebnością armii i flot - znacznie wzrosła,
-Zaostrzone działania wojenne zyskały jeszcze większe zaawansowanie techniczne - w rezultacie ilość środków produkcyjnych wydawanych na broń i inne wyposażenie oraz fortyfikacje rosła szybciej niż liczba żołnierzy.

Zapotrzebowanie na broń pozostawało jednak dość skromne do czasu powstania armii masowych w drugiej połowie XIX wieku, tak więc badania i rozwój w dziedzinie uzbrojenia nie miały większego wpływu na produkty cywilne. Dopiero gdy zapotrzebowanie na uzbrojenie gwałtownie wzrosło w epoce imperializmu, a przewagę na polu walki mogły zapewnić nowe rodzaje uzbrojenia, badania i rozwój w sektorze zbrojeniowym zostały mocno zintensyfikowane. Od tego czasu wiele produktów wojskowych miało decydujący wpływ na rozwój produktów cywilnych. Pierwsza wojna światowa była jednak tylko przedsmakiem talentu wynalazczego poszczególnych państw w zakresie rozwoju uzbrojenia. Poniżej znajduje się przegląd najważniejszych epok w historii ludzkości z punktu widzenia uzbrojenia.

Starożytność (około 1200 r. p.n.e. do 600 r. n.e.) obejmuje zaawansowane cywilizacje Egiptu, Mezopotamii, Syrii, Azji Mniejszej, Grecji i Cesarstwa Rzymskiego. W pozostałej części świata pierwsze zaawansowane cywilizacje znajdowały się w Azji Wschodniej, zwłaszcza w Chinach, Indiach oraz Ameryce Środkowej i Południowej. Nowoczesne metody archeologii zapewniają coraz lepszy wgląd w warunki życia, gospodarkę i wykonywanie władzy ludów i kultur przed Chrystusem. Wiele pozostaje jeszcze do zbadania, ale niektóre rzeczy pozostaną w mroku historii, takie jak dość dokładne informacje o rozwoju populacji w tym okresie. Podobnie, nie ma prawie żadnych dokładnych danych na temat siły armii tej epoki i produkcji uzbrojenia. Zależy to więc od skąpych raportów z tego czasu. Według badań OECD, około 230 milionów ludzi żyło na świecie w czasie narodzin Chrystusa, większość z nich, około 175 milionów, w Azji. W Europie, w tym w Rosji, było około 30 milionów ludzi. Najgęściej zaludnionymi krajami w Europie były Włochy z siedmioma milionami mieszkańców, Francja z pięcioma, Hiszpania z czterema i pół, a Niemcy i Rosja z trzema milionami. Pozostałe kraje miały od 100.000 do 800.000 mieszkańców.

Ze względu na niską liczbę ludności, podobnie jak zapotrzebowanie na sprzęt wojskowy, liczba personelu sił zbrojnych była również niska. Z czasów króla Sargona z Akkadu zachował się napis z około 2250 r. p.n.e., który mówi nam o sile jego armii. Napis brzmi: *"Sargon, król Kisza, odniósł zwycięstwo w trzydziestu czterech bitwach, mury, które zniszczył, są tak daleko jak wybrzeża morza. Bóg Enlil uratował króla Sargona z rąk jego rywali. Pięćdziesiąt cztery tysiące ludzi żywi się codziennie na jego dworze."* Stała armia licząca 54 000 wojowników dała królowi pewną przewagę nad każdym lokalnym rywalem. Ale utrzymanie tak dużej armii wymagało także corocznych kampanii i zajmowania żyznej ziemi w celu zapewnienia żołnierzom pożywienia. Wynikające z tego obciążenie dla ludności było ogromne.

Jedną z wielkich potęg starożytności było imperium faraonów nad Nilem. Armia była ważną częścią społeczeństwa państwa egipskiego. Do czasu powstania Nowego Imperium, egipska armia była powoływana tylko w razie potrzeby. Faraon zazwyczaj trzymał na dworze małą kadrę stojących żołnierzy, ale w nagłych wypadkach mogło to stanowić jedynie rdzeń armii. W większości byli to rolnicy i rzemieślnicy, którzy byli powoływani przez urzędników w prowincjach. To zgromadzone ad hoc wojsko było pod dowództwem członka domu królewskiego lub kompetentnego urzędnika, który zwolnił ich, gdy nie byli już potrzebni. Wydalenie Hyksosów i Hetytów wymagało jednak stworzenia stałej organizacji wojskowej, niejako zawodowej armii. Świadectwem siły egipskiej armii zawodowej jest bitwa pod Kadeshem. Około 1300 r. p.n.e., faraon Ramzes II chciał zabezpieczyć dostęp Egiptu do Syrii, biorąc miasto Kadesh, ale król Hetytów Muwatalli uniemożliwił mu to. Hetytowie i ich 13 sojuszników miało 3 700 rydwanów i 40 000 stóp żołnierzy, Egipcjanie mieli 2 000 rydwanów i 20 000 stóp żołnierzy.

Podczas wojen perskich Kserkses podobno w 481 r. p.n.e. zgromadził dużą armię w Azji Mniejszej. Podaje się, że 800.000 ludzi pieszo, 80.000 jeźdźców i 1200 statków. Z tym strojem chciał ujarzmić Grecję. Po zwycięstwie morskim Greków w Salamis, Kserkses powrócił do Azji Mniejszej. W Grecji zostawił po sobie tylko 300.000 ludzi. Dla porównania, grecka armia była skromna. Tylko 100.000 ludzi walczyło pod dowództwem Pausaniasa i Aristeidisa z Persami pod Plateaus.

Inny dowódca starożytnego świata, Aleksander Wielki, wyruszył do Azji Mniejszej w 334 roku p.n.e. z 30.000 pieszymi żołnierzami i 5.000 jeźdźców. Jego armia przywiozła do Azji w pobliżu Sestosu 160 trzykrotnie powiększających się mężczyzn z floty macedońskiej. W trakcie bitew z Persami, którzy w większości posiadali siły kilkuset tysięcy mężczyzn i jeźdźców, Aleksander zwiększył swoje siły, rekrutując żołnierzy na pokonanych terytoriach. Poinformowano, że dla zamierzonego podporządkowania Indii, Aleksander wyruszył pod koniec 327 roku z 120.000 mężczyzn z Bactrii przez Aleksandrię na Paropamiso do północno-zachodnich Indii.

Prawdopodobnie najważniejszym okresem w starożytnej historii wojskowej po Aleksandrze Wielkim jest powstanie i upadek Cesarstwa Rzymskiego. Ten okres zaczynać z the podstawa Rzym w 753 753 p.n.e. i kończyć w 476 REKLAMA. Konstytucja wojskowa była przez wieki wielokrotnie zmieniana. Armie rzymskie w dawnych czasach były wojskami cywilnymi i powstały w wyniku wykopalisk. Proletariusze zostali wykluczeni. W ujęciu makroekonomicznym przemysł zbrojeniowy nie odgrywał żadnej roli w Cesarstwie Rzymskim, gdyż siła robocza sił zbrojnych była niewielka w stosunku do liczby ludności. Na początku pierwszego tysiąclecia na granicach działało 25 legionów. Bez oddziałów pomocniczych było to około 125 tys. mężczyzn - pod względem liczebności, około połowy odbiorców pomocy, którzy żyli z pomocy społecznej w samej stolicy. Całkowite roczne obciążenie budżetu państwa na wynagrodzenia, wynoszące około 25 milionów denarów (200 na głowę mieszkańca), stanowiło zaledwie jedną dziesiątą kwoty, którą August rozdzielił wśród ludności Rzymu jako darowiznę. W przeliczeniu na pojedynczego obywatela imperium koszty armii wynosiły zaledwie kilka centów rocznie. Nawet tak mały kraj jak Austria wydaje znacznie więcej na obronę narodową niż Imperium Rzymskie. Porównanie z dzisiejszymi potęgami światowymi - zwłaszcza w odniesieniu do przemysłu zbrojeniowego - wydaje się absurdalne. Sukcesy militarne Rzymian *nie opierały się* na ich broni, ponieważ nie była to broń cudowna i tylko nieznacznie różniła się od broni ich przeciwników. Każdy legion musiał zapewnić sobie broń i narzędzia oraz stworzyć niezbędne fabryki. Ponadto, były to towary takie jak metalowe zastawy stołowe i metalowe przedmioty codziennego użytku. Fabryki i warsztaty legionu znajdowały się w Canabae legionis poza terenem obozu. Na przykład, legiony canabae miasta Vindobona, dzisiejszego Wiednia, znajdowały się na terenie dzisiejszego placu Michaeler-Platz. Byli pod kontrolą oficera, praefectus fabrum. Potrzeby legionu w zakresie uzbrojenia i sprzętu były tak duże, że oprócz warsztatów wojskowych, armatoriów, przedsiębiorcy cywilni zakładali również takie fabricae armorum. Kowale broni i narzędzi cieszyli się uznaniem, ponieważ produkcja mieczy, grotów i części pancerzy wymagała dużych umiejętności w posługiwaniu się żelazem.

Cesarze rzymscy, którzy byli również najwyższym dowódcą sił zbrojnych, również odegrali ważną rolę w zaopatrywaniu armii w broń i towary. Ich siła ekonomiczna była ogromna, byli największymi właścicielami ziemskimi i ze względów wojskowych i ekonomicznych zachowali kontrolę nad całymi województwami. To sprawiło, że zaopatrywanie armii było dochodowym interesem również dla cesarza. Podczas gdy armia była filarem władzy w Cesarstwie Rzymskim, flota pozostała bez znaczenia - poza kilkoma wybitnymi morskimi zwycięstwami. Tylko statki na rzekach granicznych Renu i Dunaju zyskały na znaczeniu w czasie najazdów germańskich.

Działania wojenne w czasach starożytnych były ograniczone głównie przez transport i zaopatrzenie. Ważna, ale rzadko decydująca była również dostawa metali i broni. "Przemysłowe" aspekty działań wojennych jeszcze nie istniały. Istotna zmiana w systemach uzbrojenia została spowodowana pojawieniem się broni z brązu. Zaczęło się to w prehistorii zaawansowanych cywilizacji około 3500 r. p.n.e. w Mezopotamii.

Kilka tysięcy lat później nastąpiła kolejna zmiana w systemach uzbrojenia: skutecznie zaprojektowane rydwany były "dostępne". Dzięki temu znacznie poprawiła się mobilność i siła ognia. Rydwan stał się bronią nadrzędną, gdyż po wynalezieniu koła szprychowego był znacznie gładszy od rydwanów z drewnianymi kołami tarczowymi. Dobry łucznik, stojący obok rydwanu, potrafił zmyć strzałami żołnierzy stóp wroga, podczas gdy on sam był stosunkowo bezpieczny, dzięki szybkiemu ruchowi rydwanu. Rydwany odgrywały ważną rolę zwłaszcza na Wschodzie, w Indiach i Chinach od 1500 r. p.n.e.; w Europie odgrywały one najwyraźniej mniejszą rolę. Ich produkcja była kosztowna ze względu na ilość pracy, a także kosztowna w prowadzeniu, ponieważ jedzenie musiało być dostępne dla koni pociągowych przez cały rok. Firmy, które używały rydwanów, były zazwyczaj bardzo arystokratyczne. Bardzo mała klasa wojowników domagała się dla siebie większości nadwyżek rolnych, które były wyciskane od rolników.

Kolejna zmiana w systemach uzbrojenia doprowadziła natomiast do "-demokratyzacji" działań wojennych. Odkrycie możliwości produkcji taniej i użytecznej broni z żelaza prawdopodobnie miało miejsce około 1400 roku p.n.e. gdzieś we wschodniej Azji Mniejszej. Ponieważ ruda żelaza była szeroko stosowana, a zatem (stosunkowo) tania, węgiel drzewny potrzebny w procesie wytopu również był łatwy do produkcji. Po raz pierwszy zwykli ludzie mogli kupować i używać metalu, przynajmniej w małych ilościach. Zastosowanie pługów żeliwnych poprawiło wykorzystanie gleby i umożliwiło rozbudowę gruntów ornych. Doprowadziło to stopniowo do wzrostu dobrobytu. Ponieważ żelazo było tanie, stosunkowo wielu mężczyzn mogło być teraz wyposażonych w metalową broń. Rolnicy i pasterze otrzymali w ten sposób nieznaną wcześniej siłę bojową, która zmieniła również wcześniejszą arystokratyczną strukturę społeczną. Rozprzestrzenianie się przetwórstwa żelaza doprowadziło do licznych inwazji i ruchów migracyjnych na Bliskim Wschodzie w latach 1200-1000 p.n.e..

Bardziej skomplikowany sprzęt wojskowy w większych ilościach został po raz pierwszy znaleziony wśród Asyryjczyków. między 935 a 612 rokiem p.n.e. Asyryjczycy wynaleźli na przykład ruchome wieże z łamaczami murów w celu oblężenia ufortyfikowanych miast i przeprowadzili szkolenie oblężnicze. Ważnym systemem broni, który również był wówczas szeroko stosowany, jest zamontowany żołnierz. Nikt dziś nie wie z całą pewnością, kiedy narodził się zwyczaj jazdy konnej, ani gdzie to się stało. Wczesne przedstawienia pokazują asyryjskich wojowników na koniach. Większość historyków zakłada, że pionierami tego nowego zastosowania koni były narody stepowe. Persowie dalej rozwijali konia jako system broni. Hodowali konie, które mogły nosić człowieka w zbroi i chroniły samego konia zbroją przed strzałami. Jednak nowy system uzbrojenia powoli rozprzestrzenia się na Europę Zachodnią.

W Indiach, pierwsze wielkie imperium, imperium Maurja, powstało około 322 roku przed naszą erą. Król Chandragupta utrzymywał rozbudowaną organizację szpiegowską i doskonale wyposażoną armię, aby zabezpieczyć swoją władzę. W czasach świetności liczyła 700.000 ludzi, 9.000 słoni bojowych i 10.000 rydwanów wojennych. Operacją kierowała rada wojenna składająca się z 30 oficerów.

W Azji Wschodniej rozwój ten obrał inny kierunek. Pomimo ekspedycji cesarza Wuti w 101 r. p.n.e., która sprowadziła do Chin wielkie perskie konie wojenne, zwierzęta te nigdy nie zyskały w Chinach większego znaczenia. Chiny bardziej polegały na swoich potężnych kuszach, których pociski mogły zrzucić pancernego wojownika z konia na odległość prawie stu metrów. To znacznie zredukowało efekt mocno opancerzonych jeźdźców.

Średniowiecze to termin uformowany przez historyków na okres między starożytnością a współczesnością. Początek i koniec są ustalane inaczej: od początku Migracji Ludów około 375 lub upadku Zachodniego Cesarstwa Rzymskiego w 476 r. lub czasu Karola Wielkiego około 800 r. do odkrycia Ameryki w 1492 r. Za czasMigracji Ludów uważa się te cechy ludów germańskich i innych na zachód i południe Europy w IV-VI w. n.e., przez które Cesarstwo Rzymskie zostało zniszczone, a przejście od starożytności do średniowiecza zakończone. W Europie migracja ludów doprowadziła do mieszania się ludów, ale także do upadku gospodarczego i kulturowego, co tymczasowo doprowadziło do powstania gospodarki opartej na wymianie.

Średniowiecze było epoką wielu małych i dużych wojen. Podczas gdy małe wojny były w większości wojnami plemiennymi, których wynik przyczynił się do powstania niektórych plemion, takich jak Karolingowie, wielkie wojny były wojnami ponadnarodowymi, których wynik spowodował powstanie wielkich mocarstw, takich jak Francja. Prawdopodobnie największymi wojnami ponadnarodowymi były kampanie podbojowe Arabów w celu szerzenia islamu oraz krucjaty państw europejskich w celu odzyskania Ziemi Świętej. W ciągu 200 lat odbyło się siedem krucjat, które pochłonęły ogromne zasoby ludzkie i materialne, a tym samym przyczyniły się do stagnacji gospodarki w Europie.

Przyjrzyjmy się bliżej I krucjacie (1096 do 1099) i III krucjacie (1189 do 1192). W pierwszej krucjacie armia krzyżowców po raz pierwszy przemaszerowała przez Europę w kilku pociągach i zebrała się w Konstantynopolu w 1097 roku. Według nowszych szacunków, przyjmuje się, że było około 50.000 do 60.000 ludzi, w tym 6.000 rycerzy i szlachetnych panów oraz 22.000 pieszych. Liczbę koni szacuje się na 50.000. W 1099 r., po około pięciotygodniowym oblężeniu, podbój Jerozolimy i późniejsze ustanowienie państw feudalnych o silnym feudalizmie chrześcijańskim i niezależnych wasali według modelu francuskiego było udane. Jerozolima została odzyskana przez sułtana Saladyna w 1187 roku. To była podstawa do trzeciej krucjaty. W trzeciej krucjacie cesarz Fryderyk I Barbarossa postawił się na czele całego zachodniego przedsiębiorstwa, zgodnie z jego ideą uniwersalnej pozycji cesarza. Innymi uczestnikami byli angielski król Ryszard Lwie Serce i francuski król Filip II. August z ich orszakiem. Niemiecka armia krzyżowców wybrała drogę lądową wzdłuż Dunaju przez Bałkany. Z pierwotnych 25.000 mężczyzn, którzy wyruszyli z Ratyzbony, siła armii wzrosła do 100.000 mężczyzn poprzez dodanie austriackich i węgierskich żołnierzy. Krucjata zakończyła się nagle, gdy cesarz utonął podczas kąpieli w Cylicji w rzece Saleph (dziś Göksu). Duża część zdemoralizowanych żołnierzy wróciła następnie do domu, część niemieckiej armii krzyżowej, pod dowództwem syna Fryderyka, księcia Fryderyka V, dotarła do Ziemi Świętej i wzięła udział w bitwach o Acre. Krucjaty nie powiodły się, ponieważ interesy narodowe uczestniczących w nich narodów nie były zgodne z uniwersalną ideą.

Do najważniejszej broni tamtych czasów należały łuki i strzały, lance, miecze oraz, od XI wieku, kusza. Broń wykonywali rzemieślnicy, łuki Bognerna, a strzały rzeźbiarzami strzał. Wózki i strzałki służyły nie tylko do pracy rzemieślniczej, ale także do obsługi broni na murach obwodowych miast. Kiedy łuk został zastąpiony przez kuszę, bogacze stali się kuszami. Miecze wykonywali kowale noży i ostrzy, natomiast kutry specjalizowały się w produkcji pałek i wszelkiego rodzaju noży, sztyletów oraz nożyc z ostrzami jednokrawędziowymi, a pozostałe ostrza dwuramienne wykonywali kowale. W średniowieczu i później, do wykonywania mieczy i ostrzy szablastych stosowano skomplikowaną technikę pochodzącą z Orientu, zwaną barwieniem lub damasceną. W ośrodkach kucia ostrzy, takich jak Solingen, Norymberga, Ratyzbona i Steyr, rozwinął się zawód utwardzacza, koncentrując się wyłącznie na tej pracy, podczas gdy gdzie indziej kowal sam utwardzał swoje ostrze.

Po upadku Imperium Rzymskiego, rozwój uzbrojenia uległ stagnacji. Tak więc poczta łańcuchowa przez długi czas pozostawała najważniejszą ochroną bogatych wojowników lub szlachty. Średniowieczna zbroja rycerska wraca do zbroi świata starożytnego. Są one dalszym rozwinięciem pancerza płytowego z czasów świetności greckiej i rzymskiej. Pancerz płytowy powinien chronić użytkownika przed sworzniami kuszniczymi i strzałkami tęczowymi. Pierwsze użyteczne przykłady powstały w XIII wieku. Początkowo chroniły one tylko ciało i głowę, później także kończyny. Producenci zbroi płytowych nazywali się w Niemczech Plattner i byli zorganizowani w gildie. Plattner kupił płyty stalowe z grubych kuźni. Wykonując zbroję, postępowali jak krawcy, określali wymiary korpusu, rysowali wzory na stalowych płytach i odłączali zaznaczone części za pomocą dłut i metalowych nożyczek. Następnie płyty zostały podgrzane, wygięte i wbite w pożądany kształt. Duża część pracy została wykonana na chłodzonym metalu. Po opracowaniu wszystkich części pancerza, ślusarze przymocowali do płyt nity, skórzane paski i zawiasy. Następnie płyty zostały wypolerowane i w razie potrzeby ozdobione na drewnianych krążkach pokrytych skórą. Ostatnim krokiem było pokryciečzęści pancerza podszewką z wełny lub trawy, którą następnie pokryto lnem, tkaniną lub jedwabiem. Pełna zbroja (z francuskich harnais) chroniła całe ciało i ważyła średnio od 20 do 30 kilogramów. Waga pancerza wykonana na zamówienie była równomiernie rozłożona na korpusie. Największym problemem pancerza płytowego nie był jego ciężar, ale ciepło. Podobno książę Yorku zmarł na atak serca w 1415 r. w bitwie pod Azincourtem z powodu wysokiej temperatury w pancerzu. Plattnerzy musieli mieć dobrą znajomość ludzkiego układu mięśniowo-szkieletowego, aby móc produkować pancerze, które były jak najbardziej elastyczne. NASA również szczegółowo przestudiowała zbroję rycerza, aby uzyskać impulsy do skonstruowania efektywnego kombinezonu kosmicznego.

Podczas gdy na początku XII wieku zakłady produkujące zbroje były jeszcze małymi manufakturkami, od XV wieku stały się one prawdziwymi centrami produkcji zbroi. Prowadziły północnowłoskie i południowoniemieckie talerze. Włoska zbroja była już eksportowana do całej Europy pod koniec XIII wieku. Ważnymi ośrodkami były Mediolan, Florencja, Brescia, Genua, Wenecja, Modena i Rzym na ziemi włoskiej oraz Augsburg, Landshut, Norymberga i Innsbruck na ziemi niemieckiej. Mniejsze ośrodki istniały w Ulmie, Kolonii, Wiedniu, Magdeburgu i Lubece. Włoscy i niemieccy mistrzowie założyli również zakłady produkcyjne w innych krajach. W Anglii, Henryk VIII założył królewską kuźnię w Greenwich w 1515 roku. W Szkocji król Jakub IV miał pancerz wykonany w Edynburgu, a jego następca Jakub V otworzył kolejną kuźnię w Holyrood w 1531 roku. Francuska zbroja została wykonana w Paryżu, St. Quentin, Tours i Rouen. Zbroja wschodnioeuropejska w większości pochodziła z Krakowa.

Prawie żaden wynalazek nie wpłynął na działania wojenne bardziej niż wynalazek prochu strzelniczego. Do wykorzystania prochu można by opracować broń, której niszcząca moc zaćmiła każdy znany system broni. Rozpowszechnianie wiedzy o istnieniu prochu strzelniczego było zatem w średniowieczu niebezpieczne, zarówno z punktu widzenia świeckiego, jak i duchowego. Było to spowodowane tym, że siły rządzące musiały teraz obawiać się utraty przewagi nad przeciwnikami, którzy mieli wystarczająco dużo prochu i broni palnej. Zdradzenie formuły było równie niebezpieczne. Franciszkanin z Somerset, Roger Bacon, próbował udowodnić w piśmie "Epistola de Secretis Operibus Artis et Naturae" około 1249 roku, że rzeczy, które zwykle przypisuje się bardziej diabelskiej magii,mogą być naśladowane przez ludzkie ręce. Odkrył, że pewna mieszanka może wybuchnąć, jeśli znasz tę sztuczkę i podałeś formułę. (Weź siedem części saletrę, pięć części węgla drzewnego z młodego drewna orzechowego i pięć części siarki). Podano też sposób na produkcję saletry. (Ta mieszanka 41,2 % saletry, 29,4 % węgla drzewnego i 29,4 % siarki, była odpowiednia dla fajerwerków, ale prawie nie nadawała się do broni palnej) Około 1259 r. franciszkański mnich Berthold Schwarz (jego cywilne nazwisko brzmiało rzekomo Konstantin Anklitzen) podobno odkrył w Niemczech wybuchowe działanie mieszaniny saletry, siarki i rtęci lub saletry, siarki, ołowiu i ropy. Nie ma co do tego pewności, ale w Niemczech powszechnie uważano, że pewien franciszkański zakonnik wynalazł proch strzelniczy na początku XIV wieku. W 1853 r. wzniesiono nawet pomnik Schwarza we Freiburgu. Niektórzy nadal uważają niemieckiego mnicha za (europejskiego) wynalazcę czarnego prochu, choć nie jest nawet pewne, czy rzeczywiście żył.

Wiemy na przykład z pierwszych operacji przed bronią palną w Europie, że podczas oblężenia Trydentu przez Weronę w 1278 r. używano sprzętu ze specjalistami do rzucania żelaza i ognia, który hrabia Tyrol wypożyczył Weronie. Te nowe rodzaje broni, znane jako "bombarda", zostały prawdopodobnie wykonane w Austrii lub we Włoszech. We Francji takie działa były używane podczas oblężenia La Reole w 1324 roku. Od samego początku broń palna miała podwójny efekt, gdy była używana: techniczny i psychologiczny. Pierwsze pistolety, nadal bardzo prymitywne, nazywano wazonami na ogień. Używano ich do wystrzeliwania dużych strzał. W latach 1300-1350 wazony strażackie stały się bardziej mobilne, strzelając kamiennymi kulami, a później żelaznymi. Nowe rodzaje broni były wciąż nieprecyzyjne, więc stara broń pozostała w wojsku. Pistolety, które pluły ogniem, obawiały się przede wszystkim gromkiego huku i dymu. Działa polowe zostały po raz pierwszy użyte w bitwie pod Crecy (1346), ale nie były decydujące w walce. Było to 5.000 tęczowników z 9.000 żołnierzy po stronie angielskiej; to oni decydowali o bitwach między Anglikami i Francuzami przez prawie sto lat. W tym czasie prawie wszystkie doły ogniowe składały się z zespawanych ze sobą żelaznych prętów, które były otoczone i wzmocnione oponami. W latach 1350-1450 wymiary i niska sprawność cieplna pieców nie pozwalały na odlewanie dużych elementów. Armaty często wybuchały, co również wynikało z niewłaściwego ładunku. Z czasem jednak ludzie nauczyli się poprawiać jakość proszku i prawidłowo mierzyć ładunki. Pierwsze pistolety ręczne pojawiły się w połowie XIV wieku. O istnieniu takiej broni palnej wspomniano około 1346 r. na angielskich kontach Royal Household Accounts. Najstarsza broń ręczna została znaleziona w Twierdzy Tanneberg, która została spalona, przeciągnięta i nigdy nie została odbudowana w 1399 roku. Pistolety ręczne zwiastowały koniec rycerstwa. Ich poprawa była jednak bardzo powolna i minęły wieki przed ostateczną śmiercią jeźdźców pancernych jako broni o decydującym znaczeniu w bitwach. Pierwsze ręczne pistolety składały się z prostej lufy z otworem zapłonu na końcu, czasami montowanej na kawałku drewna. Całość była dość nieporęczna, dlatego też bardzo szybko pojawiły się arquebusy, które - wały jak kusze - były używane zgodnie z ich zasadami działania. Były one używane do wystrzeliwania pocisków, ale także strzał lub kuszników, które otrzymywały skręt za pomocą sprężyn w tylnej części lub za pomocą prowadnicy w lufie w celu ustabilizowania toru lotu. Pod koniec XV wieku istniały już karabiny, które były rysowane. Wraz z rozwojem ręcznej broni palnej pojawił się także zawód rusznikarza.

Wcześniej armaty i karabiny produkowali założyciele dzwonów, grube kuźnice i zegarmistrzowie. Zapasy pochodziły od snycerzy. Wszechmocne gildie zaczęły ograniczać produkcję w celu utrzymania cen. Jedynym wyjątkiem byli artylerzyści, którzy pracowali w prywatnych warsztatach dla cesarzy i królów. Na ziemiach niemieckich powstały pierwsze ośrodki rusznikarskie w Norymberdze, Suhl, Augsburgu i Solingen, w Holandii w Amsterdamie, Utrechcie i Maastricht. Wraz z pojawieniem się zamka kołowego około 1515 r. wielu zegarmistrzów zostało ślusarzami i zaopatrywało rusznikarzy.

Przemysł zbrojeniowy został udoskonalony w Mediolanie i osiągnął szczyt swojego rozwoju w XIV wieku. Produkcji zbrojenia i broni wszelkiego rodzaju w około 100 zbrojowniach Mediolanu sprzyjała jakość surowców, uzyskiwanych w hutach dolin lombardzkich, a także popyt, ponieważ od połowy XIII wieku armie najemników musiały być uzbrojone i wyposażone w całej Europie. Swoją światową sławę te zbroje zawdzięczają umiejętnościom technicznym mistrzów rzemiosła, którzy byli w bezpośrednim kontakcie z kupującym. Pracowali na własny rachunek w małych warsztatach, polegając jedynie na pomocy ograniczonej liczby pracowników i czeladników. Podczas gdy rzemieślnicza produkcja broni pozostawała w rękach kilku specjalistów, przemysł stoczniowy, szczególnie we Włoszech, nabrał przemysłowego charakteru od XIII wieku. W Genui budowa galerii wymagała współpracy przemysłu prywatnego i państwowego. W Wenecji rozwinęły się dwie różne gałęzie przemysłu stoczniowego. Przemysł państwowy był skoncentrowany w słynnym Arsenale i służył potrzebom marynarki wojennej, natomiast prywatne budownictwo okrętowe rozsiane było po niezliczonych małych stoczniach, tzw. squeri.

Największy wczesno-nowoczesny kompleks produkcji broni znajdował się w północno-zachodniej Europie na południu Holandii i w regionie Dolnego Renu. Zakłady produkcyjne rozciągały się od Hainaut do centrów Liège, Namur i Maastricht, Aachen/Stolberg i Kolonii oraz daleko w kierunku Westfalii. Norymberga miała duże moce produkcyjne w południowych Niemczech. Norymberga na wczesnym etapie specjalizowała się w masowej produkcji broni palnej i stała się wiodącym niemieckim centrum odlewania i produkcji mosiądzu walcowanego. Ponadto Suhl w Turyngii stał się ważnym europejskim centrum produkcji towarów wojskowych w ostatniej trzeciej połowie XVI wieku, specjalizując się w tanich, masowo produkowanych towarach dla wspólnego żołnierza oraz poprzez swoje powiązania handlowe z Norymbergą.

Szwecja pod przywództwem Gustava II Adolfa wymusiła powstanie niezależnego przemysłu zbrojeniowego poprzez rekrutację ekspertów z Holandii. Dzięki imigracji holenderskiego eksperta w dziedzinie uzbrojenia, Louisa de Geera, od 1627 r. w Szwecji powstały liczne zakłady produkujące broń i amunicję. Szwecja założyła nowy przemysł ciężki w Kupferbergu w Falun, w Finspag i Nordköpping, a także produkcję prochu i zapalników we wschodniej części Gotlandii. Wykorzystano wykwalifikowanych pracowników niemieckich i holenderskich, rekrutowanych głównie z Liège i Aachen. W 1636 r. podjęto nawet próbę przeniesienia całego aachenskiego przemysłu mosiężnego do Szwecji.

Wielkie konflikty militarne XVI wieku - myślimy o kampaniach Karola V i Filipa II, stałym konflikcie z Imperium Osmańskim, holenderskiej wojnie o niepodległość, a także dużej liczbie konfliktów "lokalnych" w krajach europejskich - wraz ze stosunkowo stabilnym popytem na uzbrojenie, stworzyły doskonałe warunki rozwoju dla produkcji dóbr wojskowych, których kulminacją była wojna trzydziestoletnia. Ten międzynarodowy konflikt przewyższył wszystko, co istniało kiedykolwiek wcześniej, szczególnie w odniesieniu do ogromnej ilości materiałów wojennych, krótkich terminów dostaw i czasu trwania boomu zbrojeniowego. We wszystkich krajach europejskich zapotrzebowanie na sprzęt wojskowy było-tak duże, że trudno było zaspokoić rosnące zapotrzebowanie. Jedynie ogólnoeuropejska sieć struktur zamówień publicznych była w stanie zapewnić rozsądnie uporządkowane, stałe dostawy. Zmobilizowano wszystkie dostępne zasoby i relacje w sektorze handlowym i finansowym, aby zapewnić, że machina wojenna może do pewnego stopnia funkcjonować. Struktury zbrojeniowe wszystkich krajów europejskich w mniejszym lub większym stopniu odpowiadały ich rzeczywistym potrzebom militarnym. Jednak państwowy system magazynowania materiałów wojennych dopiero się zaczynał. W przypadku wojny było się zależnym od dużych europejskich centrów produkcji i dystrybucji materiałów na potrzeby wojskowe. Tak więc w czasie wojny trzydziestoletniej główni europejscy producenci broni eksportowali swoje produkty we wszystkich kierunkach przez wszystkie granice, bez względu na koalicje polityczne czy opozycję wojskową. Na przykład Norymberga wielokrotnie dostarczała materiały wojenne cesarskiemu wrogowi numer jeden, Francji, przez Lyon, a zarówno strona katolicka, jak i protestancka były dostarczane. Niestabilność polityczna kompleksu produkcji broni w południowych Niderlandach i Dolnym Renie była jedną z głównych przyczyn rozległego handlu bronią na tych obszarach ze wszystkimi krajami europejskimi i partiami politycznymi, ponieważ międzynarodowa handlowa wspólnota handlowa znalazła tu niezbędną przestrzeń polityki handlowej między frontami.

Stale rosnące zapotrzebowanie na sprzęt wojskowy było warunkiem powstania, rozbudowy i specjalizacji europejskich ośrodków zbrojeniowych, które osiągnęły swój pierwszy szczyt gospodarczy wraz z wojną trzydziestoletnią. Współczesna Europa doświadczyła instytucjonalizacji wojny. Z dość przypadkowej sprawy, wojna stała się złożonym i kompleksowym konfliktem. Wpłynęło to również na produkcję uzbrojenia, a w szczególności na produkcję karabinów i prochu. We wszystkich większych państwach europejskich rozwinęły się centra produkcji broni i prochu strzelniczego. Proch produkowany był w tzw. młynach prochowych. W młynach tych rozdrabniano i mieszano składniki węgla drzewnego, siarki i saletrę, które były niezbędne do produkcji prochu strzelniczego. Ponieważ duża część młynów proszkowych napędzana była siłą wody, większość z nich znajdowała się w dolinach w pobliżu płynących wód.

Rewolucja przemysłowa, która rozpoczęła się w 1780 r., również zmieniła i zintensyfikowała działania wojenne. Było to widoczne w Wojnach Napoleońskich, konflikcie o dominację w Europie. Ta pierwsza wojna, prowadzona przez armie masowe, spowodowała gwałtowny wzrost liczby uzbrojonych mężczyzn. Kiedy w 1812 r. awansował na Moskwę, Napoleon miał do dyspozycji około 612 000 ludzi. Wojny napoleońskie miały ogromny wpływ na gospodarkę. Wojny zaoferowały pewne zatrudnienie i wyższe dochody. Potrzeba ubrania, wyżywienia i uzbrojenia wielu tysięcy żołnierzy stworzyła ogromne zapotrzebowanie na pewne towary.

Od 1815 r. do połowy wieku Europa cieszyła się pokojowymi warunkami, a wydatki na wojsko były ograniczone. Dopiero w latach 1848/49 na kontynencie ponownie wybuchła seria wojen, które przyspieszyły rozwój broni i doprowadziły do szybkiego wzrostu popytu. Rewolucja przemysłowa zareagowała na ten wzrost popytu nowymi technikami produkcji. Produkcja ręcznej broni strzeleckiej była wcześniej działalnością rzemieślniczą, podzieloną między wielu specjalistów. Pierwszą nową techniką wytwarzania, którą zastosowano również do produkcji broni strzeleckiej, była produkcja masowa. W Europie nowy system został nazwany "amerykańskim systemem produkcji", ponieważ został on opracowany w latach 1820-1850 w Springfield Arsenal w Massachusetts. Zastosowano półautomatyczne frezarki, które frezowały poszczególne elementy w określonych kształtach. Maszyny te produkowały *części zamienne, dzięki czemu* karabin mógł być montowany bez konieczności starannego frezowania i dopasowywania, co wymagało mniej precyzyjnej produkcji. Chociaż frezarki były drogie i miały wystarczająco dużo odpadów, automatyzacja opłaciła się dzięki produkcji seryjnej. Wojny przyniosły również zniszczenia i inflację. Aby sfinansować walkę, państwa musiały więc przekierować pieniądze z prywatnych do publicznych kasetonów. Jedną z konsekwencji tych wojen było wprowadzenie pierwszego zauważalnego bezpośredniego podatku indywidualnego w Wielkiej Brytanii - podatku dochodowego. Szybki rozwój techniczny karabinów miał również wpływ na przemysł amunicyjny. Pod koniec XVII wieku wprowadzono naboje papierowe. Składały się one z papierowej teczki zawierającej ładunek i pocisk. Kolejną innowacją były miedziane podkładki wynalezione w 1817 roku. Były one w większości produkowane w specjalnych prywatnych przedsiębiorstwach. W ówczesnej Austrii firma Sellier & Bellot w Pradze otrzymała od cesarza Franciszka I w 1825 r. przywilej na produkcję takich podkładów. Prawdopodobnie największą rewolucją w technologii uzbrojenia było wprowadzenie ładowarki zamkowej i metalowego naboju. Wprowadzenie kartridża metalowego doprowadziło do powstania nowej gałęzi przemysłu w przemyśle zbrojeniowym, a mianowicie stworzenia osobnych zakładów produkcyjnych do produkcji kaset z kartridżami. Naboje te zostały następnie dostarczone do sił zbrojnych i poddane testom laboratoryjnym w arsenałach państwowych. Dopiero w 1900 roku prywatny przemysł zaczął produkować kompletne naboje i dostarczać je do sił zbrojnych.

W ostatnim ćwierćwieczu XIX wieku odnotowano ożywienie gospodarcze spowodowane kilkoma czynnikami, w szczególności

-postęp techniczny,
-Rosnąca industrializacja,
-kolonizacja świata i
-szybkie rozprzestrzenianie się towarów i rynków finansowych na całym świecie.

Tworzenie i utrzymanie nowych kolonii oraz zabezpieczenie stref interesów wymagało siły militarnej, którą trzeba było zbudować i utrzymać. Koniec XIX wieku i początek XX wieku przyniósł ze sobą bogactwo innowacji technicznych, które były również bardzo interesujące dla projektantów uzbrojenia. Samoloty, samochody, pojazdy opancerzone i łodzie podwodne były gotowe do produkcji seryjnej i opracowano nowe technologie napędowe dla okrętów bojowych. Jednak rozwój techniczny broni strzeleckiej i maszynowej również dokonał decydującego postępu. Aby móc grać w koncercie potężnych państw, ówczesne potęgi wiodące musiały również stawić czoła wyzwaniu szybkiego rozwoju technologicznego w sektorze zbrojeniowym i stworzyć niezależny krajowy przemysł zbrojeniowy z zapleczem badawczym i rozwojowym.

Dwie wojny światowe w XX wieku były potężnym motorem innowacji w technologii zbrojeniowej. Wynalezienie rakiety, silnika odrzutowego i wykorzystanie energii jądrowej były, by wymienić tylko kilka przykładów, dziećmi wojny. W okresie zimnej wojny wyścig zbrojeń między supermocarstwami doprowadził do wysokich wydatków na broń oraz do rozwoju i produkcji wysokiej jakości systemów uzbrojenia. Nawet po zakończeniu zimnej wojny, rozwój broni i systemów uzbrojenia pozostaje ważnym motorem rozwoju technologicznego. Sukcesy w dziedzinie technologii robotów, satelitów, elektronicznych działań wojennych i Internetu to przykłady ostatnich działań rozwojowych przemysłu zbrojeniowego. Opierając się na pewnym systematycznym podejściu, w kolejnych rozdziałach podjęto próbę zbadania rozwoju broni i systemów uzbrojenia poszczególnych gałęzi sił zbrojnych. Jest to podróż w czasie, na końcu której stanie nowoczesna broń do wojny robotów i do wojny w kosmosie.

2. Broń i systemy uzbrojenia armii - przegląd historyczny do chwili obecnej

2.1 Broń piechoty

2.1.1 Rozwój broni piechoty we współczesnych czasach

Rozwój broni piechoty w dzisiejszych czasach idzie w parze z wynalezieniem prochu i wynalezieniem karabinów. Najstarsza broń ręczna została znaleziona w twierdzy Tanneberg, która została spalona, przeciągnięta i nigdy nie została odbudowana w 1399 roku. Pistolety ręczne zwiastowały koniec rycerstwa. Ich poprawa była jednak bardzo powolna i minęły wieki przed ostateczną śmiercią jeźdźców pancernych jako broni o decydującym znaczeniu w bitwach. Pierwsze ręczne pistolety składały się z prostej lufy z otworem zapłonu na końcu, czasami montowanej na kawałku drewna. Całość była dość nieporęczna, dlatego też bardzo szybko pojawiły się arquebusy (arca bouza = łuk z otworem), które - wałem jak kusze - zostały użyte zgodnie z ich zasadami działania. Były one używane do wystrzeliwania pocisków, ale także strzał lub kuszników, które otrzymywały skręt za pomocą sprężyn w tylnej części lub prowadnicy w lufie w celu ustabilizowania toru lotu. Pod koniec XV wieku istniały już karabiny, które były rysowane. Wraz z rozwojem ręcznej broni palnej pojawił się także zawód rusznikarza. Wcześniej armaty i karabiny produkowali założyciele dzwonów, grube kuźnice i zegarmistrzowie. Zapasy pochodziły od snycerzy. Wszechmocne gildie zaczęły ograniczać produkcję w celu utrzymania cen. Jedynym wyjątkiem byli artylerzyści, którzy pracowali w prywatnych warsztatach dla cesarzy i królów. Na ziemiach niemieckich powstały pierwsze ośrodki rusznikarskie w Norymberdze, Suhl, Augsburgu i Solingen, w Holandii w Amsterdamie, Utrechcie i Maastricht. Wraz z pojawieniem się zamka kołowego około 1515 r. wielu zegarmistrzów zostało ślusarzami i zaopatrywało rusznikarzy.

W przededniu pierwszej wojny światowej nastąpił wielki postęp w rozwoju broni ręcznej, automatycznej i pistoletów. Podstawą szybkiego rozwoju broni strzeleckiej i maszynowej było wynalezienie prochu nitrowego, znanego również jako "bezdymny proszek". Pozwoliło to na zdecydowaną poprawę wydajności balistycznej i nie pozostawiło praktycznie żadnych stałych pozostałości spalania. Ta ostatnia stanowiła główną przeszkodę w budowie karabinów repetieracyjnych, samozaładowczych i w pełni zautomatyzowanych. Na przykład, bracia Clair już w 1830 r. próbowali zbudować ładowarkę gazową w Saint Etienne i zawiedli z powodu pozostałości proszku. Po wynalezieniu prochu nitrowego opracowano liczne pistolety samozaładowcze i karabiny maszynowe. Rozwój broni piechoty doświadczył kolejnego wielkiego skoku naprzód w drugiej wojnie światowej z wykorzystaniem pistoletów samonaładowczych i broni przeciwpancernej.

Po drugiej wojnie światowej różne systemy uzbrojenia piechoty przeszły znaczny postęp w rozwoju, np. rakiety kierowane do walki z czołgami lub zwiększenie zasięgu granatników. Znaczne postępy poczyniono również w zakresie rozwoju karabinów szturmowych i elektroniki do systemów broni piechoty. Skuteczność bojowa piechoty została dodatkowo zwiększona w zakresie ochrony przed płaskim i stromym ogniem; w szczególności opracowano nowe materiały na bazie kewlaru do produkcji hełmów ochronnych i kombinezonów ochronnych. Przyszłość broni piechoty i systemów uzbrojenia zostanie omówiona bardziej szczegółowo w sekcji 2.1.10.

2.1.2 Broń strzelecka i karabiny

2.1.2.1 Pistolety i rewolwery

Pistolet jest pistoletem ręcznym, którego rozwój idzie w parze z karabinem. Słowo "pistolet" pochodzi z czeskiego "pistolet" i trafiło do Niemiec przez Francję. Na rozwój tego pistoletu duży wpływ miała potrzeba posiadania przez kawalerię pistoletu ręcznego, który mógłby być wystrzelony na koniu podczas ataku. Już na początku XVI wieku oddziały kirasjerów były wyposażone w pistolety zapałczane. Następnie pistolet przeszedł podobną drogę rozwoju jak karabiny, jeśli chodzi o metodę strzelania. Pistolet przez długi czas pozostawał jedynym pistoletem ręcznym, aż w połowie XIX wieku został po raz pierwszy zastąpiony przez rewolwer. Dopiero gdy opracowano mechanizm samozaładowania dla pistoletów, pistolet ten zdołał ponownie przesunąć rewolwer. Pierwsze modele z mechanizmem samozaładowczym to pistolety Mauser, Bergmann i Luger. Ze względu na większą ilość amunicji dostępnej w magazynie, pistolet ponownie miał większą przewagę nad rewolwerem.

Rewolwer to pistolet ręczny, którego konstrukcja prawie nie zmieniła się od 1835 roku. W tym czasie Samuel Colt otrzymał swój pierwszy patent. Bęben mieści sześć do ośmiu rund, które obracają się równolegle do beczki, przy czym za beczką zawsze znajduje się komora załadowcza. Pierwsze rewolwery były jednokierunkowe, co oznacza, że po każdym strzale spust zwalnia tylko młotek i młotek jest zawsze odblokowywany. Dopiero w 1850 roku w Anglii opracowano system podwójnego działania, co oznacza, że po pociągnięciu za spust, nie tylko zwalnia się młotek, ale również obraca się bęben i kogut młotkowy. Broń jest więc zawsze gotowa do strzału. Problemem z rewolwerem jest przeładowanie. Walizki muszą być wypchnięte z bębna. Każdy pojedynczy nabój należy przeładować ręcznie lub za pomocą speedloadera (plastikowy pierścień wypełniony nabojami, który jest przymocowany do bębna i ładuje naboje do komór pod naciskiem sprężyny). Ilość kartridży jest zazwyczaj zbyt mała dla aplikacji, a proces przeładunku jest czasochłonny. Dlatego też rewolwer coraz częściej zastępowano w wojsku pistoletem samozaładowczym. Rewolwer pozostał popularny wśród jednostek policyjnych oraz w obronie własnej w sektorze cywilnym.

Rysunek 1 przedstawia poniżej pistolet Colta M1911 amerykańskich sił zbrojnych oraz powyżej rewolweru Rast&Gasser M 1898 austro-węgierskich cesarskich i królewskich sił zbrojnych.

Tabela 1: Dane techniczne wybranych rewolwerów i pistoletów w XX wieku

	Rok rozwoju	Kaliber w mm	Waga w kg z pustym magazynem	Amunicja w magazynie
Formowanie C 96 (D)	1896	7,63 / 9	1,08	6/10/20
Colt M 1911 (USA)	1906	11,43	1,075	7+1
Walter P 38 (D)	1938	9 Para	0,8	8
FN Browning 1903 (B)	1903	7,65	0,5-0,7	8

Rewolwer 1917 (USA)	1917	11,43	1	6
Rast&Gasser M 1898 (Ö-U)	1898	8	0,8	8
Glock P 80 (Ö)	1980	9	0,5-0,7	6-33

Źródło: Heyne (piechota z II wojny światowej) lub badania internetowe

2.1.2.2 Karabiny powtarzalne i samozaładowcze

Pierwsze pistolety były praktycznie miniaturowymi pistoletami ładującymi w pysk. Nazywano je pistoletami ręcznymi. Później pojawiły się karabiny hakowe, które swoją nazwę otrzymały od haka, który był umieszczony pod lufą i który umożliwiał umieszczenie karabinu np. na widelcu. Do tej grupy zalicza się arkibusy, muszkiety, pistolety wielorybnicze itp. z zapłonem bezpiecznikowym. W celu uproszczenia procesu zapłonu zastosowano drewniany wałek jako podporę oraz dźwignię jako uchwyt bezpieczników (tzw. blokadę bezpieczników). Ponieważ proszek na patelni nie był chroniony, wiatr, deszcz i niewłaściwe ruchy mogły spowodować, że nie nadawał się on do użytku. Od samego początku, ze względów praktycznych i religijnych, do puszek stosowano okrągłe kule, ponieważ były łatwe do załadowania, a ich kulisty kształt przypominał ciała niebieskie, co pozwoliło wyeliminować diaboliczne wezwanie dołączone do puszki. Strzelanie wymagało kilku operacji, które musiały być wykonane precyzyjnie. Najpierw proch, potem kula została włożona do lufy pistoletu. Z boku była mała powierzchnia, patelnia, na którą wlano odrobinę proszku. Aby oddać strzał, pociągnięto za spust, dźwignia z zapalnikiem, który był połączony ze spustem, przesunęła się do przodu i zapaliła proszek na patelni. To z kolei spowodowało zapalenie się prochu w lufie poprzez kanał zapłonowy, którego gazy wypchnęły pocisk z lufy. Ponieważ zapałki zawsze wymagały zapalnika żarowego, flintlock został wynaleziony w formie zatrzasku lub zamka na baterie. Proszek znajduje się teraz w patelni zabezpieczonej pokrywką. W przypadku zamka zatrzaskowego, kurek jest zablokowany i trzymany pod naciskiem sprężyny. Po pociągnięciu za spust, kranik z krzemieniem wbitym w wargi sprężynuje do przodu, a krzemień uderza w lekko żebrowaną wewnętrzną część pokrywy patelni. Uderzenie to powoduje, że pokrywa panewki sprężynuje do przodu i odsłania panewkę. W tym samym czasie powstają iskry zapalające proszek na panewce, które z kolei zapalają ładunek paliwa. Proces jest podobny jak w przypadku blokady baterii, z tą różnicą, że pokrywa panewki jest połączona synchronicznie z kranem w celu utworzenia baterii. Oznacza to, że po pociągnięciu za spust, kurek nie tylko strzela do przodu, ale jednocześnie pokrywa patelni zwalnia ją do zapłonu, tzn. nie zostaje odstrzelona przez odciągnięty kurek.

Jedną z najciekawszych konstrukcji w dziedzinie technologii uzbrojenia jest niewątpliwie blokada koła. Koło zostało zamontowane na osi kwadratowej z rowkami jako powierzchnia cierna. Na tej kwadratowej osi umieszczono klucz i w ten sposób blokada koła została zwinięta jak zegarek. Z tym kutasem był kutas. Ponieważ było wiele wariantów w konstrukcji, ten typ nie będzie dalej omawiany.

Wraz z wynalezieniem preparatów hukowych (Chlorkali 1786) otwarto drogę do rozwoju broni palnej bez krzemienia. Z chemicznego zamku Forsyth (1807 r.) rozwinął się zamek perkusyjny. Podobnie jak w poprzednich modelach, ładunek paliwowy i pocisk zostały wepchnięte do lufy od przodu. Następnie jednak na tłoku umieszcza się podkład z blachy miedzianej (mała rurka z kanałem zapłonowym). Po pociągnięciu za spust, młotek uderza w spłonkę, a belka odpalająca zapala ładunek paliwa. Do czasu wprowadzenia ładowarek zamkowych, karabin perkusyjny pozostawał najskuteczniejszą bronią piechoty.

Rewolucja w uzbrojeniu piechoty rozpoczęła się wraz z wprowadzeniem ładowarek zamkowych. Broń ta pozwoliła na szybszy strzał, ponieważ nie trzeba było już przeładowywać z przodu. A także strzelcy mogli przeładowywać w pełnej osłonie, co było możliwe również przy użyciu ładowarek z kagańcem, ale nie tak łatwo.

Pierwsza wojna światowa była okazją do wystawienia na próbę broni walczących narodów. Tabela 2 przedstawia niektóre dane dotyczące osiągów wybranych karabinów repetieracyjnych, które były używane podczas I wojny światowej.

Tabela 2: Dane techniczne wybranych karabinów repetieracyjnych w I wojnie światowej

	Kaliber w mm	Masa w kg	Zawartość amunicji (magazyn)	Funkcja
Karabinek 98k (D)	7,92	3,9	5	Zamek cylindra
Lee-Enfield Mk III (GB)	7,7	3,8	10	Zamek cylindra
Springfield M1903 (USA)	7,62	3,6	5	Zamek cylindra

Mannlicher-Carcano (I)	6,5	3,5	6	Zamek cylindra
Arisaka typ 38 (J)	6,5	4,3	5	Zamek cylindra
Steyr Mannlicher (Ö-U)	8	3,7	5	Zamek cylindra
Moisin-Nagant (SU)	7,62	4	5	Zamek cylindra
Lebel M93 (F)	8	4,2	3-8	Zamek cylindra

Źródło: Heyne (piechota z II wojny światowej) lub badania internetowe

W okresie międzywojennym uczestnicy I wojny światowej wyciągnęli swoje wnioski. Albo zmienili broń i udoskonalili ją, albo nie nauczyli się i nie utknęli z bronią, której używali w czasie I wojny światowej. Niemcy zachowały karabin Mauser 98k. Włochy zmieniły swoje stare Mannlicher-Carcano w oparciu o doświadczenia w Etiopii. Francja opracowała nowy model karabinu z 1936 roku w arsenale St. Etienne, a Brytyjczycy zatrzymali swoje karabiny Enfield.

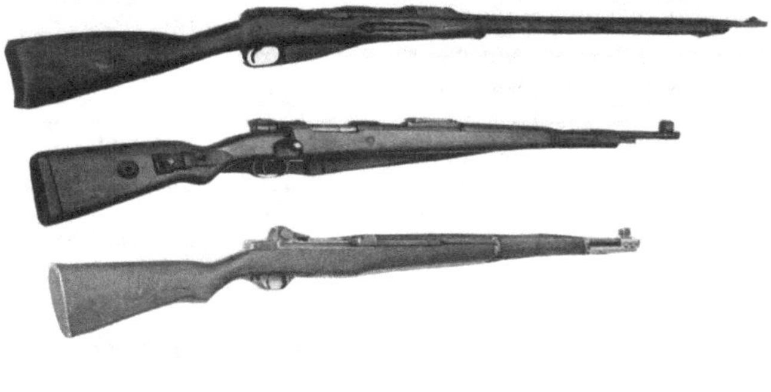

Rysunek 2 przedstawia karabiny samozaładowcze i powtarzalne: nad rosyjskim karabinem powtarzalnym Moisin Nagant, w środku niemiecki Mauser K98 i pod amerykańskim karabinem samozaładowczym M1 Garand.

Już w czasie I wojny światowej Francuzi i Niemcy przeprowadzali eksperymenty z karabinami samozaładowczymi. Doświadczenia te były jednak dość rozczarowujące, więc nie doszło do dalszego rozwoju. Sowieci odnieśli więcej sukcesów ze swoim rozwojem. Simonow opracował w latach 30. model, który został zaakceptowany przez Armię Czerwoną w 1936 roku. Druga wojna światowa rozpoczęła się od repliki karabinu jako głównego uzbrojenia piechoty. Na początku przewagę miał tylko niemiecki Wehrmacht, który używał w większych ilościach pistoletów maszynowych. Kiedy niemiecki Wehrmacht najechał na Związek Radziecki, żołnierze musieli zdać sobie sprawę, że rosyjska piechota jest uzbrojona w karabiny samonaładowcze Tokarewa model 1940. Ich 10 karabinów dało tej broni siłę ognia wyraźnie przewyższającą karabin powtarzalny Mausera. Innym narodem, który poszedł na wojnę z karabinem samonaładowczym, były Stany Zjednoczone. Na szczęście dla nich Ordnance eksperymentował z karabinami samozaładowczymi już od ponad 20 lat. Karabin opracowany przez Johna Garanda został wyprodukowany w 1937 roku, a do końca wojny ponad 5,5 mln sztuk zostało wyprodukowanych przez Springfield i Winchester, a także przez innych producentów broni. Karabin M1 otrzymał również młodszego brata, karabinek M1, który został wyprodukowany ponad 7 milionów razy.

Niemieccy technicy zareagowali bardzo szybko i skutecznie. Pod koniec 1941 r. przedstawili oni pierwszą ładowarkę gazową, Walther 41, która mimo swej niższości była używana w ograniczonym stopniu przeciwko karabinom żołnierzy radzieckich i Wewnętrznego USA.

Tabela 3: Dane techniczne wybranych karabinów w II wojnie światowej

	Kaliber w mm	Masa w kg	Zawartość amunicji	Funkcja
Karabinek 98k (D)	7,92	3,9	5	Zamek cylindra
Walther G41 (D)	7,92	3,8	10	Ciśnienie gazu
Lee-Enfield Mk III (GB)	7,7	3,8	10	Zamek cylindra
Garand M1 (USA)	7,62	4,3	8	Ciśnienie gazu
Mannlicher-Carcano (I)	6,5	3,5	6	Zamek cylindra
Arisaka typ 38 (J)	6,5	4,3	5	Zamek cylindra

Arisaka typ 99 (J)	7,7	4,1	5	Zamek cylindra
MAS 1936 (F)	7,5	3,7	5	Zamek cylindra
Moisin-Nagant (SU)	7,62	4	5	Zamek cylindra
Tokarev 1940 (SU)	7,62	3,9	10	Ciśnienie gazu
Simonow M 1936 (SU)	7,62	4,1	10	Ciśnienie gazu

Źródło: Heyne (piechota z II wojny światowej) lub badania internetowe

Jednak po drugiej wojnie światowej stare karabiny powtarzalne nie były już używane przez poszczególne armie jako główne uzbrojenie piechoty. Wraz z rozwojem karabinu szturmowego, karabiny powtarzalne i samonaładowcze zniknęły z organizacji z wyjątkiem karabinów snajperskich.

2.1.3 Broń automatyczna

2.1.3.1 Karabiny maszynowe

Karabiny maszynowe stały się nieodzowne w uzbrojeniu współczesnych armii. Karabiny maszynowe należą do klasy broni automatycznej, której główną cechą jest to, że ta część mocy prochu, która jest odczuwalna w karabinie jako odrzut, jest tutaj przekształcana w pracę i wykorzystywana do wyrzucania wystrzelonych łusek, ponownego ładowania i wystrzelenia broni. W ten sposób można teoretycznie wystrzelić z karabinu maszynowego 1000 lub więcej naboi na minutę. Istnieją jednak praktyczne ograniczenia teoretycznej kolejności strzałów, znanej również jako kadencja, takie jak przegrzanie lufy lub ograniczona ilość amunicji pasowej, tak aby praktyczna kolejność strzałów wynosiła od 500 do 700 naboi na minutę.

Gatling

Gatling został wynaleziony przez Richarda J. Gatlinga podczas amerykańskiej wojny domowej w 1861 roku. Początkowo broń nie spotkała się z dużym aprobatą, ponieważ przy wadze 45 kg była zbyt ciężka i nie miała też spustu. Mimo to Butler, generał wojsk Unii, kupił 12 sztuk i z powodzeniem wykorzystał je pod Petersburgiem. Obie strony były pod wrażeniem nowej broni. Gatling był sympatykiem państw południowych, ale państwa północne skonfiskowały plany budowy. Ponadto na Południu nie było wydajnego przemysłu zbrojeniowego z nowoczesnymi obrabiarkami, które byłyby w stanie wyprodukować takie karabiny maszynowe. Oryginalna wersja Gatlinga miała sześć luf, co zapobiegało przegrzewaniu się luf karabinu. Beczki obracały się wokół osi centralnej. Naboje były podawane do pistoletu grawitacyjnie z góry. Gatling był stale udoskonalany, tak że model z 1876 roku był już teoretycznie zdolny do wystrzeliwania 1200 pocisków na minutę. W warunkach eksploatacyjnych był jeszcze w stanie wystrzelić około 400 naboi na minutę.

Karabin maszynowy Maxim

Karabin maszynowy Maxim został opracowany w 1885 roku przez amerykańskiego konstruktora Hirama Maxima i do początku XX wieku był najważniejszą bronią automatyczną. Osiągalna prędkość odpalania wynosiła około 500 naboi na minutę. Do produkcji pistoletu maszynowego Maxim, Maxim założył firmę Maxim Gun Company. W 1888 roku spółka połączyła się ze szwedzką firmą zbrojeniową Nordenfeldt, tworząc Maxim-Nordenfeldt Guns and Ammunition Company Limited z siedzibą w Londynie. Nieco później firma została połączona z brytyjską firmą zbrojeniową Vickers, a Vickerspromował patent na karabin maszynowy Maxim. Po zmianach konstrukcyjnych, pistolet maszynowy Maxim został przemianowany na Vickers Machine Gun. Armia brytyjska wprowadziła karabin maszynowy Maxim w 1889 roku. Pierwsze użycie karabinu maszynowego Maxim zostało dokonane przez wojska brytyjskie podczas podboju Matabelelandu w 1893/94 r. Wprowadzenie karabinu maszynowego dało oddziałom europejskim znaczną przewagę nad miejscowymi żołnierzami. Na przykład w bitwie pod Omdurmanem w 1898 r. pomiędzy Brytyjczykami i Mahdistami w Sudanie padło około 9 700 Mahdistów po jednej stronie i tylko 291 brytyjskich żołnierzy po drugiej. Karabin maszynowy Maxim był modelem do budowy wielu karabinów maszynowych, takich jak niemiecki karabin maszynowy 08. Karabin maszynowy Maxim był używany przez siły lądowe i marynarkę wojenną.

FIAT-Revelli

Karabin maszynowy FIAT-Revelli był standardowym karabinem maszynowym wojsk włoskich podczas I wojny światowej. Został on zaprojektowany w 1908 r. i wprowadzony do użytku wojskowego w 1914 r. Karabin maszynowy był używany nie tylko przez piechotę, ale także przez siły powietrzne, a po I wojnie światowej także przez czołgi.

Pistolet maszynowy Schwarzlose
Karabin maszynowy typu Schwarzlose był standardowym karabinem maszynowym wojsk cesarskich i królewskich Austro-Węgier w I wojnie światowej. Konstrukcja została wykonana przez niemieckiego inżyniera Andreasa Schwarzlose. Był chłodzony wodą. Został on wprowadzony do wojska w 1905 roku. Karabin maszynowy był niezwykle niezawodny ze względu na swoją prostą konstrukcję i był używany przez wiele armii po wojnie aż do końca II wojny światowej.

Karabin maszynowy Madsena
Lekki karabin maszynowy Madsen został opracowany w 1903 roku przez kapitana artylerii duńskiej Armii Madsen i jest uważany za jeden z pierwszych lekkich karabinów maszynowych. Już w roku 1904/05 wojska rosyjskie podczas wojny rosyjsko-japońskiej używały karabinu maszynowego Madsena. Ze względu na swoją unikalną konstrukcję był bardzo niezawodny i był używany przez duńskie siły zbrojne do 1955 roku.

Karabin maszynowy 08
Maschinengewehr 08 był standardowym karabinem maszynowym wojsk niemieckich w I wojnie światowej. Karabin maszynowy został zbudowany w kilku wariantach. Prawdopodobnie najbardziej znanym wariantem jest karabin maszynowy 08/15, do którego można przypisać zwrot "nullachtfünfzehn". Pistolet maszynowy 08 został opracowany na bazie koncepcji pistoletu maszynowego Maxim. Karabin maszynowy 08 był chłodzony wodą. Chłodzone powietrzem karabiny maszynowe 08 zostały opracowane specjalnie do stosowania w samolotach myśliwskich. W czasie pierwszej wojny światowej niemiecki przemysł zbrojeniowy wyprodukował około 130.000 wszystkich wariantów karabinu maszynowego 08. Karabiny maszynowe typu 08 były również sporadycznie używane w czasie II wojny światowej.

Hotchkiss M1914
Karabin maszynowy Hotchkiss M1914 został zaprojektowany przez austriackiego oficera i konstruktora broni Adolfa Odkoleka z Újezd. Jego patent został nabyty przez francuską firmę zbrojeniową Hotchkiss. Po kilku modyfikacjach, głównie dotyczących chłodzenia powietrzem poprzez dodanie radialnych żeber chłodzących, w 1900 r. wprowadzono do oddziałów karabin maszynowy M1914. Karabin maszynowy stał się standardową bronią wojsk francuskich i był używany również przez amerykański korpus ekspedycyjny. Karabin maszynowy pozostał jako broń

pomocnicza we francuskich siłach zbrojnych do początku II wojny światowej. Karabin maszynowy był również eksportowany do wielu krajów.

Karabin maszynowy Vicker
Karabin maszynowy Vickersa jest dalszym rozwinięciem karabinu maszynowego Maxim. Był produkowany przez Vickersa od 1912 roku. Stał się on następnie standardowym karabinem maszynowym brytyjskich wojsk podczas I wojny światowej. Ze względu na swoją niezawodność i solidne wykonanie cieszył się on dużą popularnością wśród żołnierzy. Miał system chłodzenia wodnego. Karabin maszynowy Vickersa był budowany w kilku wersjach i służył również do obrony przeciwlotniczej, m.in. w marynarce wojennej i w pancernych pojazdach bojowych.

Karabin maszynowy M2 Browning 12,7 mm
Karabin maszynowy M2 został zaprojektowany przez Browninga pod koniec pierwszej wojny światowej i był produkowany w kilku specyfikacjach. Używany był na statywie przez piechotę przeciwko celom naziemnym lub ze specjalnym powietrzem przeciwko atakom z niskiego poziomu. Karabinu maszynowego używano również w pojazdach nieuzbrojonych i opancerzonychoraz w samolotach. Jest on nadal używany przez wiele armii, choć z niewielkimi modyfikacjami.

Karabin maszynowy M1919 Browning 7,7 mm (później 7,62 mm)
Karabin maszynowy Browninga M1919 był chłodzoną powietrzem wersją M 1917, standardowego karabinu maszynowego używanego przez wojsko amerykańskie w I wojnie światowej. Został on zaprojektowany jako lekki karabin maszynowy dla piechoty, ale był również używany w pojazdach pancernych jako dodatkowe uzbrojenie i w samolotach bojowych. Ze względu na swoją niezawodność, karabin maszynowy był używany przez armie NATO jeszcze długo po II wojnie światowej.

Karabin maszynowy Bren
Lekki karabin maszynowy Bren był używany przez wojska brytyjskie w czasie II wojny światowej. Nazwa pochodzi od dwóch miast, które odegrały rolę w jego rozwoju i produkcji, Brno i Enfield. Karabin maszynowy powstał na bazie czechosłowackiej konstrukcji i był produkowany w Królewskiej Fabryce Broni Strzeleckiej w dzisiejszej londyńskiej dzielnicy Enfield. - Początkowo był on zaprojektowany dla kalibru 7,7 mm, ale później został zmieniony na 7,62 mm ze względu na jednolity kaliber NATO. Był on używany jeszcze długo po drugiej wojnie światowej. Była to niezawodna

broń, jej wadą była niska kadencja i fakt, że amunicja była podawana wyłącznie przez magazyny barowe.

Pistolet maszynowy 34 (MG 34)
Ze zbyt ciężkich karabinów maszynowych I wojny światowej powstały w okresie międzywojennym lżejsze modele. W Niemczech pierwsza seria prób wojskowych rozpoczęła się już pod koniec lat dwudziestych XX wieku, które zakończyły się w 1933 roku i doprowadziły do powstania karabinu maszynowego w 1934 roku. Nowo opracowana broń została wprowadzona do oddziałów jako karabin maszynowy w 1934 roku. MG 34 była chłodzona powietrzem i wypaliła standardowy niemiecki nabój 7,92 x 57 mm. Amunicja była dostarczana za pomocą taśmy amunicyjnej z 50 nabojami lub za pomocą magazynka na beczki z 50 lub 75 nabojami w roli lekkiego karabinu maszynowego. MG 34 był również używany w czołgach bojowych. Używany był również przez wiele armii sprzymierzonych z Rzeszą Niemiecką. Nawet po drugiej wojnie światowej karabin maszynowy był nadal używany w kilku krajach. MG 35 miało również pewne wady. Prawdopodobnie największą wadą była jego skomplikowana i kosztowna produkcja, która ostatecznie doprowadziła do opracowania i produkcji pistoletu maszynowego 42.

Pistolet maszynowy 42 (MG 42)
Karabin maszynowy 42 został wprowadzony do niemieckiego Wehrmachtu w 1942 roku. Została ona opracowana do masowej produkcji, a nie, jak się fałszywie twierdzi, do dalszego rozwoju MG 34. Projekt MG 42 został wykonany przez dr Wernera Grunera, który pracował w Paul Kurt Johannes Metall- und Lackierwarenfabrik w Döbeln. Firma Gruner była specjalistą w dziedzinie formowania blach i produkcji seryjnej, dlatego też szczególnie dobrze nadawała się do skonstruowania broni, którą można było szybko produkować masowo. MG 42 był pierwszym karabinem maszynowym, który został wyprodukowany w dużej mierze przy użyciu technologii tłoczenia blachy i tym samym stanowi kamień milowy w rozwoju i produkcji broni. Mg 42 był łatwy w obsłudze i został uznany za niezwykle niezawodny. Ze względu na swoje znaczenie dla walczących oddziałów, MG 42 miało kilka pseudonimów. Wśród aliantów MG 42 nazywano "Spandau". - Żołnierze niemieccy nazywali MG 42 "piłą Hitlera", "Hitlersense", a także "piłą kostną" czy "skrzypcami Hitlera".

Rysunek 3 przedstawia niemiecki oddział karabinów maszynowych MG 34.

Tabela 4: Dane techniczne Gatlinga i wybranych karabinów maszynowych

	Kaliber w mm	Masa w kg	Zaopatrzenie w amunicję	Teoretyczna szybkość ognia w min.
Gatling (USA)	14,5	45	Listwa ładująca	200
Maxim (USA)	7,5		Pas amunicyjny	600
Vickers (GB)	7,5	13	Pas amunicyjny	450-600
MG 08 (D)	7,92	14,96	Pas amunicyjny,	500
Madsen (Dk)	8 lub 6,5	9	Magazyn pudełkowy	450
Browning M1919 (USA)	7,62	14,8	Pas amunicyjny	500
Hotchkiss M1914 (F)	8	24	Pas amunicyjny	500-600
Blackless (Ö-U)	8	20	Pas amunicyjny	610
FIAT-Revelli (It)	6,5	17		400

BREN (GB)	7,5	10,35	Magazyn pudełkowy	520
Taisho 11 (J)	6,5	11	Lejek	600
MG 34 (D)	7,92	12,1	Pas amunicyjny	900
MG 42 (D)	7,92	11,5	Pas amunicyjny	1200
Browning M 2 (USA)	12,7	57	Pas amunicyjny	600

Źródło: Heyne (piechota z II wojny światowej) lub badania internetowe

2.1.3.2 Pistolety maszynowe

Nowoczesny karabin maszynowy został opracowany we Włoszech w 1915 roku przez firmę Villar Perosa. Był to podwójny karabin maszynowy zaprojektowany przez włoskiego pułkownika Bethel Abiel Revelli do wyposażenia jednostek kołowych Bersaglieri w szczególnie lekkie karabiny maszynowe. Pistolet maszynowy strzelał amunicją pistoletową i dlatego był balistycznie gorszy od ówczesnych karabinów maszynowych. Dlatego też broń ta na początku nie robiła wielkiego wrażenia, chociaż jej siła ognia była decydującą zaletą w walce w okopach. Kolejnym kamieniem milowym w rozwoju karabinów maszynowych był Schmeisser MP 18-1, który został zaprojektowany przez niemieckiego Hugo Schmeissera i był produkowany w małych ilościach w ostatnich miesiącach wojny. Pistolet maszynowy 18-1 wyglądał bardziej jak karabinek. Strzelał z naboju 9 mm Parabellum i miał 32 magazynek ślimakowy. Pistolet maszynowy Schmeissera stał się przodkiem wielu pistoletów maszynowych po I wojnie światowej.

Po I wojnie światowej to emerytowany generał Thompson popchnął do rozwoju pistoletu maszynowego. Na początku 1919 r. pojawiły się pierwsze prototypy, a w ciągu następnych dziesięciu lat Thompson był stale ulepszany. Mniej więcej w tym samym czasie świat gangsterów w Chicago odkrył zalety pistoletu maszynowego Thompsona. Ta broń stała się więc standardową bronią gangsterów w Chicago. Thompson otrzymał negatywną reputację z powodu niesławnych masakr z karabinu maszynowego, dokonanych przez gang Ala Capone.

W okresie międzywojennym karabiny maszynowe były produkowane głównie w Niemczech, Włoszech i Związku Radzieckim. Hiszpańska wojna domowa była cenną okazją do przetestowania nowej broni. Wojska włoskie użyły modelu Beretta z 1935 roku walczącego po stronie Franco, a doświadczenia zdobyte podczas wojny domowej doprowadziły do dalszego rozwoju, który ostatecznie zaowocował modelem Beretta z 1938 roku. Kondor legionowy, jak nazywały się wojska niemieckie w hiszpańskiej wojnie domowej, używał pistoletu maszynowego Erfurtowej Fabryki Maszyn B. Geipel GmbH (Erma), który również został ulepszony na podstawie doświadczeń z wojny domowej. Już w pierwszych latach wojny, pistolet maszynowy Erma był dalej udoskonalany, a pistolet maszynowy MP 40 był produkowany w nowoczesnej technologii tłoczenia blachy. Zbudowano ich ponad milion. Sowieci mieli również możliwość zdobycia doświadczenia z pistoletem maszynowym opracowanym przez Degtyarewa podczas hiszpańskiej wojny domowej. Doświadczenie to doprowadziło do opracowania 71-strzałowego magazynu na bęben oraz nowego pistoletu maszynowego, modelu PPSh 41, który został zaprojektowany przez sowieckiego projektanta broni Georgija Shpagina. W porównaniu z innymi pistoletami maszynowymi była to broń grubostrzałowa. Cała przednia część i płaszcz beczki były wykonane z tłoczonej stali, jedyne części, które musiały być wykonane z pewną precyzją to beczka i stępka. Do końca wojny wyprodukowano ponad pięć milionów sztuk. Poniższy rysunek przedstawia żołnierzy radzieckich z II wojny światowej uzbrojonych w pistolet maszynowy PPSh 41.

Rysunek 4: Rosyjski PPsh 41 był najlepszym karabinem maszynowym w swoich czasach.

Brytyjczycy i Amerykanie późno weszli do masowej produkcji karabinów maszynowych. Brytyjczycy najpierw użyli amerykańskiego Thompsona, a także przetestowali niektóre modele, m.in. fińskiego Suomi i niemieckiego Schmeissera MP 28, ale wyścig o brytyjski standardowy karabin maszynowy wygrał Sten, który został opracowany przez inżynierów Królewskiej Fabryki Broni Strzeleckiej w Enfield. Chociaż ten pistolet maszynowy był dość gruby z wyglądu, był tani w produkcji i bardzo niezawodny. Wyprodukowano ponad 3,75 miliona sztuk pistoletu maszynowego Stena. W czasie wojny USA stosowały konstrukcję opartą na brytyjskich i niemieckich karabinach maszynowych. Model M3, żartobliwie nazywany przez GI "puszką naftową" ze względu na swój wygląd, został wyprodukowany w czasie wojny w około 650.000 jednostek.

Po II wojnie światowej karabiny maszynowe były coraz częściej zastępowane przez karabiny samonaładowcze i pozostawały tylko jako broń dla dowódców grup, spadochroniarzy, załóg pojazdów bojowych i sił specjalnych, ale także terrorystów. Najważniejszymi i najbardziej rozpowszechnionymi karabinami maszynowymi okresu powojennego były izraelskie UZI i czeski skorpion. Po pojawieniu się lekkich karabinów szturmowych o kalibrze 5,56 mm, pistolet maszynowy naraża się na ryzyko wyparcia z wojska. Prostota i niska cena są jednak ważnym czynnikiem w przypadku pistoletów maszynowych, co sprawia, że są one nadal cenną bronią dla terrorystów.

Tabela 5: Dane techniczne wybranych pistoletów maszynowych

	Kaliber w mm	Masa w kg	Magzinsinha lt	Teoretyczna szybkość ognia
MP 40 (D)	9	4	32	500
Sten (GB)	9	3,5	32	450
M3 (USA)	11,43	3,7	30	400
PPSh 41 (ZSRR)	7,62	3,6	71	900
Beretta 1938 (I)	9	4,2	30/40	600
UZI (Isr)	9	4	25/32/40	600
Skorpion (CS)	7,65	1,29	10/20	750

Źródło: Heyne (Piechota w II wojnie światowej) & Cadiou (Nowoczesna broń strzelecka)

2.1.3.3 Karabiny szturmowe

Karabin szturmowy jest logicznym rozwinięciem lekkiego karabinu maszynowego. Jest jednak mniejszy, lżejszy i strzela też słabszymi nabojami. Prekursorami karabinu szturmowego były lekkie karabiny maszynowe, które były używane już w czasie I wojny światowej. Pierwszy ważny impuls w budowie karabinów szturmowych dał John Moses Browning pod koniec 1917 roku, kiedy to stworzył karabin automatyczny Browninga. Jednak w okresie międzywojennym żaden z przyszłych przeciwników wojennych nie wiedział, co zrobić z tym projektem. Anglicy i Francuzi opracowali lekkie i ciężkie karabiny maszynowe; Niemcy, Amerykanie i Włosi pistolety maszynowe. W pierwszej fazie II wojny światowej żadna z walczących sił nie miała więc lekkiego i mocnego karabinu na duże odległości. Ale to była właśnie taka broń, która była ważna dla spadochroniarzy. W Niemczech opracowali oni karabin spadochronowy 42, ładowarkę gazową do pojedynczego i ciągłego ognia.

Prawdopodobnie najbardziej udana konstrukcja karabinu szturmowego pierwszej godziny została stworzona przez techników niemieckich. Kiedy konstrukcja została uwolniona od drobnych wad, niemieckie firmy zbrojeniowe wyprodukowały MP 43, MP 43/1, MP 44 i StG 44. Nowa broń została zaprojektowana jako masywna, krótka ładowarka gazowa, która miała wystrzeliwać nowy krótki nabój kalibru 7,92 mm w sposób półautomatyczny lub całkowicie automatyczny. Obudowa zamka i większość innych metalowych części składała się z prasowanych płyt. Ta innowacja techniczna umożliwiła masową produkcję w Niemczech, które już wcześniej poważnie ucierpiały w wyniku upadku przemysłu. Zamierzano produkować miesięcznie 5000 sztuk. Karabin szturmowy 44 był również testowany z tzw. łukowatymi lufami o ugięciu 30° i 40° oraz kątach do 90°. Miał być wykorzystywany przez załogi czołgów do ścisłej obrony w martwych przestrzeniach. Jednak modele te zostały ponownie odrzucone. Chociaż karabin szturmowy przywrócił żołnierzowi niemieckiemu przewagę w zakresie uzbrojenia, to jednak przyszło za późno, by odegrać decydującą rolę w wyniku wojny.

Wprowadzenie karabinu szturmowego 44 nie było łatwą sprawą, ponieważ Hitler od początku był sceptycznie nastawiony do tej broni. Twórcy nowej broni początkowo byli zniechęceni, ale wiedzieli, jak przechytrzyć polityków, nazywając broń pistoletem maszynowym MP 43. Tak więc Hitler został oszukany. Trzy firmy wyprodukowały tę nową broń i sprowadziły ją na front wschodni. Prawdziwa historia przyszła do Hitlera, gdy wysoko postawieni dowódcy dywizji Hitlera chcieli wiedzieć, kiedy ta nowa broń zostanie masowo sprowadzona na front. Hitler był początkowo wściekły i zarządził rygorystyczne dochodzenie. Na szczęście dla oficerów, którzy zlecili produkcję i wprowadzenie, dochodzenie było tak pozytywne, że Hitler zlecił wprowadzenie. Kazał nawet, aby nowy karabin nazywał się "Sturmgewehr".

Karabin szturmowy miał doskonałe dane dotyczące wydajności. Miał 940 mm długości, miał wagę z pełnym magazynem 5,22 kg. Wydajność magazynka wynosiła 30 kartridży, a początkowa prędkość kartridża wynosiła 650 m/s. Efektywny zasięg wynosił 600m. Do końca wojny wyprodukowano około 424.000 nabojów.

Kiedy wojna się skończyła, nowy karabin szturmowy został skopiowany i rozwinięty przez wszystkie zwycięskie siły. NATO i Układ Warszawski ujednoliciły swoje kalibry karabinów szturmowych, tak że w NATO dominował kaliber 7,62 x 51 mm, a w WAPA 7,62 x 39 mm.

Najsłynniejsze karabiny szturmowe okresu powojennego to belgijski karabin szturmowy FN, który został odtworzony na licencji w Austrii w okolicach Steyr jako StG 58, niemiecki G3 firmy Heckler & Koch, amerykańsko-amerykański AR-18 oraz sowiecki AK-47 Kałasznikow, którego broń wyprodukowano na całym świecie w ilości ponad 100 milionów sztuk. Poniższa tabela zawiera przegląd danych dotyczących wydajności najważniejszych karabinów szturmowych z okresu powojennego.

Tabela 6: Dane techniczne wybranych karabinów szturmowych

	Kaliber w mm	Masa w kg	Magzinsinhalt	Teoretyczna szybkość ognia
FN (B)	7,62	4,25	20/30	700
AR 16 (USA)	5,56	3,17	20/30/40	800
StG 58 (Ö)	7,62	4,45	20	700
AK-47 (ZSRR)	7,62	4,3	30/40/110	600
StG 77 (Ö)	5,56	3,75	30	700
G 11 (D)	4,73	3,6	40/50	930
G 3 (D)	7,62	4,38	5/20/30	600

Źródło: Badania internetowe

Istnieją również przyszłościowe technologie w rozwoju karabinów szturmowych. Wprowadzona przez Heckler&Koch w 1988 r. G11 jest takim przyszłościowym karabinem szturmowym. Cel tej niezgrabnej i kanciastej konstrukcji jest prosty: prawdopodobieństwo trafienia podczas strzału ma być drastycznie zwiększone nawet w przypadku umiarkowanych strzelców (3 pociski są uważane za optymalne do wyjęcia celu). Teoretycznie funkcja ta jest wspierana przez wiele rodzajów broni szybkiego strzału, ale w rzeczywistości lufę broni zniekształca już odrzut pierwszego strzału, tak że (ruchomy) cel niekoniecznie zostaje trafiony przez kolejne pociski. Zasada działania Heckler&Koch polega na utrzymywaniu tak dużej szybkości ognia, że wszystkie 3 strzały w jedną siatkę są oddawane zanim odrzut będzie odczuwalny na ramieniu strzelca. Realistyczne tempo odpalania w tym celu wynosiłoby około 2000 rund/min. We wdrożeniu H&K używa teraz zamka obrotowego i specjalnej amunicji bez obudowy, aby pominąć proces wyrzucania obudowy w celu załadowania kolejnej bezpośrednio po strzale. Problemem było teraz opracowanie ładunku pędnego, który byłby w stanie sprostać wymaganiom walki bez zabezpieczenia obudowy, np. uniknięcie poślizgu rury i niezamierzonego odpalenia strzału przez ogrzaną broń. W praktyce, problem ten nie mógł być całkowicie wyeliminowany przez nowy ładunek napędowy: W związku z tym G11 ma tendencję do przegrzewania się, a zatem w trybie w pełni automatycznym konieczne było znaczne zmniejszenie szybkości wypalania. W pierwszej wersji magazynek mieści 50 naboi amunicji typu blokowego, w którym pocisk jest zamknięty w odsłoniętym ładunku paliwa. W późniejszych wersjach wielkość magazynu została ograniczona do 45 rund. Z magazynka pociski są wciskane w śrubę obrotową, która następnie obraca się o 90 stopni w dół, aby ustawić pocisk i lufę w linii. Po oddaniu strzału, lufa, układ zamka i magazynek są odsuwane do tyłu za pomocą odrzutu, a ponieważ żaden z nich nie jest wyrzucany, można załadować następny strzał. Cykl ten odbywa się 3 razy, zanim cały mechanizm uderzy w zderzak i strzelec wyczuwa cewkę. Wybuch ognia brzmi jak pojedyncza detonacja. Karabin posiada nieusuwalny celownik (1:1), który jest zoptymalizowany dla odległości do 300 m. Dodatkowe urządzenia celownicze nie są planowane, ponieważ projektanci byli przekonani o solidności ich produktu. Po 2 latach twardych testów i ciągłych ulepszeń, wprowadzono G11 K2 (konfiguracja 2). Zmiany obejmowały ulepszenia ergonomiczne, jak również drobne zmiany w mechanice broni. Ponadto zmodyfikowano obudowę w taki sposób, że do pistoletu można przymocować 2 dodatkowe 45-cio strzałowe magazyny, aby czas przeładunku był jak najkrótszy. Podczas testów z nową wersją osiągnięto średnio o 50% więcej trafień niż ze starą G3. Technologia G11 sprawia, że karabin jest niezwykle kosztowny i dlatego dalszy rozwój po przewrocie politycznym zjednoczenia Niemiec i upadku Układu Warszawskiego jest mało prawdopodobny.

Rysunek 5 przedstawia karabiny szturmowe: nad niemieckim StG 44, w środku rosyjski AK-47, a poniżej amerykański AR-16 (u)

2.1.4 Granatnik

Wyrzutnia granatów została opracowana z wyrzutni kopalnianej. Miotacz min był bronią w walce o fortecę. Jego pierwsze duże rozmieszczenie zostało dokonane przez wojska rosyjskie broniące Portu Artur w wojnie rosyjsko-japońskiej 1904/05. Ówczesne granatniki były wykonane z 47 mm karabinów marynarki wojennej. Doświadczenia z wojny na Dalekim Wschodzie doprowadziły do wprowadzenia nowej broni we wszystkich armiach, tak że w czasie I wojny światowej była ona intensywnie wykorzystywana. Kaliber ówczesnych wyrzutni min i granatów wahał się od 50 mm do 400 mm. W porównaniu z produkcją dział artyleryjskich, produkcja granatników była prosta i tania. Opracowanie przez Wielką Brytanię granatnika 81 mm okazało się być wyznacznikiem trendów dla przyszłości granatników. Długość rury granatnika wynosiła 53 cm, a waga 52 kg. Za pomocą wyrzutni granatów można było wystrzelić 3 kg granatów rzutowych do wysokości 1900 m. Szybkość ognia wynosiła około 20 pocisków na minutę. Patent Stokesa kupiła francuska firma Brandt. Francuska firma Brandt nabyła w ten sposób monopol na granatnik 8,1 cm. Prawie wszystkie armie świata używały granatnika Stokes-Brandt 8,1 cm jako średniego rozmiaru granatnik. W segmencie granatników lekkich wszystkie armie używały granatników o średnicy od 45 mm do 60 mm. W klasyfikacji kalibru ciężkich granatników zastosowano granatniki o kalibrze 120 mm. Podczas drugiej wojny światowej Związek Radziecki w szczególności intensywnie wykorzystywał granatniki. W tym czasie okazało się, że granatniki były najważniejszą bronią pomocniczą piechoty w obronie. Prawie wszystkie późniejsze ciężkie granatniki pochodzą z radzieckiego granatnika 120 mm M-38. Waga wyrzutni wynosiła 300 kg, waga pocisku 16 kg. Strzelnica wynosiła 6 km. W czasie II wojny światowej Związek Radziecki opracował ciężkie granatniki w kalibrach 160 mm i 240 mm. Po drugiej wojnie światowej Francji udało się odzyskać wiodącą pozycję w produkcji granatników. Granatniki francuskiej firmy Francaise Thompson Houston-Hotchkiss Brandt w kalibrach 60 mm, 81 mm i 120 mm były używane przez wiele armii świata. Oprócz Francji, Finlandia zbudowała w zachodnim świecie dobrą reputację w zakresie rozwoju granatników. Tampella produkowała granatniki 81 mm i 120 mm.

Tabela 7: Dane techniczne wybranych granatników

	Kaliber w mm	Masa w kg	Amunicja	Maksymalna odległość strzelania w km
Granatnik ciężki 86 (Ö)	120	670	Granat wybuchowy	7,5
Wyrzutnia Granatów Średnich (GB)	81	40	Granat wybuchowy Granat świetlny	5,8

Źródło: Badania internetowe

Rysunek 6 przedstawia załogę brytyjskich granatników w czasie drugiej wojny światowej podczas procesu załadunku

2.1.5 Broń przeciwczołgowa

Chociaż główne czołgi bojowe tamtego okresu pozostawiły trwałe wrażenie już w czasie I wojny światowej, minęło jeszcze około 15 lat, zanim we wszystkich armiach rozpoczął się planowany rozwój obrony przeciwpancernej. Podczas samej I wojny światowej do kierowania czołgami podczas ataku używano broni polowej. Sukces tego prowizorycznego środka był jednak znaczny. Pokonani w pierwszej wojnie światowej zostali zatem objęci zakazem stosowania broni przeciwpancernej na mocy traktatów pokojowych.

Rozwój dział przeciwpancernych doprowadził do powstania armat o kalibrze 37 mm. Pistolety ważyły od 300 do 500 kg, więc czterech mężczyzn mogło je bez problemu ustawić. Pistolety wystrzeliwały pociski z prędkością od 700 do 900 m na sekundę. W pierwszych kampaniach II wojny światowej okazało się, że kaliber 37 mm jest niewystarczający i zbudowano cięższe działa przeciwpancerne. Kaliber był wtedy 50mm, 75mm, 88mm, 100mm a nawet 128mm. Wzrost kalibru nieuchronnie doprowadził do dużych ciężarów pistoletów, a tym samym do utraty mobilności, którą można było odzyskać jedynie poprzez zamontowanie pistoletu na samojezdnym wózku. Pistolety przeciwpancerne służą do wystrzeliwania pocisków balistycznych, granatów zapalających czołgowych, pocisków z twardego rdzenia, karabinów sabotażowych, granatów z głowicą miażdżącą i granatów z ładunkiem pustym. Zrównoważone pociski to najprostsza forma pocisków. Efekt jest oparty na wydajności penetracji. Granat pancerny zawiera materiały wybuchowe, które są wystrzeliwane po przebiciu pancerza. Pocisk z twardym rdzeniem ma płaszcz z węglika wolframu, który ma dużą moc penetracji. Pociski sabotażowe są pociskami podkalibrowymi o wysokiej wydajności, które mają dużą prędkość początkową, a tym samym wysoki współczynnik penetracji. Granat z głowicą szczypiornistą to granat z cienkościenną obudową pocisku i wypełnieniem z materiału wybuchowego ciągliwego. Przy uderzeniu pocisk jest rozszerzany tak, że materiał wybuchowy opiera się na pancerzu. Pocisk działa poprzez falę uderzeniową, która powstaje po zapaleniu się materiału wybuchowego. Powoduje to oderwanie części pancerza wewnątrz zbiornika. Gwarantów ładunków wybuchowych uzyskuje efekt przebicia pancerza poprzez efekt przebicia wynikający ze stożkowatego ułożenia ładunku wybuchowego.

Rysunek 7 przedstawia broń przeciwpancerną: Z lewej strony rosyjski pistolet przeciwpancerny, z prawej - wystrzał przeciwpancernego pocisku sterowanego z wozu bojowego niemieckiej piechoty Marder.

Oprócz rozwoju dział pancernych, II wojna światowa przyniosła również rozwój rakiet przeciwpancernych. Pocisk przeciwpancerny to prowadzony lub niekierowany pocisk napędzany przez silnik rakietowy.

Cele przeciwczołgowe są w ruchu, co utrudnia walkę z czołgami bojowymi i jeziorami pojazdów pancernych. Trudności zwiększają się wraz z odległością bitwy. Dlatego też użycie pocisków kierowanych do obrony przeciwczołgowej było bardzo wcześnie rozważane przez poszczególne armie. Pierwsze praktyczne rezultaty zostały osiągnięte przez naukowców w Cesarstwie Niemieckim, gdy udało im się zbudować rakiety dalekiego zasięgu. W trakcie tej pracy udało się skonstruować mały pocisk naprowadzany, X-7 "Czerwony Kapturek" (Little Red Riding Hood). Jednak rozwój nie nastąpił w wojsku. Mówi się jednak, że niektóre przykłady zostały wykorzystane w obronie Wrocławia. Zasięg operacyjny wynosił około 1000m. Po zakończeniu wojny Francja intensywnie pracowała nad rozwojem broni przeciwpancernej, zatrudniając niemieckich techników w Arsenale Chatillon. Już w 1952 r. wypuszczono na wolność pocisk przeciwpancerny SS (Sol-á-Sol/Boden-Boden-Lenkwaffe)-10, a SS-10 został wykorzystany już w pierwszej wojnie Izraela z Arabami w 1956 roku.

W sumie wyprodukowano około 30.000 sztuk SS-10. W szybkim tempie, we wszystkich ważnych stanach zaawansowany został rozwój pocisków kierowanych przeciwczołgowo. Pierwsze rakiety kierowane przeciwczołgowo miały tę wadę, że strzelec musiał kontrolować rakietę od strzału do uderzenia w cel za pomocą drążka sterowniczego. Procedura ta była trudna do opanowania i wymagała kosztownego szkolenia, zarówno na symulatorze, jak i w ostrym strzelaniu. Dalszy rozwój do drugiego pokolenia miał miejsce również we Francji. Teraz strzelec nie musiał już kontrolować rakiety podczas całego lotu, a jedynie celować w cel, a rakieta szukała drogi do celu poprzez śledzenie w podczerwieni. Trzecia generacja to pocisk przeciwpancerny, który kieruje się na cel bez konieczności ciągłego celowania w cel. Działa na tak zwanej "zasadzie ognia i zapomnienia". Najważniejszymi i najbardziej rozpowszechnionymi pociskami przeciwpancernymi na Zachodzie są francusko-niemiecki Milan i Hot, szwedzki Bill, amerykański Smok i Mucha. W układzie warszawskim używano Saggera, Snappera i Swattera. Tabela 8 przedstawia główne dane techniczne wybranej broni przeciwpancernej.

Tabela 8: Dane techniczne wybranych rodzajów broni przeciwpancernej

	Masa w kg	Amunicja	Zasięg działania w m
PAH M 52 8,5 cm (Rus)	2.095	Granat pancerny rdzeniowy	1.000
rPAK M 40 10,6 cm Karabin 12,7 mm	350	Ładunek pusty (HL) Granat detonujący	800 do 1.000 do 7.000
HOT (D,F)	21,8	HL	75 do 4.000
Smok (USA)	6,36	HL	30 do 1.000
MILAN (D, F)	6,6	HL	70 do 2.000
TOW (USA)	18,2	HL	65 do 3.000
AGM-114 Hellfire (USA)	46	HL	do 8.000
AT-4 Króciec (Rus)	11,5	HL	70 do 2.000

Źródło: Badania internetowe

2.1.6 Amunicja do broni piechoty

Amunicja to każdy rodzaj pocisku, który jest rzucany, ciosany lub wystrzeliwany z wykorzystaniem jakiejś formy zmagazynowanej energii uwolnionej w wyniku akcji wyzwalającej. Słowo to zostało zapożyczone na początku XVI wieku z francuskiej "amunicji de guerre" na potrzeby wojenne i zostało zawężone do wymagań strzeleckich. Amunicja obejmuje wszystkie pociski wystrzeliwane z broni w najszerszym znaczeniu, granaty ręczne rzucane siłą mechaniczną lub mięśniową oraz bomby rzucane przez samoloty. Rakiety, w których energia napędowa uwalniana jest podczas mniejlub bardziej długiej fazy całkowitego czasu lotu, zajmują pozycję pośrednią. Dlatego będą one traktowane oddzielnie.

2.1.6.1 Wynalezienie prochu strzelniczego

Prawie żaden wynalazek nie wpłynął na działania wojenne bardziej niż wynalezienie prochu strzelniczego. Do wykorzystania prochu można by opracować broń, której niszcząca moc zaćmiła każdy znany system broni. Rozpowszechnianie wiedzy o istnieniu prochu strzelniczego było zatem w średniowieczu niebezpieczne, zarówno z punktu widzenia świeckiego, jak i duchowego. Było to spowodowane tym, że siły rządzące musiały teraz obawiać się utraty przewagi nad przeciwnikami, którzy mieli wystarczająco dużo prochu i broni palnej. Zdradzenie formuły było równie niebezpieczne. Franciszkanin z Somerset, Roger Bacon, próbował udowodnić w piśmie "Epistola de Secretis Operibus Artis et Naturae" około 1249 roku, że rzeczy, które zwykle przypisuje się bardziej diabelskiej magii, mogą być naśladowane przez ludzkie ręce. Zauważył, że można zrobić pewną mieszankę, która wybuchnie, jeśli ktoś zna tę sztuczkę i poda wzór. (Weź siedem części saletrę, pięć części węgla drzewnego z młodego drewna orzechowego i pięć części siarki). Podano też sposób na produkcję saletry. (Ta mieszanka 41,2 % saletry, 29,4 % węgla drzewnego i 29,4 % siarki, była odpowiednia dla fajerwerków, ale prawie nie nadawała się do broni palnej) Około 1259 r. franciszkanin Berthold Schwarz (jego cywilne nazwisko brzmiało rzekomo Konstantin Anklitzen) odkrył w Niemczech wybuchowe działanie mieszaniny saletry, siarki i rtęci lub saletry, siarki, ołowiu i ropy. Nie ma co do tego pewności, ale w Niemczech powszechnie uważano, że pewien franciszkański zakonnik wynalazł proch strzelniczy na początku XIV wieku. W 1853 r. wzniesiono nawet pomnik Schwarza we Freiburgu. Niektórzy nadal uważają niemieckiego mnicha za (europejskiego) wynalazcę czarnego prochu, choć nie jest nawet pewne, czy rzeczywiście żył.

2.1.6.2 Pociski do ręcznej broni palnej i broni automatycznej

Obsługa broni z karabinów zapałczanych była niezwykle skomplikowana w porównaniu do nowoczesnych karabinów szturmowych. Ilustrowane instrukcje zostały wydane dla strzelców w tym czasie, aby nauczyć bezpiecznego i łatwego ładowania i wystrzeliwania karabinów zapałczanych. Oprócz muszkietu, strzelec miał przy sobie własne drewniane karabiny, w których dokładnie mierzono proch. Nosił też ze sobą kule. Podczas załadunku, muszkieter musiał najpierw wlać proszek do beczki i włożyć pocisk do beczki owiniętej gipsem. Drewniany baran służył następnie do dociskania kuli do proszku. Następnie założono karabin zapałczany i użyto bezpiecznika do odpalenia spłonki w patelni. W tym czasie nie było żadnego połączonego naboju, który zawierałby proch i pocisk. Prekursorem dzisiejszej metalowej kasety był nabój papierowy, który został wprowadzony do armii dopiero pod koniec XVIII wieku. Proch i ołowiana kula zostały umieszczone razem w sklejonym papierowym pudełku. Ta pierwsza generacja kartridżów papierowych pełniła jedynie funkcję magazynowania proszku i kuli razem. W trakcie załadunku strzelec musiał zgryźć otwarty nabój papierowy i wlać proszek do lufy. Następnie owinięta w papier kula została wepchnięta do lufy. Zaletą tych wkładów była możliwość masowej produkcji znormalizowanego wkładu. Podczas gdy papierowe naboje były początkowo nadal produkowane w domu, pierwsze fabryki amunicji powstały w czasie wojen w XIX wieku ze względu na zwiększony popyt na naboje. Kompletne naboje papierowe zostały już opracowane dla karabinów ładowarkowych, które zawierały już pocisk, materiał izolacyjny i ładunek prochowy. Po włożeniu naboju do komory załadowczej, strzelec musiał jedynie umieścić spłonkę na tłoku zamka udarowego i mógł natychmiast oddać strzał. Wadą kasety papierowej było to, że nie mogła ona zapewnić gazoszczelności komory załadowczej.

Idea karabinów ładunkowych jest stara. Projektanci pracowali już we Francji i w Austrii na początku XVIII wieku. Ale dopiero angielskiemu majorowi Patrickowi Fergusonowi udało się stworzyć pierwszy użyteczny karabin ładowarkowy w 1776 roku. Na początku XIX wieku Napoleon wprowadził karabin iglicowy, a w końcu Dreyse wynalazł w 1827 roku karabin iglicowy, który został zakupiony przez Prusy od 1841 roku, a także częściowo wprowadzony. W wojnie austriacko-prusko-duńskiej w 1864 r. po stronie pruskiej użyto więcej karabinów ładunkowych. Podczas gdy Prusy wyciągnęły wniosek z tego sukcesu, że korzystne byłoby wyposażenie całej armii w karabiny z ładowarką zamkową, Austria wyciągnęła inne wnioski z porażki pod Solferino i pozostała z ładowarką zamkową. Prusy, które zmieniły całą swoją armię i taktykę na karabin zamkowy, pokonały Austrię w wojnie 1866 roku również z powodu użycia karabinów zamkowych. Dokonano przełomu w karabinie ładowarki zamkowej. Wszystkie armie przebudowały swoje wojska na karabin ładowniczy. Francuzi również się nawrócili, ale nie byli w stanie przeciwstawić się wojskom pruskim, które w wojnie 1870/71 r. były lepiej wyszkolone w posługiwaniu się karabinem zamkowym. Tak więc od pierwszej budowy do pierwszego udanego wdrożenia na dużą skalę minęło około 80 lat.

2.1.6.3 Pociski wybuchowe, pociski pancerne, pociski strzałkowe

Pociski wybuchowe składają się z pocisku, ładunku wybuchowego, który zwykle jest wrzucany lub wtłaczany do pocisku, oraz detonatora. W wyniku detonacji ładunku wybuchowego pocisk rozbija się na pojedyncze fragmenty, które przyspieszone przez płytki detonacyjne mają znaczną energię i tym samym destrukcyjne działanie.

Pociski przebijające pancerze są przeznaczone do penetracji celów pancernych i działania za pancerzem. Istnieją pociski sabotowe równego i niższego kalibru z pociskami sabotowymi, jak również pociski typu hollow-charge i crimp-head. Pociski balansujące działają na cel za pomocą energii kinetycznej. Po przebiciu się przez pancerz, tworzą one stożek z fragmentów pocisku i materiału celowniczego po stronie odrzutu, który ze względu na dużą energię resztkową i wysoką temperaturę powinien spowodować zniszczenie w strefie walki. Pociski typu "hollow-charge" osiągają swój efekt przebicia pancerza za pomocą tzw. efektu hollow-charge. Metalowa płytka odkształcona w strumień przez parę materiału wybuchowego jest w stanie przeniknąć przez gruby pancerz dzięki niezwykle dużej prędkości strumienia. Pociski hollow-charge mogą być skrzydłowe lub spin-stabilizowane. Pociski z zaciśniętą głową są wypełnione materiałami wybuchowymi. W przypadku uderzenia w pancerz, intensywna fala uderzeniowa wypycha części pancerza wewnątrz przedziału bojowego i powoduje jego zniszczenie. Najnowsza amunicja pancerna to pociski strzałowe, które są pociskami podkalibrowymi. Mają niską wagę i dużą prędkość początkową. Główne prace rozwojowe nad pociskami strzałowymi zostały przeprowadzone w Peenemünde w czasie II wojny światowej.

2.1.6.4 Podłogi specjalne

Pociski specjalne to pociski, które nie wykonują rzeczywistych zadań bojowych, ale zapewniają pomoc w tym zakresie. Należą do nich pociski sygnałowe, takie jak pociski dymne i znakujące cel, pociski dymne i race. Ponadto, jest tu amunicja ćwiczebna i ćwiczebna, a także amunicja do salutowania.

2.1.7 Wewnętrzna i zewnętrzna balistyka broni

Balistyka wewnętrzna zajmuje się napędem pocisków, jak w pistolecie przez ciśnienie gazu działające na podstawę pocisku lub w rakiecie przez tylne wyjście strumienia gazu. Proces rozwoju śrutu jest dość złożony, ponieważ procesy termodynamiczne i gazowo-dynamiczne są połączone ze skomplikowanymi reakcyjno-kinetycznymi sekwencjami przemiany propelentów w gorące gazy. Rozwijanie ujęć odbywa się w następujący sposób: Po załadowaniu amunicji i zamknięciu zamka, element zapłonowy zostaje wyzwolony przez wstrząs mechaniczny lub napięcie elektryczne. Strumień gorących cząstek uwolniony w elemencie zapłonowym zapala ładunek gruntujący, którego zadaniem jest zainicjowanie zapłonu na całej powierzchni prochu napędowego w jak największym stopniu jednocześnie. Szczególną rolę odgrywa prędkość kagańca, prędkość, którą pocisk ma natychmiast po opuszczeniu lufy lub rury. Jest to ważna wartość pomiarowa przy porównywaniu broni palnej.

W węższym znaczeniu, *balistyka zewnętrzna oznacza śledzenie* trajektorii wystrzelonego pocisku w polu grawitacyjnym ziemi wobec oporu powietrza. Przy wystrzeliwaniu broni należy pamiętać, że oprócz oporu powietrza, wiatrówki krzyżowe i inne czynniki wpływają na lot pocisku. Stabilność pocisku ma zatem ogromne znaczenie dla lotu. Nowoczesna broń i systemy uzbrojenia są wyposażone w komputery, które przy obliczaniu toru lotu biorą pod uwagę wszystkie wpływy środowiska, dzięki czemu podczas wystrzeliwania pocisku podawane jest wysokie prawdopodobieństwo trafienia.

2.1.8 Urządzenia celownicze do broni piechoty

Celowniki to urządzenia celownicze do pistoletów ręcznych, karabinów, działek i kuszy. Rozróżnia się pomiędzy widokami prostymi i skomplikowanymi technicznie. Najczęstszym typem celowników do broni ręcznej jest połączenie celownika tylnego i przedniego. Tylny celownik to wycięcie w kształcie litery U lub V na tylnym końcu broni lub lufy. Widok z przodu to punktowa, okrągła lub kątowa wysokość na beczce w pobliżu pyska. Przy tak zwanym celowaniu, broń może być doprowadzona do linii wzroku z celem poprzez trzy punkty "wzrok z tyłu - wzrok z przodu - wzrok z przodu". Tylny wziernik może być regulowany na różne odległości.

W karabinach i broni przeciwpancernej stosuje się celowniki diopterowe, laserowe i teleskopowe. Dioptory to wzierniki tylne, regulowane na wysokość i w bok. Ten typ wzroku jest łatwiejszy w obsłudze. Celowniki laserowe polegają na oświetleniu celu wiązką podczerwieni lub lasera, ale także światłem widzialnym. Karabin to luneta z celownikiem zintegrowanym z optyką. Celowniki refleksyjne są dostępne do operacji bojowych w pomieszczeniach zamkniętych. Nie mają powiększenia. Wzierniki refleksyjne nie mają krzyża, a jedynie punkt świetlny. Pozwala to na szybsze celowanie.

Starszym typem obserwatora był teleskop nożycowy, który był używany głównie z granatnikami i artylerią w bezpośrednim celowaniu. To urządzenie obserwacyjne zostało zastąpione dalmierzem laserowym i radarem.

2.1.9 Broń walcząca wręcz

Bright Weapons

Pierwszą bronią w walce wręcz w historii człowieka były proste pałki, pałki i pałki. Później, w czasach faraonów egipskich, opracowano buzdygan dla prostych żołnierzy stóp oraz brązowe topory bojowe i sierpowe miecze jako symbol rządów faraona. Później dodano włócznie, lance i szczupaki dla piechoty. Wraz z pojawieniem się broni palnej pikacze musieli chronić żołnierzy uzbrojonych w arquebusy lub muszkiety, ponieważ prędkość strzału z zapałek była zbyt mała, aby szybko odpierać zaawansowane ataki kawalerii lub piechoty. Około połowy XVII wieku pojawił się pierwszy typ bagnetu, broń kłująca, którą można było przymocować do karabinu w celu walki wręcz. Słowo "bagnet" pochodzi od francuskiego słowa "bagnetowiec". Te pierwsze bagnety miały tę wadę, że kiedy były przymocowane do karabinu, strzelanie nie było już możliwe. Pierwsze bagnety, które umożliwiły zarówno strzelanie, jak i walkę wręcz, pojawiły się pod koniec XVII wieku. Od 1720 roku wszystkie armie Europy posiadały karabiny z bagnetami, które można było przymocować do karabinu. Całkowita długość karabinów z założonymi bagnetami wynosiła około 2m do odparcia kawalerii z założonymi bagnetami. Nie ma wojennych przykładów historycznych bitew, w których wszczepione bagnety były używane na dużą skalę jako broń zbliżeniowa. Znaczenie bagnetów polegało bardziej na efekcie moralnym niż na efekcie rzeczywistym. Niemniej jednak ani w I, ani w II wojnie światowej armia nie porzuciła możliwości implantacji bagnetowej. Nawet po drugiej wojnie światowej producenci broni oferowali bagnet do karabinów szturmowych. Dopiero wraz z pojawieniem się nowoczesnych karabinów szturmowych znaczenie bagnetów spadło. Pewne znaczenie bagnetów lub noży bojowych pozostanie, jeśli oddawanie strzałów nie jest celowe podczas operacji.

Inną ważną bronią walki wręcz były miecze, szable, pallash i małpy. Szabla jako lżejsza forma miecza używana była jeszcze w czasie II wojny światowej przez wojska konne. Pallasch, długa broń tnąca z prostym ostrzem, była używana przez ciężką kawalerię. Najważniejszą bronią bliskiego kontaktu żołnierza w XXI wieku jest jego nóż bojowy, wielofunkcyjne urządzenie, które może być również zamontowane na karabinach maszynowych jako zamiennik bagnetów.

Granaty ręczne

Granat ręczny to broń o długiej historii. Dowody na użycie takiej broni znaleziono już w Chinach za czasów dynastii Song. Te granaty z pierwszej ręki były w większości wykonane z ceramiki lub szkła i zawierały różne substancje trujące, łatwopalne lub żrące. Wraz z pojawieniem się prochu strzelniczego, granaty ręczne również zostały wypełnione prochem. Podczas wojen w późniejszym XVIII wieku granaty ręczne były wykonane z metalu. Bardziej intensywne użycie granatów ręcznych można zaobserwować począwszy od wojny rosyjsko-japońskiej. Granat ręczny okazał się być szczególnie odpowiednią bronią do walki w okopach i poza nimi podczas I wojny światowej. Kilka możliwych zastosowań opracowanych jako granaty ofensywne lub defensywne ręczne. Ofensywne granaty ręczne mają zazwyczaj mniejszy zakres działania i dlatego mogą być używane w trakcie ataku bez narażania napastnika na niebezpieczeństwo. Defensywny granat ręczny jest używany przez obrońców z osłony i ma większy promień działania niż ofensywny granat ręczny.

Istnieje różnica w konstrukcji pomiędzy granatami ręcznymi kija i granatami jajecznymi. Struktura jest zawsze podobna. Granaty ręczne składają się z wypełnienia wybuchowego i mechanizmu zapłonowego, głównie z zapalników czasowych, ale także z lontów udarowych. Granat ręczny z kijem składa się z kija, który wysuwa dźwignię ramienia rzucającego, linki odrywającej i ładunku wybuchowego. Funkcja jest bardzo prosta. Po pociągnięciu za sznur włącza się bezpiecznik cierny i następuje zapalenie granatu ręcznego. Granat ręczny z kijem zawiera około 400 g trotylu. Granat ręczny z jajkiem ma kształt jajka. Powłoka wykonana jest z tworzywa sztucznego lub metalu. Wewnątrz skorupy znajdują się ciało odłamkowe, materiał wybuchowy i mechanizm zapłonowy. Na granacie ręcznym przykręcone są klips, sprężyna zabezpieczająca i mechanizm uderzeniowy. Funkcja jest prosta. Granat ręczny jest szczelnie zamknięty przez szeklę. Po zerwaniu klinu i po rzuceniu kajdanka zostaje zwolniony. Uwalnia to zapalnik perkusyjny i ładunek opóźniający, który z kolei detonuje materiał wybuchowy. Następnie ładunek wybucha. Jeden granat jajeczny ręczny zawiera około 155 g materiału wybuchowego; całkowita waga wynosi około 500 g.

2.1.10 Tendencje rozwojowe w dziedzinie broni piechoty

Jeśli śledzić odpowiednie czasopisma wojskowe jako regularny czytelnik, łatwo zauważyć, że prawie każda armia myśli o piechocie przyszłości i zleciła projekty w tej dziedzinie.

Od końca zimnej wojny obraz zagrożenia uległ zmianie, a zadania stojące przed piechotą stały się bardziej zróżnicowane. Ten zmieniony scenariusz zagrożenia ma wpływ na wyposażenie osobiste żołnierza oraz na jego uzbrojenie. Żołnierz przyszłości będzie miał nowy rodzaj systemu nośnego, który musi być wielofunkcyjny. Ponadto żołnierz będzie musiał posiadać system ochrony dostosowany do danego zagrożenia, który musi składać się z okularów ochronnych, modułowych kamizelek ochronnych, a także systemów ochrony przed jądrowymi, biologicznymi i chemicznymi środkami bojowymi. Broń i systemy uzbrojenia piechoty również będą musiały być dostosowane do zagrożenia. Uzbrojenie piechoty przyszłości będzie składało się z wielofunkcyjnej broni standardowej, która oprócz amunicji konwencjonalnej może strzelać również z granatów.

Wykorzystanie nowoczesnego sprzętu rozpoznawczego i komunikacyjnego będzie miało szczególne znaczenie dla piechoty przyszłości. Odpowiednie tendencje w tym zakresie zostały bardziej szczegółowo omówione w rozdziale dotyczącym systemów broni elektronicznej.

Kolejnym ważnym obszarem, który znajdzie się w piechocie, jest technologia robotów. Przyszły piechur będzie potrzebował technologii robotów nośnych do przenoszenia cięższych systemów uzbrojenia, takich jak broń robotyczna do pomocy w przenoszeniu broni.

2.2 Broń pancerna

2.2.1 Rozwój i rozmieszczenie czołgów bojowych i pojazdów opancerzonych w trakcie dwóch wojen światowych

Pierwszy niezwykły projekt uzbrojonego i opancerzonego pojazdu bojowego napędzanego silnikiem pochodził z cesarskiej i królewskiej armii. Pierwszy porucznik Günther Burstyn. Dominująca wówczas strategia wojskowa, a także operacyjny i taktyczny sposób walki, ale także krótkowzroczność armii austriackiej i niemieckiej nie dawały wynalazkowi szans. Projekt zbiornika autorstwa Burstyna pozostał więc jednym z wielu wynalazków rewolucji przemysłowej, które wyprzedzały swoje czasy i nie miały szans na realizację. Ale nawet w Wielkiej Brytanii nie słuchano planów opancerzonego pojazdu gąsienicowego australijskiego inżyniera i

wynalazcy Lancelota de Mole. W mieszaninie ignorancji i arogancji, projekt ten został odrzucony w 1912 roku.
Pierwszy czołg, który pojawił się na polu bitwy, jest dzieckiem I wojny światowej. Kiedy wrogie wojska stanęły naprzeciwko siebie w okopach i ataki szturmowe ustały w ogniu z karabinu maszynowego, opracowanie brytyjskiego pułkownika Ernesta Swintona na temat możliwości niszczycieli pancernych karabinów maszynowych miało ogromny wpływ na dalsze kroki w kierunku wprowadzenia broni czołgowej. W swoim opracowaniu Swinton wyraził pogląd, że zastosowanie ciągników benzynowych opartych na zasadzie gąsienicowej z pancerzem przeciwko niemieckim pociskom twardym i przebijającym pancerz oraz uzbrojenie dwóch karabinów maszynowych Maxim i 2 cm działka Maxim może stworzyć korzystne warunki do rozmieszczenia karabinów maszynowych. Nie wdając się w szczegóły, to właśnie dzięki uporowi Winstona Churchilla Wielka Brytania poważnie zaangażowała się w rozwój czołgów bojowych. Od końca 1915 r. rozwój "Zbiornika" odbywał się w najściślejszej tajemnicy. Pracowałem nad tym. Już na początku 1916 r. przełomem we wszystkich próbach i testach był Little Willie, metalowe pudełko na gąsienicach. Od samego początku pojazdy testowe wywarły głębokie wrażenie na osobach odpowiedzialnych w Ministerstwie Wojny. W połowie 1916 r. 50 głównych czołgów bojowych Marka I zostało przywiezionych do Francji pod najściślejszą tajemnicą i 15 września 1916 r. po raz pierwszy rozmieszczonych w walce. Czołgi nie zostały rozmieszczone w formacji zamkniętej, co znacznie zmniejszyło ich skuteczność bojową. Niemniej jednak podczas tej pierwszej misji pokazali oni swój wielki potencjał operacyjny. Powoli, ale nieubłaganie, czołgi posuwały się naprzód, przebijając się przez front piechoty i rykoszetując pociski podczas wystrzeliwania swoich dział i karabinów maszynowych. Oczywiście czołgi nie były niepokonane, ale miały wielką zasługę - zniszczyły niepokonane wcześniej gniazda karabinów maszynowych. Kolejne rozmieszczenie czołgów bojowych oznaczało również przełom jako systemu uzbrojenia. 20 listopada 1917 r. w bitwie pod Cambrai rozmieszczono łącznie 474 pojazdy pancerne. Po stosunkowo krótkim ogniu przygotowawczym, setki głównych czołgów bojowych zaatakowało za lufą dymu i granatami wybuchowymi i przebiło się przez pozycje niemieckie. Brytyjskie czołgi mogły zostać zatrzymane tylko na stanowiskach artyleryjskich. Brak silnych rezerw uniemożliwił osiągnięcie jeszcze większego sukcesu w tym czasie.
Oprócz Brytyjczyków, Francuzi rozpoczęli również prace nad budową broni pancernej. Podobnie jak w Anglii, pomysł we Francji nie był tylko jednoosobowy, ale ze względu na istniejącą sytuację militarną i dane możliwości techniczne, szeroko rozproszony. Istniały trzy różne

podstawowe idee, które przyczyniły się do powstania pierwszego francuskiego czołgu bojowego, a tym samym do powstania francuskiej broni czołgowej. Francja po raz pierwszy użyła czołgów w pierwszym dniu ofensywy wyrównawczej 16 kwietnia 1917 roku. Siedem miesięcy później, po tym jak Anglicy wysłali ich do walki w Somme. We Francji to głównie firmy Schneider, Compagnie des Forges et Acieriers de la Marine et Homecourt oraz Renault budowały zbiorniki. Zwłaszcza Renault opracował z lekkim zbiornikiem FT-17 hit eksportowy, który był używany w ponad 20 krajach po I wojnie światowej. Inne wielkie mocarstwa uczestniczące w I wojnie światowej, Rzesza Niemiecka, Austro-Węgry, Rosja, Włochy, Japonia i Stany Zjednoczone Ameryki nie posiadały broni czołgowej nadającej się do użycia w porównaniu z Francją i Anglią. Pierwszy niemiecki czołg opuścił fabrykę jako prototyp w kwietniu 1917 roku, a produkcja tej serii osiągnęła jedynie bardzo małą ilość sztuk. Niemiecki czołg szturmowy A7V okazał się niezbyt udany w eksploatacji. Włochy i USA opracowały własne czołgi, ale do końca wojny nie przyniosły na front żadnych czołgów bojowych. Japonia odniosła szybkie zwycięstwo w Azji Wschodniej i nie stworzyła żadnych czołgów bojowych podczas wojny światowej. Jednak wydarzenia w teatrze wojny w Europie były bardzo uważnie obserwowane.

Rysunek 8 przedstawia dwa czołgi z pierwszej wojny światowej: nad niemieckim A7V i pod brytyjskim Markiem IV.

Tabela 9: Dane techniczne wybranych czołgów bojowych I wojny światowej

	Znak IV (GB)	Renault FT-17 (F)	A7V (D)
Waga w t	28	7	30
Długość	8,04 m	4,34 m	8,6 m
Silnik	90 KM	35 KM	2x200 PS
Uzbrojenie	2x działka 6-funtowe i 4 MG 7,7 mm	1MG 7,5 lub 8 mm	Jedno 57mm działko, 6 MG 7,92 mm
Prędkość w km/h	7	8	13
Załoga	3	2	18
Pancerze	5-14 mm	6-22mm	15-30 mm

Źródło: Ford (czołgi od 1916 r. do dziś)

Po I wojnie światowej rozwój głównego czołgu bojowego nabrał szybkiego tempa, tak że pod koniec lat 30-tych XX wieku główny czołg bojowy nie był już rozpoznawalny w porównaniu z jego poprzednikiem pod koniec lat 1910-tych. Zwycięskie mocarstwa nie pozostały bezczynne po zakończeniu I wojny światowej i opracowały szereg lekkich, średnich i ciężkich czołgów bojowych opartych na pojazdach bojowych I wojny światowej. Rzesza Niemiecka, której na mocy Traktatu Pokojowego Wersalskiego zabroniono budowy i rozwoju czołgów bojowych, próbowała obejść ten zakaz i szukała za granicą miejsc rozwoju i produkcji. Na przykład w Szwecji lekki czołg LK II został zbudowany według projektu niemieckiego, a w Związku Radzieckim tajne miejsce budowy czołgów bojowych w Kazaniu zostało wykorzystane do budowy czołgów bojowych z niemieckich biur rozwoju. Tak więc we wrześniu 1939 r., kiedy rozpoczęła się II wojna światowa, niemiecki Wehrmacht dysponował lekkimi i średnimi czołgami, dzięki czemu mógł prowadzić Blitzkrieg nad Europą Wschodnią i Środkową.

Druga wojna światowa była bitwą armii czołgów. Na przykład w bitwie pod Kurskiem w dniach 4-20 lipca 1943 r. po stronie niemieckiej rozmieszczono 2700 czołgów, a po stronie radzieckiej 3600. Kiedy we wrześniu 1939 r. niemieckie czołgi szturmowały na Polskę, rozpoczęła się nowa era działań wojennych. Pierwsze lata II wojny światowej były zdominowane przez blitzkrieg, który można było prowadzić tylko za pomocą ciosu czołgu bojowego. Główne czołgi bojowe pod koniec lat 30-tych XX wieku były potężniejsze od swoich poprzedników pod koniec pierwszej wojny światowej i wiele się zmieniło w wyglądzie współczesnych głównych czołgów bojowych. Lekkie i średnie czołgi były w stanie pokonać każdą nieuzbrojoną armię, która nie przystosowała się do obrony w czasie. Na początku wojny Niemcy wyprzedzali początkowo swoich Panzerkampfwagenów III i IV. Rozwój Panzer IV rozpoczął się w 1934 r. Po początkowym rozwoju w kilku przedsiębiorstwach, firma Krupp została wyznaczona w 1936 r. jako ostateczna "firma wiodąca" do produkcji i dalszego rozwoju. Panzer IV jest łatwo pomylony z Panzer III. Jednak oba mają niepowtarzalne cechy wyróżniające, Panzer IV posiada osiem rolek bieżnych i cztery rolki podporowe, podczas gdy Panzer III posiada tylko sześć rolek bieżnych i trzy rolki podporowe. Panzer IV został początkowo dostarczony z 7,5 cm krótkim działem czołgu bojowego. Działo to, nazywane przez żołnierzy "czubkiem", miało tę wadę, że ze względu na niekorzystną balistykę (silnie zakrzywioną trajektorię) celność jego pocisków nie była zbyt wysoka. Na początku wojny Wehrmacht miał około 600 Panzer IV. Aby móc konkurować z rosyjskimi czołgami T-34 pod względem dokładności uzbrojenia, Panzer IV został wyposażony w dłuższe 7,5 cm działko. Z tym działem Panzer IV był w stanie przebić się przez T-34 nawet na większe odległości. Jedną z głównych wad Panzer IV w porównaniu z T-34 był silnik benzynowy. Dlatego też jego zasięg był znacznie krótszy niż w przypadku T-34. Ponieważ podwozie Panzer IV sprawdziło się, opracowano czołg dział szturmowych, "Brummbär" z działem 15 cm oraz 150 sztuk czołgu przeciwlotniczego "Wirbelwind" (2 cm poczwórne działo przeciwlotnicze), 150 sztuk "furgonetki meblowej" (2 cm poczwórny pistolet przeciwlotniczy lub 3,7 cm pistolet przeciwlotniczy), 40 sztuk "Ostwind" (3,7 cm pistolet przeciwlotniczy) i "Kugelblitz", niszczyciel czołgów "Nosorożec" i samojezdny pistolet "Trzmiel" zbudowany. Nosorożec miał 8,8 cm działko jako główne uzbrojenie, trzmiel miał 15 cm haubicę polną jako główne uzbrojenie. Brummbär wykonał około 55 sztuk, Nosorożec 475 sztuk, a Hummel około 666 sztuk. Do końca wojny zbudowano około 9000 sztuk głównego czołgu bojowego IV.

Chociaż sojusznicy Rzeszy Niemieckiej, Włoch, Węgier i Japonii posiadali broń pancerną, produkcja czołgów bojowych pozostała skromna. Tak więc Włochy produkowały w czasie wojny, Węgry i Japonia.

Alianci używali skutecznych czołgów bojowych we wszystkich teatrach wojennych. Związek Radziecki ich T-34, USA ich M4 Sherman i armia brytyjska Matylda, Walentyn, krzyżowiec, a później Cromwell i Churchill.

Brytyjskie czołgi nie odegrały znaczącej roli, więc dalsza prezentacja nie jest konieczna. Prawdopodobnie najlepszą konstrukcją głównego czołgu bojowego w czasie wojny była obok niemieckich konstrukcji Tygrys i Pantera radziecki główny czołg bojowy T 34. Ten główny czołg bojowy zachwycał swoją wytrzymałością dzięki niezawodnemu silnikowi diesla oraz mobilnością biegową. W konfiguracji z działem 8,5 cm był on równy większości niemieckich czołgów. Zbudowano ponad 40.000 T-34. Oprócz T-34, radzieckie oddziały czołgowe polegały również na ciężkim Józefie Stalinie II, a później także III. Oprócz sowieckich czołgów, przynajmniej pod względem liczebności, my, czołgi, odegraliśmy rolę pod koniec wojny. Najważniejszym amerykańskim czołgiem bojowym był M4 Sherman. Został on opracowany w 1940 r. i w czasie wojny przeszedł pewne ulepszenia, zwłaszcza w zakresie pancerza i działka. Jako Sherman Firefly, Sherman miał działko 7,6 cm. W sumie wyprodukowano prawie 11.500 sztuk Firefly'a w kilku konfiguracjach. Najważniejsze dane techniczne wybranych czołgów bojowych z okresu II wojny światowej znajdują się w tabeli.

Rysunek 9 przedstawia trzech przeciwników drugiej wojny światowej: Nad Niemcami

Panzer IV, w środku amerykański M4 Sherman i poniżej
Rosyjski T-34

Tabela 10: Dane techniczne wybranych czołgów bojowych z okresu II wojny światowej-
Rzesza Niemiecka

	Zbiornik IV (D)	Tygrys (D)	Pantera (D)
Waga w t	23,6	56,9	45,5
Silnik	Gaźnik	Gaźnik	Gaźnik
Uzbrojenie	7,5 cm + 2 karabiny maszynowe	8,8 cm + 2 karabiny maszynowe	7,5 cm + 3 karabiny maszynowe
Załoga	5	5	5
Pancerz w mm	Przód/baza 50	Przód 100/strona 60	Przód 80/ Strona 40
Prędkość w km/h	40	38	46
Wymiary w m	5,9 x 2,8 x2,6	6.2 x 3.5 x 2.8	6,8 + 3,2 +2,9

Źródło: Pojazdy silnikowe i zbiorniki niemieckiego Wehrmachtu

Tabela 11: Dane techniczne wybranych czołgów bojowych z okresu II wojny światowej-
Sojusznicy

	M4 Sherman Firefly (USA)	T-34/85 (SU)	Churchill (GB)
Waga w t	35,3	32	39,6
Silnik	Gaźnik	Diesel	Gaźnik
Uzbrojenie	7,62 cm + 2 karabiny maszynowe	8,5 cm + 2 karabiny maszynowe	5,7 cm + 2MG
Załoga	4	5	5
Pancerz w mm	19-76	18-75	16-104
Prędkość w km/h	35,8	50	25
Wymiary w m	7,7 x 2,9 x 2,8	7,5 x 2,9 x 2,9	7,6 x 3,2 x 2,5

Źródło: Badania internetowe

2.2.2 Rozwój sytuacji i tendencje powojenne w zakresie opancerzonych pojazdów bojowych

Jednym z pierwszych działań podjętych przez aliantów po II wojnie światowej było zmniejszenie liczby żołnierzy i złomowanie dużej liczby pojazdów i czołgów. Nadmiar sprzętu pojechał do przyjaznych stanów.

Czołgi, z którymi walczył Związek Radziecki, nie były najbardziej zaawansowane technicznie, ale były solidne i skromne w działaniu. Wkrótce po wojnie Związek Radziecki opracował następcę modelu T-34, który od 1949 r. był dostarczany do elitarnych jednostek jako T-54. Z pewnymi modyfikacjami pozostał w produkcji do 1981 roku i został zbudowany prawie 50.000 razy. Najbardziej rzucającą się w oczy cechą była wieża patelniowa, która była już używana na modelu IS-3 z czasów wojny światowej. Pod koniec lat 50. rosyjscy inżynierowie opracowali główny czołg bojowy z armatą 115 mm z gładką lufą. Pozwoliło to na wystrzeliwanie z dużą prędkością pocisków stabilizowanych przez skrzydła. Przy zasięgu wystrzału 1000m możliwe jest przebicie pancerza 330 mm. Do 1978 roku produkowano około 21.500 T-62. Po T-62 rosyjscy inżynierowie opracowali T-64 z nową koncepcją. T-64 nie posiadał napędu świątecznego, ale napęd rolkowy, a także armatę 125 mm. Zbudowano tylko około 8.000 sztuk T-64. T-64 służył jednak jako punkt wyjścia dla nowej linii rozwoju głównych czołgów bojowych, z których pierwszym był T-72. T-72 posiadał działko 125 mm z mechanizmem samozaładowczym, a później T-80.

Rysunek 10 przedstawia głównych przeciwników w czasie zimnej wojny: po lewej US M60A1, a po prawej radziecki T-54.

Po drugiej wojnie światowej nastąpił szybki postęp w dalszym rozwoju wozu bojowego piechoty. Na wschodzie i zachodzie zbudowano wozy pancerne, które mogły przewozić oddział wozów bojowych piechoty, a także nadążać za głównym czołgiem bojowym pod względem prędkości. Szczególnie znanym wozem bojowym piechoty jest M-113 z USA, którego około 80.000 jednostek zostało wyprodukowanych w kilku wersjach. Na Wschodzie, oprócz gąsienicowych wozów bojowych piechoty, znajdowały się również kołowe wozy bojowe piechoty, takie jak BTR-60, który również był produkowany w dużych ilościach.

Na razie ostatnim etapem rozwoju są główne czołgi bojowe. Najważniejszymi przedstawicielami tych AIFV są niemiecki Marder, amerykańsko-amerykański Bradley, a także opracowany wspólnie przez Hiszpanię i Austrię ASCOD. Tradycyjna nazwa Ułan nawiązuje do austriackiego wariantu ASCOD (Austrian-Spanish Co-operative Development). ASCOD jest wynikiem wieloletniej współpracy pomiędzy dwoma wiodącymi producentami pojazdów opancerzonych w Europie - Steyr-Daimler-Puch Spezialfahrzeug AG i hiszpańską General Dynamics / Santa Barbara Sistemas (GDSBS). Od października 2003 r. oba przedsiębiorstwa należą do amerykańskiej grupy zbrojeniowej General Dynamics. Hiszpański wariant ASCOD nazywa się Pizarro. Austriacki ASCOD jest napędzany silnikiem wysokoprężnym MTU 8V-1999 o mocy 530kW (720 KM), który został zainstalowany po prawej stronie (obok kierowcy). Przy prędkości maksymalnej 70 km/h i dobrych właściwościach przyspieszających i manewrowych z łatwością dotrzymuje kroku Leopardowi 2. W wieży znajduje się stabilizowane 30 mm automatyczne działo Mauser model MK-30-2, współosiowy karabin maszynowy FN-MAG 7,62 mm (jak KPz Leopard 2A4) oraz 12 wyrzutni 76 mm granatów dymnych lub wybuchowych. Wszystkie urządzenia optyczne, urządzenie do obrazowania termicznego i dalmierz laserowy są również w pełni stabilizowane. Wieża SP-30 wyposażona jest w elektromechaniczny system prostowania oraz ręczny system prostowania awaryjnego. Zakres obrotu w poziomie wynosi pełne 360°, a w pionie od -10° do +50°. Przód wieży może być wzmocniony dodatkowym pancerzem w kształcie klina na 30 mm.

Ułan jest wszędzie chroniony przed pociskami 7,62 mm i efektami fragmentacji - w obszarze frontu 60° również przed pociskami pancernymi 14,5 mm. Ochronę pancerza można wzmocnić tak, aby wytrzymała pociski 14,5 mm wszędzie na 500m i 30 mm z przodu na 1000m. Po lewej stronie Ułana zamontowane są wsporniki dla "kolców". Elementy te mogą być wymieniane na płyty z twardej gumy w elementach gąsienic, aby zapewnić dobry postęp nawet na trudnym podłożu. Dodatkowo łańcuchy mogą być napinane do 50 t przez krótki czas. Ten trik lepiej rozkłada ciężar na podłoże i zapobiega zagłębianiu się poszczególnych walców. Środki mające na celu zmniejszenie liczby podpisów są niezbędne do przetrwania w nowoczesnym konflikcie. Oprócz stosunkowo niskiej sylwetki i trójkolorowej farby maskującej, która może częściowo pochłaniać promieniowanie radarowe, spaliny są chłodzone i odprowadzane przez tłumik w Ułanie.

Rysunek 10A: Główny czołg bojowy Ułan/Pizarro to nowoczesny główny czołg bojowy opracowany wspólnie przez Austrię i Hiszpanię.

Tabela 12: Dane techniczne wybranych pojazdów pancernych w okresie zimnej wojny

	M60 A1 (USA)	T-54 (ZSRR)	Leopard 1 (D)
Typ zbiornika	Battle tank	Battle tank	Battle tank
Waga w t	52,6	36	40
Silnik	Diesel	Diesel	Diesel
Uzbrojenie	10,5 cm + 2 karabiny maszynowe	10 cm + 2 MG	10,5 cm + 2 karabiny maszynowe
Załoga	4	4	4
Pancerz w mm		20-110	10-70
Wymiary w m	6.9 x 3.6 x 3.3	6,45 x 3,27 x 2,4	7 x 3,3 x 2,7
Prędkość w km/h	48,3	50	65

	M113 (USA)	Martens (D)	BTR-60 (UDSSR)
Typ zbiornika	Nośnik dla personelu opancerzonego	Pojazd bojowy piechoty bojowej	Nośnik dla personelu opancerzone go
Waga w t	12,3	33,5	10
Silnik	Diesel	Diesel	Diesel
Uzbrojenie	Inny na Użyj MK do MG	2 cm MK; 2 MG; Urządzenie rozruchowe do PAL Milan	Karabin maszynowy 14,5 mm
Załoga	2 + 11	3 + 6	2 + 12
Pancerz w mm	12-38	Do 30	7-9
Wymiary w m	4.8 x 2.6 x 2.5	6.8 x 3.3 x 3	7,2 x 2,8 x 2
Prędkość w km/h	66	65	80
	BMP-1 (ZSRR)	Cuirassier (Ö)	Kwaśny 4K 3FA (Ö)
Typ zbiornika	Pojazd bojowy piechoty bojowej	Czołg bojowy	Pojazd bojowy piechoty
Waga w t	13,5	17,5	15
Silnik	Diesel	Diesel	Diesel
Uzbrojenie	7,3 cm; Urządzenie rozruchowe do PAL	10,5 cm, 1 karabin maszynowy	2cm MK
Załoga	3 + 8	3	10
Pancerz w mm	do 33	8-40	12-20
Wymiary w m	6.7 x 2.9 x 2.1	5.5 x 2.5 x 2.3	5,5 x 2,5 x 1,6
Prędkość w km/h	65	67	60

Źródło: Badania internetowe

Po zakończeniu zimnej wojny w 1989 r., w wyniku przewrotu w Europie Wschodniej i rozwiązania Układu Warszawskiego, zmniejszyło się niebezpieczeństwo wojny konwencjonalnej, a tym samym konieczność utrzymania systemów uzbrojenia gotowych do tej formy wojny. Prawie wszystkie kraje zmniejszyły swoje siły zbrojne, a także liczbę pojazdów pancernych. Dalej nastąpiły masowe cięcia w przydziale środków na badania i rozwój pojazdów pancernych. Na całym świecie zrezygnowano z programów rozwojowych i na nowo zdefiniowano cykl życia pojazdów pancernych. W przyszłości pojazdy opancerzone mają pozostać w użyciu znacznie dłużej niż dotychczas. Zakłada się, że nowy okres użytkowania będzie wynosił 30 lat i więcej. Długiej żywotności będą towarzyszyły programy ulepszeń bojowych. Na przykład, nowoczesny czołg bojowy naszej zmechanizowanej piechoty, "Bradley", jest już modernizowany do wersji ulepszonej o wysokiej wydajności. Modernizowane są również haubice przeciwczołgowe, główne czołgi bojowe i czołgi specjalne.

Rysunek 11 przedstawia trzy najpotężniejsze obecnie główne czołgi bojowe: nad niemieckim Leopardem 2, w środku amerykański Abrams i poniżej rosyjski T-80.

Tabela 13: Dane techniczne wybranych pojazdów opancerzonych w chwili obecnej

	Abrams (USA)	Leopard 2 (D)	T-80 (Rus)
Typ zbiornika	Battle tank	Battle tank	Battle tank
Waga w t	61,3	62	46
Silnik	Diesel	Diesel	Diesel
Uzbrojenie	12 cm + 3 MG	12 cm + 2 MG	12,5 cm + 2 karabiny maszynowe
Załoga	4	4	3
Pancerze	Chobham	Kompozyty	Kompozyty
Wymiary w m	9,7 x 3,6 x 2,4	7,7 x 3,7 x 3	7,4 x 3,4 x 2,2
Prędkość w km/h	67	72	70
	Bradley (USA)	Ułan (Ö/E)	Puma (D)
Typ zbiornika	Pojazd bojowy piechoty bojowej	Pojazd bojowy piechoty bojowej	Pojazd bojowy piechoty bojowej
Waga	30,4	28	31,5
Silnik	Diesel	Diesel	Diesel
Uzbrojenie	25 mm MK/ urządzenie rozruchowe do PAL + 1 MG	30 mm MK+ 1 MG	30 mm MK/ urządzenie rozruchowe dla PAL + 1 MG
Załoga	3 + 6	3 + 8	3 + 6
Pancerze	Aluminium	Stal pancerna	Modułowy
Wymiary w m	6,5 x 3,6 x 2,9	6.8 x 3.1 x 2.6	7,4 x 3,7 x 3,1
Prędkość w km/h	66	70	70

Źródło: Badania internetowe

Nowy rozwój pojazdów pancernych wykorzystuje doświadczenia z wojny w Iraku i Afganistanie jako okazję do ustanowienia takich samych wymogów dotyczących mobilności i ochrony czołgów dla wszystkich pancernych pojazdów bojowych. Temu samemu zagrożeniu mają przeciwdziałać identyczne wzory. Przyszła generacja pojazdów bojowych, niezależnie od tego, czy są to główne czołgi bojowe, czy też główne czołgi bojowe, będzie więc miała ten sam standard ochrony czołgów. Uważa się, że najlepiej można to osiągnąć dzięki modułowej konstrukcji pojazdu. Identyczne moduły i komponenty powinny być optymalnie rozmieszczone zgodnie z przeznaczeniem. Rozważany jest również napęd dieslowo-elektryczny. Jeżeli na przykład każdy łańcuch jest napędzany silnikiem elektrycznym, to dzięki bezstopniowej regulacji prędkości obrotowej można niemal bez wysiłku uzyskać lepsze właściwości jezdne niż w przypadku najbardziej złożonych mechanicznych lub hydraulicznych przekładni kierowniczych.

2.3 Rurkowe i rakietowe systemy broni artyleryjskiej

2.3.1 Historia rozwoju artylerii rurowej i rakietowej

Termin artyleria pochodzi prawdopodobnie z łaciny i składa się ze słów ars = sztuka i tollere = rzucać, czyli sztuka rzucania. Historycznie do XVI wieku istniały maszyny do rzucania. Rzeczywista dokładna data pojawienia się artylerii rurowej jest w ciemności. Jedyne, co można powiedzieć z całą pewnością, to że proch był odpowiedzialny za rozwój artylerii. Nie ma też dokładnych informacji na temat wynalezienia prochu strzelniczego. Książki historyczne opowiadają o mnichu w Schwarzwaldzie o nazwisku Berthold Schwarz, który podobno wynalazł czarny proszek w trakcie eksperymentów. Pewne jest jednak, że substancja ta była znana w kręgach alchemicznych około połowy XIII wieku i że przeprowadzono z nią szczegółowe eksperymenty.

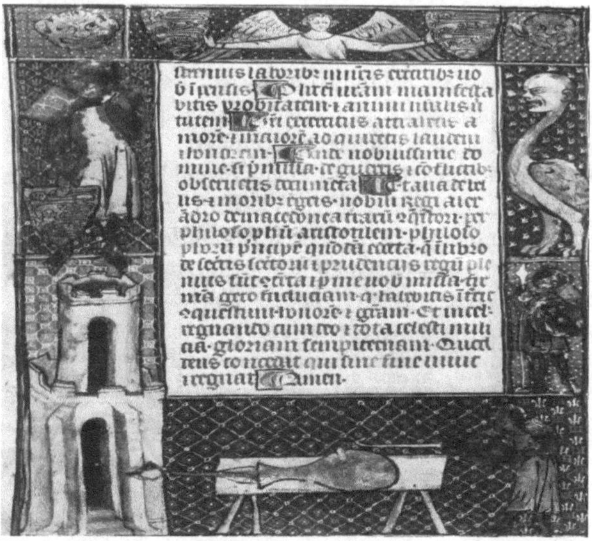

Rysunek 12 przedstawia pierwszą udokumentowaną wzmiankę o wystrzeleniu działka z 1326 r. Na poniższym rysunku Moor wystrzeliwuje działko

Od pierwszego użycia broni palnej w Europie wiemy na przykład, że podczas oblężenia Trydentu przez Weronę w 1278 r. używanosprzętu z operatorami do rzucania żelaza i ognia, który hrabia Tyrol wypożyczył Weronie. Te nowe rodzaje broni, znane jako "bombarda", zostały prawdopodobnie wykonane w Austrii lub we Włoszech. We Francji takie działa były używane podczas oblężenia La Reole w 1324 roku. Od samego początku broń palna miała podwójny efekt, gdy była używana: techniczny i psychologiczny. Pierwsze pistolety, nadal bardzo prymitywne, nazywano wazonami na ogień. Używano ich do wystrzeliwania dużych strzał. W latach 1300-1350 wazony strażackie stały się bardziej mobilne, strzelając kamiennymi kulami, a później żelaznymi. Nowe rodzaje broni były wciąż nieprecyzyjne, więc stara broń pozostała w wojsku. Pistolety, które pluły ogniem, obawiały się przede wszystkim gromkiego huku i dymu. Działa polowe zostały po raz pierwszy użyte w bitwie pod Crecy (1346), ale nie były decydujące w walce. Było to 5.000 tęczowników z 9.000 żołnierzy po stronie angielskiej; to oni decydowali o bitwach między Anglikami i Francuzami przez prawie sto lat. W tym czasie prawie wszystkie doły ogniowe składały się z zespawanych ze sobą żelaznych prętów, które były otoczone i wzmocnione oponami. W latach 1350-1450 wymiary i niska sprawność cieplna pieców nie pozwalały na odlewanie dużych elementów.

Armaty często wybuchały, co również wynikało z niewłaściwego ładunku. Z czasem jednak ludzie nauczyli się poprawiać jakość proszku i prawidłowo mierzyć ładunki. Pierwsze pistolety ręczne pojawiły się w połowie XIV wieku. O istnieniu takiej broni palnej wspomniano około 1346 r. na angielskich kontach Royal Household Accounts. Wspomnienie o armatach jest również udokumentowane w dokumencie z 11 lutego 1326 roku. W tym dokumencie, wyżsi radni we Florencji otrzymują pozwolenie na nadzorowanie produkcji dział mosiężnych i pocisków do obrony Florencji. Pierwsze udokumentowane dowody użycia tych armat w Anglii i Szkocji pochodzą od arcybiskupa Aberdeen. Pozostawił po sobie dzieło "Metrical Life of King Bruce", w którym opisał walki między Szkotami a Anglikami pod rządami Edwarda II w 1327 roku. Ponieważ arcybiskup urodził się dopiero w 1324 r., mógł opierać swoją pracę jedynie na pogłoskach. Dlatego też nie można było do tej pory potwierdzić, czy armaty były rzeczywiście używane w tamtym czasie. Istnieją podobne doniesienia o użyciu armat w XIV wieku z Francji. Pozostaje faktem, że artyleria w postaci dział, które wystrzeliwały kamienie lub ołowiane kule, jest dzieckiem XIV wieku. W XIV wieku armata stała się integralną częścią bitwy. Od tego czasu historia artylerii trzcinowej jest historią ciągłego doskonalenia dział i ciągłego ulepszania prochu strzelniczego. Postępy w rozwoju każdego z komponentów spowodowały również w większości przypadków poprawę całego systemu.

Początkowo rury pistoletów były wykonane tylko z kutego żelaza. Ale już w XIV wieku zbrojmistrzowie zaczęli odlewać armaty z brązu. Ze względu na materiał, były lżejsze niż żelazne armaty. Działka z pierwszego okresu nadal wystrzeliwały kamienne kule, dopiero gdy możliwe stało się ich odlewanie, od końca XV wieku stosowano kule żelazne. W połowie XVI wieku, poza dużymi działami oblężniczymi, działka te ważyły od 1,5 do 5 ton, w zależności od ich przeznaczenia. Używano ich do wypalania kulek kamiennych lub żelaznych o różnych średnicach, najczęściej od 5 cm do 35 cm. Szczególną wizytówką tamtych czasów była "Fette Mette" z Braunschweigu. Ten pistolet ważył 8,2 tony, miał długość 2,9 m i kaliber 76 cm. Waga kuli wynosiła 409 kg. Kamieniem milowym w dalszym rozwoju artylerii rurowej była 30-letnia wojna. Zwłaszcza szwedzki król Gustaw II Adolf. Wraz z imigracją byłego holenderskiego specjalisty ds. uzbrojenia Ludwika de Greer, Gustaw II Adolf, w kontekście reorganizacji swojego handlu miedzią i żelazem, wymusił od 1627 r. stworzenie rozległych struktur produkcji broni, zwłaszcza w Falun, Nordköpping i Saltpeter na wschodniej Gotlandii. Około 1630 r. urodzony w Austrii mistrz Melchior Wurmbrandt założył kuźnię armat w wywłaszczonym klasztorze cystersów Julita w

Södermanland na południe od Sztokholmu, gdzie produkowano lekką artylerię polową, tzw. armaty skórzane. Armaty te nazywano armatami skórzanymi, ponieważ rury były pokryte linami i skórą. Szwedzka produkcja pistoletów była tak udana, że okazały się one hitem eksportowym i otworzyły przed Szwecją mile widziane źródło dochodu.

Ale nie tylko w Europie wiele uwagi poświęcono rozwojowi artylerii rurowej, ale również w Imperium Osmańskim podjęto wielkie wysiłki w celu wyposażenia armii. Pierwsze armaty były używane przeciwko Konstantynopolu od 1422 roku. W Imperium Osmańskim po zdobyciu Konstantynopola w 1452 r. rozwinął się wielki przemysł zbrojeniowy. W Tophane rozpoczęła się masowa produkcja armat. Jednak w innych częściach kraju, na przykład w Budie i Tabrizie, istniały również zakłady produkujące armaty. Osmanie opracowali szereg dużych, średnich i małych działek. Armaty miały różną długość, wygląd i masę w poszczególnych - klasach kalibrów, dlatego też nie jest możliwe ogólne przyporządkowanie danych wydajności do poszczególnych typów armat. Największe armaty nazywały się Sayka, Balyemez, Bacaluska i Kanon i były armatami oblężniczymi. Te duże armaty wystrzeliwały kamienne kule o średnicy od 20 do 60 cm i ważyły średnio 5 ton. Najpopularniejszym działem była armata oblężnicza Bacaluska, zwana też Baciliskami. Długość tych armat wahała się między 198-220 a 396-440 cm. Środkowa broń nazywała się Kolunburna, Barbzen i Sahi. Działa środkowe wystrzeliwały pociski do 20 kg, a ich długość wahała się między 220 a 330 cm. Waga wynosiła około 1 tony. Te małe typy nazywały się Sacma, Eynek, Prangi, Misket i Sakaloz. Te armaty miały różne wymiary i ciężary. Średnia waga tych działek wynosiła około 40 kg. Były one używane do wystrzeliwania pocisków o wadze około 500 gramów. Małe armaty były wbudowane w fortyfikacje, ale służyły również jako broń na bliskie odległości. Współzawodniczyli z ciężkimi muszkietami sługusów. Później jakość artylerii rurowej wzrosła tylko nieznacznie. Działa z 1790 roku były w większości niewiele bardziej rozwinięte niż te z XVI wieku. Tylko Napoleonowi, który sam był wyszkolonym artylerzystą, udało się poprawić wykorzystanie artylerii lufowej dzięki swojej taktyce artyleryjskiej. Oprócz pewnych usprawnień technologicznych, doprowadziło to do zwiększenia skuteczności artylerii. Niemniej jednak, innowacje techniczne w artylerii rurowej pozostały skromne aż do początku rewolucji przemysłowej około połowy XIX wieku.

W następstwie rewolucji przemysłowej, artyleria rurowa również przeżyła ogromny boom technologiczny. Prawie wszystkie części systemu broni artyleryjskiej lufowej, wózek z oponami, lufę, urządzenie załadowcze, urządzenie celownicze, odrzutnik lufy, system zamka doznały poprawy jakości. Trzy osoby były wybitnie zaangażowane w ten rozwój, Brytyjczyk William Armstrong, Niemiec Alfred Krupp oraz Francuzi Adolphe i Eugeniusz Schneider. Pod koniec rozwoju, pod koniec XIX wieku, dostępne były pistolety z blokowymi lub śrubowymi szybkozamykaczami i tłumieniem odrzutu w postaci hamulca odrzutowego. Wszystkie główne siły końca XIX wieku wyposażyły swoje parki artyleryjskie w te nowe działa, tak że do sierpnia 1914 roku uzbrojenie artyleryjskie różnych głównych sił było mniej więcej równe. O stopniu rozwoju artylerii już w czasie I wojny światowej najlepiej świadczy niszczycielski efekt ognia artyleryjskiego podczas walk pod Verdun. Dla Dąbiego stało się oczywiste, że artyleria przerosła swoją pierwotną rolę jako broń pomocnicza i jest obecnie niezbędnym nośnikiem ognia.

W związku z bronią artyleryjską, pojęcia haubica, armata i maska działka pojawiają się ciągle na nowo. Hubice to karabiny artyleryjskie z krótką lufą do pośredniego ostrzału stromym ogniem o dużej wysokości lufy, natomiast armaty to karabiny z długą lufą i mniejszą wysokością lufy; nadają się do płaskiego ognia dalekiego zasięgu. Długość lufy wpływa nie tylko na wysokość lufy, ale także na prędkość pocisku. Jednak wraz z wprowadzeniem amunicji przyspieszonej różnica między pistoletami a haubicami stała się raczej płynna. Hubice armatnie zrodziły się z chęci połączenia właściwości balistycznych działka z zasięgiem wysokościowym haubicy, aby móc prowadzić zarówno ogień płaski jak i stromego.

Tabela 14: Dane techniczne wybranych działek holowanych artylerii rurowej w I wojnie światowej

	FH 10,5 cm M16 (D)	FK 149 mm M 16 (D)	FH 122mm M10 (F)	FK 155 mm M17 (F)
Kaliber w cm	10,5	14,9	12,2	15,5
Masa w kg	1.525	10.140	1.324	10.750
Maksymalna odległość strzelania w km	9,7	22,8	7,68	18,8
	FH 114 mm M10 (GB)	FH 127 M 04 (GB)	FH 100 mm M14 (Ö.-U.)	FK 152 mm M15 (Ö.-U.)
Kaliber w cm	11,4	12,7	10	15,2

Masa w kg	1.370	4.471	1.420	12.200
Maksymalna odległość strzelania w km	7,5	13,8	8	19

Źródło: Kosar (artyleria w XX wieku)

W związku z pierwszą wojną światową, rozwój technologii zbrojeniowej dokonał skoku do przodu. Dążenie do osiągnięcia maksymalnego efektu zostało osiągnięte poprzez zwiększenie strzelnic i powiększenie kalibrów. Zaowocowało to bronią, której wydajność nie może prześcignąć nawet nowoczesna broń z prostą amunicją: moździerz 21 cm o zasięgu strzału 10 km i działko 15 cm, które wystrzeliło 22 km. Po osiągnięciu przez artylerię już w czasie I wojny światowej poziomu technicznego, którego nie dało się przekroczyć w zakresie luf, urządzeń celowniczych i amunicji, w okresie międzywojennym nastąpiła poprawa trakcji i samobieżnego transportu broni, a także rozwój nowoczesnego sprzętu obserwacyjnego, rozpoznawczego i wywiadowczego.

Tabela 15: Dane techniczne wybranych działek holowanych artylerii rurowej w II wojnie światowej

	FH 105 mm M 18/40 (D)	FH 149 mm M18 (D)	KH 87,6 mm (GB)	FK 152 mm M17 (GB)
Kaliber w cm	10,5	14,9	8,76	15,2
Waga	1.800	5.512	1.742	10.338
Maksymalna odległość strzelania w km	12,3	13,3	12,2	17,1
	FH 122mm M38 (UDSSR)	FK 152 mm M35 (UDSSR)	FH 105 mm M29 (J)	FH 149mm M36 (J)
Kaliber w cm	12,2	15,2	10,5	14,9
Waga	2.450	17.200	1.497	3.975
Maksymalna odległość strzelania w km	11,8	27	10,8	10,4
	FH 105 mm M2A1 (USA)	FK 155mm M2 (USA)	GebK 65 mm M13 (I)	FH 149 mm M37 (I)

Kaliber w cm	10,5	15,5	6,5	14,9
Masa w kg	2.259	12.700	556	5.500
Maksymalna odległość strzelania w km	11,2	23,5	6,8	14,2

Źródło: Kosar (artyleria w XX wieku)

Współczesna artyleria holowana do dziś w dużym stopniu odzwierciedla stan techniki w zakresie uzbrojenia i sprzętu kierunkowego, który został osiągnięty już w czasie II wojny światowej, natomiast wózek z bronią demonstruje nowoczesną technologię pojazdów mechanicznych. Dzisiejsza holowana artyleria posiada pomocniczy silnik wbudowany w wózek artyleryjski dla lepszej mobilności na krótkich dystansach.

Rysunek 13 przedstawia działa pierwszej i drugiej wojny światowej: nad moździerzem austro-węgierskim 30,5 cm od Skody, w środku niemieckiego pola haubica 18/40 i pod działem kolejowym 80 cm.

Artyleria rakietowa to azjatycki wynalazek. Indie i Chiny opracowały urządzenia do wystrzeliwania fajerwerków przeciwko wojskom brytyjskim. Brytyjczycy wnieśli ten pomysł do Europy. Podczas wojen napoleońskich,

Brytyjczycy używali rakiet zapalających przeciwko wojskom francuskim. Następnie wojska rakietowe zostały rozmieszczone we wszystkich głównych krajach europejskich. Podczas pierwszej wojny światowej użycie pocisków nie odgrywało żadnej roli. W okresie międzywojennym wiele państw opracowało jednak broń rakietową. Jako przykład zostanie tu przedstawiony rozwój artylerii rakietowej w Związku Radzieckim.

Na początku lat trzydziestych XX wieku w ZSRR rozpoczął się rozwój pocisków rakietowych i wyrzutni rakietowych. Prace te były realizowane przez założony w 1933 roku Instytut Badań Rakietowych (RNII). Pierwsze rakiety były przeznaczone do uzbrojenia samolotów i po raz pierwszy zostały oficjalnie przetestowane w 1932 roku przez myśliwce I-4. W latach 1937-1938 Armia Czerwona wprowadziła do swoich myśliwców I-16 i I-153 pociski rakietowe 82 mm RS-82 i 132 mm RS-132, myśliwiec Il-2 był wyposażony w osiem pocisków 82 mm lub 132 mm, bombowiec SB - w 10 pocisków 132 mm. Broń ta została użyta w 1939 roku w konflikcie zbrojnym z Japonią i wykazała się dobrymi wynikami. Sukces powietrznych pocisków rakietowych sprawił, że radzieccy konstruktorzy pomyśleli o użyciu tych rakiet z lądowej wyrzutni. Ponieważ niekierowane pociski rakietowe miały średnią gęstość trafień, postanowiono opracować wyrzutnię rakietową z wieloma szynami startowymi. Broń powinna dostarczyć ognia salwy, gdzie niska gęstość trafienia nie ma znaczenia. W 1938 r. trzej radzieccy projektanci - Gavi, Koztikov i Aborenkov opatentowali wyrzutnię rakiet wielokrotnego startu, służącą do wystrzeliwania pocisków rakietowych. Prototyp pierwszej wyrzutni rakietowej (MU-1 - "zmechanizowana jednostka nr 1") był oparty na podwoziu ciężarówki ZIS-5 i posiadał 24 szyny startowe dla pocisków rakietowych 132 mm, które były poprzecznie do osi wzdłużnej maszyny bojowej. Został on przetestowany w latach 1938-1939, ale rozmieszczenie wyrzutni było raczej niewskazane - w momencie odpalenia cała maszyna zaczęła się poruszać, a gęstość wypału stała się niewystarczająca.

W kwietniu 1939 roku opracowano nową multirakietę MU-2, wyposażoną w 16 podłużnych szyn startowych. Ciężarówka ZIS-6 służyła jako pojazd podstawowy, a wyrzutnia rakietowa wystrzeliła zmodernizowane pociski M-13, które w odróżnieniu od ich prototypu RS-132 miały większy zasięg (8,47 km zamiast 6 km), lepszą gęstość trafień i większy efekt wybuchowy. Ten wariant okazał się sukcesem, a dowództwo artylerii (GAU) zamówiło partię testową 40 maszyn bojowych. Po przeróbce w SKB fabryki "Kompresor", broń otrzymała oficjalne oznaczenie BM-13 ("Boewaja Maschina-13" - maszyna bojowa kalibru 132 mm). BM-13 miał też nieoficjalną nazwę -

"Katyusha", od popularnej wówczas w ZSRR żołnierskiej piosenki. Według jednej z wersji pseudonim ten pochodzi od oznaczenia "K", którym producent - ruch zwany Kommintern - oznaczył swoją maszynę. Tuż przed rozpoczęciem wojny zaprezentowano maszynę bojową BM-13 kierownictwu partii, rządu i wojska, a 21 czerwca 1941 r. podjęto decyzję o wprowadzeniu jej do produkcji seryjnej. Już 2 lipca pierwszy akumulator 7 maszyn wyszedł na front, a 14 lipca 1941 roku, po zajęciu przez wojska niemieckie stacji Orscha, wystrzelili pierwszą salwę. Wpływ "Katjuscha" na Wehrmacht wywołał szok, ponieważ Armia Czerwona nie spodziewała się tam istnienia takiej broni obszarowej. Dowództwo niemieckie wydało 14 sierpnia 1941 r. rozkaz, w którym donosiło: "Rosjanie mają do dyspozycji automatyczny miotacz wielobaryłkowy. ... Armata jest uruchamiana elektrycznie. Kiedy wystrzeliwuje, to pali... "Zgłoś się natychmiast po przejęciu takich dział. W czasie wojny "Katyusha" rozwinęła się w broń masową: już w listopadzie 1941 roku Armia Czerwona miała 45 dywizji artylerii rakietowej, pod koniec wojny - 500 dywizji. W sumie radziecki przemysł zbrojeniowy dostarczył około 10000 wyrzutni rakiet wielorakich. Wyrzutnia rakiet BM-13 była kilkakrotnie modernizowana. Najpierw w kwietniu 1943 r. zastosowano "znormalizowany" wariant BM-13N, który bazował na znormalizowanym podwoziu amerykańskiej ciężarówki Studebacker US6. Standaryzacja ta była konieczna, ponieważ pierwsze maszyny bojowe BM-13 były produkowane przez różnych producentów i miały wiele różnic. Oprócz podwozia, zespół artyleryjski BM-13N został ulepszony na kilka sposobów: dolny wózek działowy, na którym zamontowany jest cały zespół artyleryjski, oraz wprowadzono ulepszone napędy kierunkowe. Kabina, rury paliwowe i zbiorniki były opancerzone. Maszyna bojowa stała się lżejsza, prostsza, tańsza w eksploatacji i produkcji, a także mogła być montowana na innych typach pojazdów bez większych zmian. Poza tym maszyna bojowa była zdolna do wystrzeliwania pocisków rakietowych M-20, które zostały oddane do użytku w czerwcu 1942 roku. Pocisk M-20 miał potężną głowicę z 18,4 kg materiałów wybuchowych, ale jego maksymalny zasięg był krótszy (5,05 km) i ze względu na duże wymiary mógł być używany tylko z górnych rzędów szyn startowych. - Później M-20 zastąpiono jeszcze potężniejszymi wybuchowymi pociskami rakietowymi M-30 i M-31 kalibru 300mm. W kwietniu 1944 r. dla BM-13 rozpoczęto dostawę pocisków rakietowych M-13UK, które ustabilizowały się w locie dzięki ruchowi obrotowemu i tym samym posiadały lepszą gęstość trafień. Później, w październiku 1944 roku, Armia Radziecka wprowadziła do swojego uzbrojenia nowy pocisk rakietowy M-13DD o zwiększonym zasięgu. Posiadał on dwustopniowy silnik rakietowy, który gwarantował zasięg odpalania do 11,8 km.

W czasie *II wojny światowej wyrzutnia wielokrotnych pocisków rakietowych była* również używana przez oddziały niemieckie jako wyrzutnia dymu. Nebelwerfer wystrzelił rakiety 15 i 21 cm. Pod koniec wojny USA używały 114 mm wyrzutni rakietowych.

Rysunek 14 przedstawia wyrzutnie rakiet wielokrotnego startu: nad rosyjskim BM-21, w środku niemiecki system lekkiej artylerii i pod MLRS (Multiple Launch Rocket System).

Ze względu na duże rozproszenie wyrzutnia wielu rakiet jest typową bronią obszarową. Bateria czterech wyrzutni wielokrotnych BM-30 obejmuje obszar docelowy 800 x 800 m (640.000 m^2), na którym znajduje się łącznie 48 rakiet. W ciągu 20 sekund obszar docelowy zostaje pokryty w sumie 31.000 bomb, które znajdują się w pociskach i są wypuszczane. Wyrzutnie wielu rakiet mogą być również wykorzystywane do odpalania min przeciwpiechotnych i przeciwpancernych. W ten sposób w krótkim czasie tworzy się skutecznie założone pola minowe, a tym samym uniemożliwia się atakującym jednostkom zbliżanie się do siebie.

Tabela 16: Dane techniczne wybranych wyrzutni wielokrotnych rakiet

	Katyusha (ZSRR)	Projektor dymu (D)	BM-30 (ZSRR)	MLRS (D)
Liczba wyrzutni	14-48	6 rurek	12 rurek	12 rurek
Wymiary rakiet	średnica: 13,2 cm długość: 1,8 m Waga: 42 kg	Średnica: 15 cm długość: 1,3 m Masa: 34,2 kg	średnica : 30 cm Długość : n.d. Waga 95,5 kg	Średnica : 22,7 cm długość: 3,9 m Waga: 310 kg
Zasięg w km	5,4	10	70	32

Źródło: Badania internetowe

Obszar, na którym artyleria doświadczyła gwałtownego wzrostu, to działka na *samojezdnym wózku z bronią*. Natychmiast po tym, jak w 1916 r. czołg udowodnił swoją przydatność na froncie, zastanawiano się, w jaki sposób działa artyleryjskie na podwoziu czołgu mogą być mobilne. Brytyjczycy, jako wynalazcy "czołgów", byli pionierami; umieścili na podwoziu czołgu 60-cio funtowy pistolet, a następnie zdjęli z niego koła. A Francuzi opracowali również broń na samojezdnym wózku z bronią. Zarówno Schneider jak i St. Chamond wyprodukowali niewielką liczbę 15,5 cm pistoletów na samojezdnym wózku. Zostały one z powodzeniem wykorzystane w ostatniej fazie wojny. W okresie międzywojennym wszystkie armie przywiązywały dużą wagę do rozwoju broni samobieżnej, ale nie były one wprowadzane masowo. Dopiero II wojna światowa pokazała znaczenie broni na samojezdnym wózku z bronią. To głównie Niemcy korzystali z pistoletów artyleryjskich na samojezdnym wózku z bronią. - Opracowali szereg tak zwanych pistoletów szturmowych i haubic. Te ostatnie były działami artyleryjskimi zamontowanymi na podwoziu czołgu. W ten sposób powstała haubica polowa o średnicy 10,5 cm zamontowana na podwoziu Panzer II oraz trzmiel, haubica polowa o średnicy 15 cm zamontowana na podwoziu Panzer III. Broń szturmowa była wozem pancernym do bezpośredniego wspomagania piechoty. Najbardziej udanym pistoletem szturmowym był Pistolet Szturmowy III zamontowany na podwoziu Pancerza III. Wersja G miała zainstalowany pistolet 10,5 cm. - Oprócz niemieckich, Włosi używali broni na samojezdnym wózku z bronią i pistoletami szturmowymi. Ale również Alianci opracowali udane działa na samojezdnych wózkach z bronią i pistolety szturmowe. Najbardziej udanym działem samobieżnym był Priest, amerykańska haubica 10,5 cm zamontowana na podwoziu czołgu M 4.

Rysunek 15 przedstawia po lewej stronie niemiecki samobieżny wózek z bronią "Hummel", a po prawej baterię M 109 (fot. armia).

Już w czasie wojny koreańskiej armia amerykańska domagała się nowego haubica czołgowego, który miał być wyposażony w silnik diesla i pancerz ze stopów lekkich. Doprowadziło to następnie do rozwoju M109. Pierwszy prototyp został ukończony w 1959 r., a produkcję seryjną rozpoczęto w 1962 r. Rury wersji oryginalnej i wersji A1 były, przy długości kalibru 23, znacznie krótsze od tych z wersji następnej. Maksymalny dystans strzału został ograniczony do 14.600 m. W ramach modernizacji bojowej zainstalowano dłuższą lufę, co zwiększyło maksymalny zasięg strzału do 18 km. Mogą być wystrzeliwane materiały wybuchowe, rakiety, pociski zapalające i dymne, a także taktyczne granaty jądrowe i granaty zawierające chemiczne środki bojowe. Najbardziej zaawansowaną wersją jest M109A6 "Paladyn" Armii USA. Wersja ta posiada całkowicie przeprojektowaną wieżyczkę, również z nowym systemem uzbrojenia o długości kalibru 39. Maksymalny zasięg strzału wynosi 30 km. Pozostanie on w użyciu do 2010 r., kiedy to zostanie uruchomiony kolejny projekt "NLOS-C". Główne zmiany w porównaniu z wcześniejszymi typami to wspomagany przez GPS system nawigacji i celowania, specjalny system ładowania amunicji w wieży oraz ulepszone urządzenie do mocowania w celu zwiększenia szybkości ognia.

Tabela 17: Dane techniczne wybranych dział na samojezdnym wózku z bronią w czasie II wojny światowej

	ISU-122 (ZSRR)	Bumblebee (D)	Semovente M41 75/18 (I)	M7 Kapłan (USA)
Waga w t	45,5	23,5	14,5	22,97
Załoga	4 lub 5	6	3	7
Uzbrojenie	12,2 cm + 1 karabin maszynowy	15 cm + 1MG	7,5 cm + 1MG	10,5 cm + 1 karabin maszynowy
Zasięg roboczy w km	5	13,3	9,9	10,9

Źródło: Badania internetowe

W połowie lat 70. stało się jasne, że istniejące systemy artyleryjskie NATO nie spełniają już zwiększonych wymagań pola walki w zakresie mobilności, zasięgu strzału, szybkości ognia i ochrony. Niemcy, Włochy i Wielka Brytania zbudowały na tym rozwój haubicy polowej FH-155, która umożliwiła zmniejszenie liczby różnych rodzajów broni i tym samym zwiększyła skuteczność bojową artylerii. Kolejną zaletą tego środka było zmniejszenie nakładów logistycznych.

W 1973 r. podpisano deklarację rządową, której celem było opracowanie nowego systemu broni o cechach balistycznych FH-155 oraz o poziomie mobilności i ochrony głównego czołgu bojowego Leopard. Problemy techniczne spowodowały jednak wstrzymanie programów *PzH 155-1* i *SP-70* w 1986 r., a wynikające z tego opóźnienia doprowadziły do przerwania programu.

Po nieudanej próbie Wielka Brytania opracowała AS-90, a Niemcy i Włochy, w ramach wspólnego projektu z 1991 r., opracowały haubicę czołgową PzH 2000 (PzH 2000). Zwycięzcą konkursu w fazie koncepcji i definicji została firma Wegmann & Co. GmbH (obecnie część Krauss-Maffei Wegmann) z MaK Systemgesellschaft i Rheinmetall AG. MaK jest dziś spółką zależną Rheinmetall. Zezwolenie na start Bundeswehry zostało wydane w 1996 roku, a pierwsza z planowanych 185 samobieżnych haubic z serii 2000 została dostarczona do sił zbrojnych w 1998 roku.

Tabela 18: Dane techniczne wybranych pistoletów na samojezdnym wózku pistoletowym w chwili obecnej

	M 109 (USA)	PzH 2000 (D)	152 2S3 (Rus)	122 2S1 (Rus)
Waga w t	27	55,5	27,5	15,5
Załoga	6	5(3)	5	4
Uzbrojenie	15,5 cm + 1 karabin maszynowy	15,5 cm + 1 karabin maszynowy	15,2 cm + 1 karabin maszynowy	12,2 cm + 1 karabin maszynowy
Prędkość na drodze w km/h	56	67	60	60
Maksymalna szerokość strzału	do 30	do 30	do 24	do 21,9

Źródło: Badania internetowe

2.3.2 Artyleria morska

Około 1350 roku pierwsze żelazne działa zostały użyte na morzu. Dopiero na początku XVI wieku broń odlewano w mosiądzu. W tym samym czasie podjęto próby standaryzacji wymiarów. Następnie pojawiły się szczegółowe tabele z teoretycznymi ciężarami, wymiarami i kalibrami różnych dział marynarki wojennej. Jednak wielkość i kształt dział poszczególnych narodów nadmorskich w Europie był nadal bardzo różny. Zasadniczo dokonano rozróżnienia między Culverine'em, Armatą, Saker'em, Sokołem i Robinetem. Culverine był wówczas działem dalekiego zasięgu, miał około 3,7 m długości, miał kaliber 13 cm i wystrzelił 8 kg pocisków. Zasięg operacyjny wynosił około 250 m, maksymalny dystans odpalania wynosił 2,3 km. Działa miały długość 3,3 m, miały kaliber 17 cm i wystrzeliwały cięższą amunicję, ale na krótszych dystansach od 130 m do 1,5 km. Saker był mniejszy, miał 2,4 m długości, miał kaliber 8,8 cm i wystrzelił 2 kg pocisków. Sokół miał 1,8 m długości, miał kaliber 6,3 cm i mógł wystrzeliwać pociski o wadze do 1 kg. Najmniejszym działem był Robinet o długości prawie jednego metra, kaliber 2,5 cm. Może wystrzeliwać pociski o wadze do 0,2 kg.

Pistolety były początkowo zakotwiczone w ciężkich drewnianych łóżkach, które były mocno osadzone na pokładzie. Około 1520 r. powstał wózek pistoletu blokowego z dwoma kołami, a około 1650 r. wózek z czterema kołami.

Pod koniec XVIII wieku lufy karabinów stały się krótsze i miał miejsce również ściśle regulowany proces strzelania. Angielska flota znała takie komendy jak Silence (uwaga), Prime (nabój został przebity drutem wprowadzonym przez otwór spłonki, a patelnia i otwór spłonki były wypełnione prochem z rogu) lub Fire (ogień! Lont został opuszczony do patelni w otworze spłonki). W XVIII wieku stosowano również klasy broni. Angielska flota znała 42 funty (3m długości i 2800kg), 32 funty (2,9m długości i 2700kg), 24 funty (2,8m długości i 2400kg), 18 funtów (2,7m długości i 2000kg), 12 funtów (2,7 m długości i 1660 kg), 9 funtów (2,5 m długości i 1100 kg), 6 funtów (2,1 m długości i 880 kg), 4 funty (1,8 m długości i 640 kg) i 3 funty (1,3 m długości i 370 kg). Liczba operatorów zależała od wielkości pistoletu, na przykład 42-osobowa sonda miała 15 mężczyzn jako operatorów.

Największą rewolucją w konstrukcji dział morskich było wprowadzenie pistoletów ładunkowych. Rozwojowi pistoletów ładujących zamki sprzyjało opracowanie lepszych rodzajów prochu, które lepiej się paliły, a zatem nie pozostawiały żadnych pozostałości. Dzięki ulepszonym typom proszków zwiększyła się również prędkość pyska. Po wprowadzeniu pistoletów ładowarkowych z zamkiem błyskawicznym, rozwój postępował dalej. Na okrętach wojennych używano działek szybkich do kalibru 15 cm, a w wieżach instalowano ładowarki zamkowe. Artyleria morska osiągnęła wysoki punkt w dużych pancernikach, które przynajmniej na początku II wojny światowej nadal miały decydujący wpływ na to, co działo się na oceanach świata. Duże pancerniki miały działka kalibru 38 cm, a japoński super pancernik Yamato, największy pancernik, jaki kiedykolwiek zbudowano, miał nawet potrójne wieżyczki z działami kalibru 45,7 cm. Wraz z upadkiem pancerników, zmniejszył się również kaliber dział okrętowych. Nowoczesne pancerniki, niszczyciele i fregaty posiadają, oprócz uzbrojenia rakietowego i przeciwpancernego, działka szybkiego rażenia, w większości 12,7 cm.

Rysunek 16 przedstawia japoński pancernik "Mutsu" wyposażony w artylerię i działa przeciwlotnicze różnych kalibrów

2.3.3 Artyleria przybrzeżna

Ochrona wybrzeży za pomocą broni artyleryjskiej jest tak stara jak rozwój samej broni artyleryjskiej. Jednak sam rozwój artylerii przybrzeżnej rozpoczął się dopiero w XIX wieku. Wojna krymska szczególnie przyczyniła się do tego rozwoju. W tej wojnie francuskie i brytyjskie statki pancerne próbowały zniszczyć fortyfikacje w Sewastopolu, ale nie udało się. Atak z morza pokazał jednak wrażliwość obiektów portowych i stoczniowych. Dlatego też planiści wojskowi postrzegali obronę wybrzeża za pomocą ciężkiej artylerii jako istotny wkład w ochronę tych obiektów. Ze względu na stale zwiększające się możliwości techniczne, takie jak wprowadzenie ładowarek zamkowych, wprowadzono coraz mocniejsze działa przybrzeżne. Druga wojna światowa była ostatnią bitwą artylerii przybrzeżnej. Wkrótce po wojnie baterie przybrzeżne zostały zdemobilizowane lub przekształcone w muzeum. To był koniec broni przybrzeżnej.

2.3.4 Działa kolejowe

Pierwsze możliwe do zweryfikowania połączenie działa artyleryjskiego z wagonem kolejowym miało miejsce prawdopodobnie w czasie amerykańskiej wojny domowej. Była to również pierwsza wojna, w której ważną rolę odegrały połączenia kolejowe. Była to również pierwsza duża wojna, w której przemysł zbrojeniowy starał się zaprezentować światu nowy wynalazek holowanej ładowarki teleskopowej w nadziei na zrobienie z nią wielkiego biznesu. Podczas ataku na Richmond, na wagonie użyto 33 moździerzy. Innym wczesnym zastosowaniem broni na wagonach kolejowych było użycie jej przez Armię Brytyjską w Egipcie podczas bombardowania Aleksandrii w latach 1881-82.

Rozwój broni kolejowej został następnie zepchnięty do przodu w czasie I wojny światowej. Promocja mobilności dużej broni sprzyjała szybkiemu rozwojowi. Poszczególne państwa podążały różnymi ścieżkami rozwoju. Francja była liderem w tej dziedzinie, w szczególności producent broni Schneider. Nie było zaskoczeniem, że to właśnie Francja dała początkowy impuls. Na początku I wojny światowej Francja posiadała kilka dział wielkiego kalibru. Dlatego trzeba było szybko znaleźć lekarstwo. Pierwszymi zmianami były więc pistolety kolejowe na prowizorycznych mocowaniach. Na wzmocnionych wagonach kolejowych umieszczono - działa okrętowe lub przybrzeżne z odrzutnikiem lufy lub bez. Większość z tych dział miała ograniczony promień działania i ograniczony zasięg boczny. Również wielkość pistoletu była ograniczona przez nośność wagonu. Podczas tych pierwszych prób szybko odkryto, że pistolet kolejowy miałby normalne wymiary obciążenia i miałby szczególnie ostrożne zawieszenie, dzięki czemu tory ułożone szybko w obszarze walki mogłyby być prowadzone bez wykolejania.

Kolejna generacja dział kolejowych została ustawiona na mułach szlifierskich. Pistolety bez odrzutu lufy zostały umieszczone w sztywnych mocowaniach. Ten sposób mocowania broni na wagonach kolejowych został przyjęty w USA. Cewka pistoletu została spowolniona przez fakt, że pistolet biegał z powrotem po torach, a energia została pochłonięta przez tarcie. Po doświadczeniach z tym mocowaniem na wagonach kolejowych zbudowano kolejne działa z odrzutnikiem lufy i można było już zwiększyć zasięg kierunku bocznego. Niektóre pistolety były już wyposażone w mocowania ogniowe. W ramach dalszego rozwoju istniały działka kolejowe z obrotnicą lub pościelą. Umieszczenie pistoletu na podłożu, przy czym podwozie zostało częściowo zdemontowane, umożliwiło uzyskanie zasięgu 360°. Później podjęto decyzję o przeniesieniu demontowalnych gramofonów, dzięki czemu zrezygnowano z ograniczenia do istniejącej pościeli.

Prawdopodobnie najsłynniejszą bronią I wojny światowej był "paryski pistolet" armii niemieckiej, który służył do bombardowania Paryża. Pariser Geschütz" był pistoletem 38 cm, który został skalibrowany w dół do 21 cm przez wsunięcie rurki wkładanej. Pistolet zadziwił świat w marcu 1918 roku, kiedy to wystrzelił 119 kg pocisków w Paryżu na dystansie ponad 90 km.

Funkcja tak dużych pistoletów była następująca. Odcinki torów były przewożone na pociągu z bronią. Po osiągnięciu pozycji wyjściowej do ostrzału położona została ostroga w kształcie litery T, po której w linii prostej jechała broń, aż do momentu, gdy wózek czołowy znalazł się na poprzecznicy. Następnie ściółkę podniesiono, wózek obrócono o 90° i ponownie opuszczono, aż koła wózka oparły się na torach poprzeczki. Teraz broń została wycelowana poprzez przesunięcie przedniego wózka w lewo lub w prawo, przy czym tylna część wózka obraca się wokół czopu tylnego wózka. Gdy prostowanie zostało zakończone, wózki zostały zaciśnięte na torach. Podwójne urządzenie odrzutowe pochłaniało odrzut, przy czym rura i górny wózek z pistoletem biegły z powrotem na ściółce, a ściółka na ramie nośnej wózka.

W okresie międzywojennym armaty kolejowe straciły na znaczeniu, z wyjątkiem niemieckiego Wehrmachtu. Weterani z I Wojny Światowej zostali zmotoryzowani i tylko w razie potrzeby wydobyci, oczyszczeni i w ponad połowie wykorzystani w II Wojnie Światowej. Niemiecki Wehrmacht używał w czasie wojny kilku dużych karabinów kolejowych. Podczas ataku na Sewastopol w 1942 roku użyto 80 cm działko kolejowe Kruppa. Gustav" wystrzelił 40 pocisków podczas ataku na Sewastopol. Kolejne rozmieszczenie miało miejsce podczas tłumienia Powstania Warszawskiego w 1944 r., podczas którego broń wystrzeliła podobno kolejne 30 pocisków. Kompletne urządzenie ważyło 1350 ton w pozycji do strzelania. Pistolet mógł być ustawiony w pozycji do strzelania tylko przy pomocy dźwigu nadbudówki. Zajęło to prawie 6 tygodni. 1420 mężczyzn pod dowództwem jednego z głównych generałów było potrzebnych jako załoga obsługująca, montażowa, konserwacyjna i ochroniarska. Były to dwa rodzaje granatów: 4000 kg granat wybuchowy i 7000 kg granat betonowy o zasięgu ognia odpowiednio 47 km i 21 km. Prawdopodobnie najlepszym działem kolejowym Wehrmachtu był 21 cm karabin K-5, który Niemcy nazwali "Slim Berta", a alianci "Anzio Annie" we Włoszech. Pistolet mógł strzelać granatami z silnika rakietowego. Zasięg granatów wynosił więc około 86 km.

2.3.5 Amunicja artyleryjska

Pierwszą amunicją artyleryjską były kule armatnie wykonane z kamienia i żelaza, później były to naboje, rodzaj ładunku strzałowego i odłamki wypełnione kulami.

Dopiero wraz z wynalezieniem nabojów i zapalników opracowano pociski wybuchowe, przeciwpancerne i ładunkowe. Pociski wybuchowe działają poprzez detonację i fragmentację. W zależności od detonatora, pocisk może zostać zdetonowany powyżej celu, w momencie uderzenia, lub przez opóźnienie po przeniknięciu przez cel. Pociski przeciwpancerne używane są do ostrzeliwania celów pancernych i twierdz. Pociski cargo to pociski bombowe, które wyrzucają na cel szereg pojedynczych urządzeń wybuchowych, a także amunicję do zapalników, tzw. amunicję inteligentną, która po wyrzuceniu szuka własnego celu. Oprócz tych wspólnych pocisków istnieją również pociski jądrowe z głowicami atomowymi, pociski dymne dla zamglonych żołnierzy i przeciwników, granaty rażące do oświetlania pola walki, a także amunicja treningowa i musztrowa.

2.3.6 Rozpoznanie artyleryjskie i kontrola ognia artyleryjskiego

Rozpoznawanie celów artyleryjskich odbywa się przy pomocy zaawansowanych obserwatorów lub przy pomocy pomocy radaru obserwacyjnego artylerii, który określa pozycję celów i koryguje wynik strzału. Obserwatorzy dysponują szeregiem pomocy technicznych do pomiaru odległości i kierunku. Kontrola przeciwpożarowa przeprowadzana jest w pozycji do odpalenia po obliczeniu parametrów do odpalenia. W ostrzale artyleryjskim współrzędne celu, współrzędne pozycji, warunki atmosferyczne, kierunek ostrzału, wysokość lufy i ładunek paliwa odgrywają ważną rolę. Systemy dowodzenia i kontroli oraz systemy rozmieszczania broni zostały opracowane w celu poprawy generowania danych i skuteczności celów, takie jak niemiecki system ADLER (artyleria, dane, pozycja i sieć komputerowa rozmieszczania). System ten umożliwia optymalną interakcję pomiędzy obszarami dowodzenia, rozpoznania i efektu.

2.3.7 Trendy rozwoju artylerii

Najważniejszym celem w dalszym rozwoju systemów broni artyleryjskiej zawsze było zwiększenie początkowej prędkości i energii w pysku. Dla artylerii przyszłości szczególnie ważne jest posiadanie broni i systemów uzbrojenia, których pociski mają krótki czas lotu i bardziej płaską trajektorię. Te cechy zwiększają prawdopodobieństwo trafienia. Wyższa energia w pysku zwiększa energię uderzenia. Równolegle z tymi zmianami należy zmniejszyć podatność broni i zagrożenie dla załogi.

2.4 Broń przeciwlotnicza

2.4.1 Rozwój broni przeciwlotniczej

Obrona przeciwlotnicza to specjalne siły naziemne, które muszą chronić przydzieloną przestrzeń powietrzną przed atakiem wrogich samolotów i rakiet, w tym pocisków. Siły obrony przeciwlotniczej używają do tego celu dział przeciwlotniczych i rakiet przeciwlotniczych.

Historia obrony przeciwlotniczej jest ściśle powiązana z lotnictwem wojskowym. Dopiero kiedy trzeci wymiar stał się przestrzenią bojową, pojawiła się świadomość, jak przeciwdziałać nadlatującym balonom, a w późniejszych latach znajdowaniu samolotów. Pierwsza obrona celna samolotów miała miejsce w wojnie francusko-pruskiej 1870 roku, chociaż w amerykańskiej wojnie domowej zestrzelenie balonów obserwacyjnych z karabinów można uznać za wczesną formę obrony przeciwlotniczej. W wojnie francusko-pruskiej, po zwycięstwie pod Sedanem, wojska niemieckie oblegały Paryż. Oblężeni w Paryżu starali się przynosić wieści z miasta balonami i przewozić zapasy do miasta balonami. Aby zestrzelić te balony,

Krupp opracował 20 mm pistolet, który był zamontowany na wozie zaprzęgowym i dlatego był bardzo mobilny.

Wraz z pojawieniem się samolotów zwiększyła się również potrzeba obrony. Już w 1909 roku firma Krupp zaprezentowała niemieckiemu sztabowi generalnemu szereg dział przeciwlotniczych. Obejmowały one pistolety 65 mm, 75 mm, a nawet 105 mm. Na początku I wojny światowej najważniejszym działem przeciwlotniczym był 75 mm pistolet zamontowany na wózku transportowym. W chwili wybuchu wojny Wielkie Mocarstwa posiadały tylko niewielką ilość dział przeciwlotniczych.

W czasie I wojny światowej, początkowo tylko Niemcy podjęli poważne próby rozwoju broni przeciwlotniczej. Mocarstwa Ententy poszły w ślady rozwoju dział przeciwlotniczych dopiero wtedy, gdy niemieckie siły powietrzne zwiększyły swoje działania bombowe.

Pierwsze działa przeciwlotnicze nie nadawały się do skutecznego zwalczania celów powietrznych, gdyż artylerzyści obsługujący takie działa nie mieli możliwości określenia dokładnej wysokości celu. Początkowo używano balonów zwiadowczych. Wysokość tarczy można określić bardzo dokładnie na podstawie długości liny mocującej balon. W czasie wojny niemieckie działa przeciwlotnicze były wyposażone w optyczny system celowania, który znacznie zwiększał szybkość trafień. W dalszym przebiegu wojny wszystkie walczące mocarstwa uznały, że obrona samolotów tylko z działami większego kalibru nie jest już wystarczająca. Opracowali więc działka szybkiego ognia o mniejszym kalibrze, na przykład Niemcy opracowali automatyczne działo szybkiego ognia 3,5 cm, a Brytyjczycy działko 3,7 cm (1-funtowe).

Pierwsza wojna światowa pokazała, że samolot jest ważnym środkiem do prowadzenia wojny. Dzięki zwiększeniu mocy silnika samolot stał się jeszcze bardziej wydajny. Na początku lat trzydziestych większość krajów opracowała własne działa przeciwlotnicze. Pierwszym krokiem było skoncentrowanie ognia z kilku karabinów maszynowych. Opracowano również systemy, które mogą być wykorzystywane zarówno przez siły naziemne, jak i przez marynarkę wojenną. Najważniejsze dla poszczególnych sił były działa przeciwlotnicze na niskich, średnich i wysokich wysokościach. Poszczególne stany poszły swoimi odrębnymi drogami w określaniu kalibru. Zasadniczo państwa opracowały karabiny maszynowe 12,7 mm do 20 mm karabinów szybkiego ognia do małych wysokości, 37 mm i 40 mm karabinów szybkiego ognia do małych i średnich wysokości oraz 88 mm do 150 mm do dużych wysokości. Ósemka" miała później stać się jedną z najsłynniejszych broni drugiej wojny światowej. Wielką sławę zyskał także 40 mm karabin Bofors, który był używany przez prawie wszystkie walczące narody do obrony przeciwlotniczej.

W czasie II wojny światowej niemieccy naukowcy zaczęli opracowywać rakiety przeciwlotnicze. Rozwój ten rozpoczął się w 1941 r. i zakończył pierwszymi lotami testowymi pod koniec 1944 r. Systemy nie były jeszcze wystarczająco rozwinięte, aby mogły być wykorzystane w misji frontowej lub w obronie powietrznej kraju. Najważniejszymi wydarzeniami były: Henschel Hs 117 "Butterfly", rakieta radiowa, radarowa lub optycznie śledzona, dwustopniowa, o zasięgu 16 km i wysokości 10 000 metrów. Messerschmitt "Enzian", przerobiony Messerschmitt Me 163 "Komet" o masie 1,8 tony z takim samym systemem celowania jak Hs 117 i nieco większym zasięgiem i wysokością szczytową. Wasserfall", pomniejszona wersja A-4 o wysokości szczytu 20.000 metrów, opracowana przez Niemieckie Stowarzyszenie Badań Szybowcowych i Zakłady Elektromechaniczne Karlshagen. Feuerlilie", rakieta produkowana przez Rheinmetall-Borsig i fabryki w Ardelt, o zasięgu 10 km. Niemieccy inżynierowie opracowali również przenośny, niekierowany system rakiet przeciwlotniczych dla nisko lecących samolotów, zwany Fliegerfaust-A i Fliegerfaust-B. Fliegerfaust-A został opracowany w 1944 r. przez firmę HASAG (H. Schneider AG, Lipsk) i składał się z wiązki rur o długości około 1,5 m z czterema niekierowanymi pociskami rakietowymi o masie 90 g i średnicy 2 cm. Ulepszona wersja Fliegerfaust-B posiadała wiązkę rurową z dziewięcioma rakietami 2 cm. Rakiety były wystrzeliwane w dwóch siatkach w odstępach 0,2 sekundy i tworzyły krąg o średnicy 60 m na dystansie 500 m. Ciężki, 6,5-kilogramowy Fliegerfaust został wystrzelony z ramienia bez odrzutu. W kwietniu 1945 r. tylko 80 sztuk Fliegerfausta przeszło próby wojskowe. Jednak już w marcu 1945 roku rozpoczął się rozkaz na 10.000 jednostek z 4 milionami sztuk amunicji.

Rysunek 17 przedstawia niemiecki FlaK 37 8,8 cm

Niemcy byli jednymi z pierwszych, którzy uznali przydatność broni przeciwlotniczej na samojezdnym wózku artyleryjskim dla ochrony maszerujących wojsk, przy czym przewaga powietrzna w pierwszych latach wojny dawała im poczucie bezpieczeństwa. W związku z tym zmiany te zostały wyprodukowane tylko w niewielkich ilościach. Najważniejszymi pojazdami były działa przeciwlotnicze 2 cm i 3,7 cm zamontowane na ciągnikach artyleryjskich półtorowych. Niektóre z tych dział przeciwlotniczych były również zamontowane na podwoziu czołgu. Czołgi specjalnie wyposażone do obrony przeciwlotniczej weszły do użytku dopiero w 1943 r., kiedy to zaczęło się poważne zagrożenie ze strony alianckich samolotów. Jako pierwszy został wprowadzony czołg przeciwlotniczy IV (2 cm działko przeciwlotnicze Vierlinga 38) "Möbelwagen". Miał podwozie Pancerza IV, a na nim działko przeciwlotnicze Vierlinga, które było chronione płytami pancernymi o grubości 10 mm, które można było składać w dół, na boki lub z przodu i z tyłu. W sumie wyprodukowano 200 furgonetek meblowych. Inna wersja furgonetki meblowej miała na pokładzie 3,7 cm działko przeciwlotnicze. Również w 1943 roku powstał czołg przeciwlotniczy "Wirbelwind". Był on zamontowany na podwoziu pancernym Panzer IV i miał na pokładzie poczwórne działo przeciwlotnicze 2 cm. 340 jednostek Wirbelwind zostało zbudowanych przez firmę Ostbau. Innym typem był "Ostwind", czołg przeciwlotniczy z tylko jednym 3,7 cm działem przeciwlotniczym na pokładzie. Wyprodukowano 205 sztuk Ostwind. W 1945 roku testowany był nowy czołg przeciwlotniczy "Kugelblitz". Miał on napędzaną silnikiem, szybkoobrotową wieżyczkę z 3 cm podwójnym karabinem maszynowym. Zbiornik przeciwlotniczy na podwoziu Panzer 38 został opracowany z myślą o nisko latających samolotach. Tenczołg przeciwlotniczy miał na pokładzie 2 cm działko przeciwlotnicze. Wyprodukowano 160 sztuk.

Po drugiej wojnie światowej, broń przeciwlotnicza szybko się rozwinęła. W dużych armiach wprowadzono nowe działa przeciwlotnicze, które miały wyższą kadencję niż działa przeciwlotnicze z czasów wojny. Szczególne znaczenie dla rozwoju miała szwajcarska firma Oerlikon i szwedzka firma Bofors. Szwajcarskie działa przeciwlotnicze 2 cm i 3,5 cm podwójne działa przeciwlotnicze zostały wprowadzone do wielu armii i pełnią cenne funkcje w ochronie kosmosu i obiektów.

Oprócz stacjonarnych dział przeciwlotniczych, na wschodzie i zachodzie opracowano szereg dział przeciwlotniczych na samojezdnym wózku artyleryjskim. Szczególnie liczne były amerykańskie M 42 "Duster", bliźniaczy czołg przeciwlotniczy 4 cm i niemiecki Gepard, bliźniaczy czołg przeciwlotniczy 3,5 cm, na zachodzie oraz ZSU 57-2, bliźniaczy czołg przeciwlotniczy w kalibrze 57 mm i ZSU 23-4, poczwórny czołg przeciwlotniczy w kalibrze 34 mm, na wschodzie. Rozwój nowych potężnych dział przeciwlotniczych szedł w parze z rozwojem potężnych jednostek kontroli przeciwpożarowej, takich jak szwajcarska jednostka kontroli przeciwpożarowej Skyguard.

Rysunek 18 przedstawia M 42 "Duster" po lewej stronie i system "Roland" po prawej stronie.

Poza bezodrzutowymi działami przeciwlotniczymi, szybki był również rozwój pocisków kierowanych przeciwlotniczo. Zbudowano i wprowadzono do arsenałów wojskowych szereg pocisków kierowanych przeciwlotniczo dla różnych zasięgów. Najbardziej znanymi pociskami przeciwlotniczymi są amerykańskie Stinger i rosyjskie SA-7, które można wystrzelić z ramienia. Istnieją również różne rodzaje dla różnych zakresów. Ponadto, na samojezdnych wózkach z bronią, takich jak niemiecki system Roland, który jest w stanie ochronić jednostkę pancerną podczas marszu lub atakowaną przed atakami z powietrza, zostały opracowane również rakiety kierowane przeciwlotniczo.

Tabela 19: Dane techniczne wybranych dział przeciwlotniczych i pocisków kierowanych do statków powietrznych

	2 cm	4 cm	8,8 cm Typ 41	Stinger
	FlAK	FlAK	FlAK	FlAL
Masa w kg	68	6.861	8.000	15,8
Wysokość strzału w m	3.500	7.140	14.700	3.800
strzał w minutę	450	120	20-25	-
	Furgonetka meblowa	M 42	ZSU 23-4	Roland
	Zbiorniki FlA	Zbiorniki FlA	Zbiorniki FlA	FlAL
Masa w kg	24.000	22.500	20.500	77
Wysokość strzału w m	4.800	4.800	2.500	5.000
strzał w minutę	600	2 x 120	3.400	-

Źródło: Badania internetowe

2.4.2 Amunicja przeciwlotnicza

Dla broni przeciwlotniczej dostępne są: naboje zapalające wybuchowe,- znacznikowe naboje zapalające, przeciwpancerne naboje zapalające, znacznikowe naboje zapalające przeciwpancerne, znacznikowe naboje zapalające przeciwpancerne, a także amunicja ćwiczebna i musztrowa. Użycie amunicji zależy od rodzaju celu. Każdy rodzaj amunicji stosowanej w obronie przeciwlotniczej pełni funkcję samozniszczenia w bezpieczniku perkusyjnym. Funkcja samozniszczenia jest konieczna, aby zapewnić, że amunicja nie spowoduje zniszczenia we własnym obszarze po przelocie nad zasięgiem operacyjnym. Pocisk jest detonowany przez specjalną funkcję zapalnika.

Naboje do granatów wyposażone są w bezpiecznik głowicowy i służą do zwalczania celów powietrznych. Oprócz wysokiego niszczycielskiego działania odłamków i młota gazowego, długi czas palenia się płomienia zapewnia dobry efekt ognia.

2.4.3 Tendencje rozwojowe w zakresie broni przeciwlotniczej

Wielkie bitwy czołgowe II wojny światowej i zagrożenie maszerowania jednostek czołgowych z powietrza należą już do przeszłości. Podobnie, prawdopodobieństwo dużych bitew czołgowych w teraźniejszości należy do przeszłości. Zagrożenie zmieniło się gwałtownie w ostatnich dziesięcioleciach. Inne zagrożenia, takie jak terroryzm i rozprzestrzenianie broni masowego rażenia, stały się silniejszymi zagrożeniami. Obrona przeciwlotnicza na początku XXI wieku nadal będzie musiała obejmować ochronę ważnych obiektów przed atakami z powietrza oraz ochronę przestrzeni kosmicznej za pomocą bezodrzutowej broni przeciwlotniczej i pocisków kierowanych przeciwlotniczo, które mogą być wystrzeliwane przez strzelców. Ważniejsze jest jednak użycie przeciwlotniczych pocisków kierowanych i rakiet przeciwko pociskom i nisko przelatującym samolotom, których celem jest ewentualny atak terrorystyczny. W tym celu siły zbrojne potrzebują szybko rozmieszczonych oddziałów przeciwlotniczych z mobilnymi systemami broni. Zostały one już wprowadzone lub są w trakcie opracowywania. Obejmują one następujące systemy: PAC-3 (Patriot Advanced Capability 3), MEADS (Medium Extended Air Defence System) oraz system obrony przeciwrakietowej THAAD (Theater High Altitude Area Defence). Patriot to naziemny system obrony powietrznej i przeciwrakietowej do zwalczania samolotów, rakiet wycieczkowych i rakiet balistycznych krótkiego zasięgu. W przeciwieństwie do THAAD-u, może on również angażować myśliwce, jak również pociski wycieczkowe i niszczyć wrogie cele lotnicze z bezpośrednim trafieniem w wyniku eksplozji. System składa się z komponentów Radar uniwersalny, Bastle Management/Command, Control, Communications and Intelligence oraz urządzenie startowe z pociskami przechwytującymi. System obrony przeciwrakietowej i powietrznej MEADS jest w zaawansowanym stadium rozwoju i ma na celu częściowe zastąpienie lub uzupełnienie systemu Patriot. THAAD to system obrony przeciwrakietowej, który wykorzystuje samolot z głowicą kinetyczną do zniszczenia rakiety wroga przez zderzenie. Jego zasięg wynosi 200 km, a w najbardziej sprzyjających warunkach może on angażować pociski balistyczne do wysokości 150 km.

2. 5 pionierski sprzęt bojowy

2.5.1 Rozwój pionierskiego sprzętu bojowego

Pionierskie oddziały mają za zadanie promowanie własnego ruchu poprzez tworzenie i utrzymywanie funkcjonalności obiektów komunikacyjnych oraz pokonywanie przeszkód i barier terenowych, a także usuwanie niektórych materiałów wybuchowych, hamowanie ruchu wroga za pomocą pewnych barier i zwiększanie zdolności przetrwania własnych oddziałów poprzez budowanie i utwardzanie fortyfikacji terenowych i stanowisk dowodzenia. W zależności od różnych możliwości, oddziały pionierów są dalej podzielone na specjalne elementy organizacyjne, na przykład pionierów barier, pionierów mostów i pionierów czołgów.

Pionierzy są wyposażeni w sprzęt techniczny do wykonywania swoich zadań. Są to materiały wybuchowe, promy, łodzie motorowe i pneumatyczne, mosty, urządzenia do wykrywania i usuwania min, opancerzone pionierskie maszyny i samobieżne urządzenia robocze, urządzenia wiertnicze, dźwigi robocze i specjalne urządzenia do obsługi rurociągów. Aby zahamować ruchy wroga, są to miny, systemy mocowania min, miotacze min na pojazdach gąsienicowych, materiały wybuchowe i bariery z drutu. Do produkcji sprzętu do przetrwania żołnierzy i komandosów, pionierskich maszyn, materiałów wybuchowych i maszyn budowlanych. W dalszej części opisano szczegółowo najważniejsze wyposażenie pionierów.

Zbiornik pionierski

Czołgi pionierskie to opancerzone pojazdy gąsienicowe. Służą one do zapewnienia ruchu oddziałów poprzez usuwanie przeszkód, układanie pokrywy oraz wykonywanie prac związanych z odzyskiwaniem i obsługą dźwigu. Te specjalne zbiorniki są wyposażone w niezbędne wyposażenie specjalne.

Warstwa mostu pancernego

Zbiorniki do układania mostów służą do pokonywania rzek, strumieni i szerokich rowów. Posiadają one rozkładane lub wysuwane segmenty mostu, które są ustawiane za pomocą urządzeń hydraulicznych.

Tabela 20: Dane techniczne nowoczesnych warstw mostów pancernych

	MTU-90 (Rosja)	Bóbr (D)	M 104 Wolverine (USA)	Opancerzony most szybkiego ruchu (D)
Waga w t	46	45,3	68,7	62, 5
Załoga	2	2	2	2
Długość mostu w m	24	22	28	27,7

Czas ułożenia w min.	3	2-8	5	6

Źródło: Badania internetowe

Rysunek 19 przedstawia warstwę mostu pancernego "Biber" niemieckiej Bundeswehry.

Zbiorniki do rozminowywania
Czołgi minowe to pojazdy opancerzone wyposażone w specjalne urządzenia do rozminowywania.

Urządzenia do tworzenia barier górniczych
Urządzenia do układania zapór przeciwminowych są dostępne jako systemy układania zapór przeciwminowych w postaci przyczep samochodów ciężarowych lub jako miotacze górnicze na podwoziach gąsienicowych.

Sprzęt pomiarowy
Aby stworzyć barierę minową, bardzo ważne są wcześniejsze badania. Pionierskie oddziały używają do tego celu dalmierza na statywie.

miny przeciwczołgowe i przeciwpiechotne
Kopalnie mają za zadanie obezwładniać żołnierzy wroga, pojazdy i czołgi, niepokoić wroga, paraliżować jego działania, opóźniać jego ruchy i niszczyć ruch, zakłady przemysłowe i inne obiekty.

Kopalnie są bronią obronną i pojawiają się w produkowanych na dużą skalę modelach dopiero po I. I wojna światowa. W przeciwieństwie do tego, w czasie I wojny światowej stosowano również ukryte ładunki, produkowane w warsztatach wojskowych lub przez osoby z konwencjonalnych urządzeń wybuchowych i różnych detonatorów.

Kopalnie były i są układane na drogach i ścieżkach, na otwartym terenie i we wsiach, w rzekach i na morzach, w miejscach transferu i lądowania itp. albo według określonego schematu układania, albo bez ustalonej kolejności, a czasami również w ramach operacji rozrzucania lub pojedynczo.

Zadaniem zapór minowych jest zamykanie luk w strefach walk, ograniczanie ruchu wrogich sił i pojazdów oraz zabezpieczanie zagrożonych flanki i trudnego do obserwacji terenu. Obudowa kopalni zamyka ładunek wybuchowy i zazwyczaj mieści w sobie urządzenie detonujące. Zapewnia ochronę przed warunkami atmosferycznymi i innymi niekorzystnymi wpływami podczas przechowywania, transportu i układania. Główne materiały użyte do wykonania obudowy to stal, żeliwo, aluminium, beton, drewno, szkło, karton, itp. W nowoczesnych kopalniach masowych stosuje się głównie tworzywa sztuczne. Kopalnie występują w wielu różnych kształtach, takich jak tarczowy, cylindryczny, prostopadłościan, itp. Kolorystyka jest zwykle dostosowana do terenu i pory roku i jest bardzo zróżnicowana.

Ładunek wybuchowy kopalni zazwyczaj składa się ze zwykłych wojskowych materiałów wybuchowych, które mogą być infiltrowane, prasowane lub odlewane. Jednak komercyjne materiały wybuchowe i amunicja ofiarna, takie jak detonatory, granaty do rzucania, bomby i granaty, były również używane jako miny prowizoryczne. Masa ładunku wybuchowego zależy od zamierzonego efektu i wynosi zazwyczaj od 100g do 1.000g w przypadku min przeciwpiechotnych i od 3.000g do 7.000g w przypadku min przeciwczołgowych, choć te ostatnie mogą również zawierać dodatkowe detonatory wykonane z materiału wybuchowego. Urządzenie detonujące musi aktywować minę po pewnym uderzeniu (ciśnienie, ciągnięcie, czas, itp.). Zazwyczaj składa się on z detonatora minowego i spłonki strzelniczej, które są wprowadzane do głównego kanału zapłonowego. W większości min przeciwczołgowych i w niektórych minach przeciwpiechotnych oprócz głównego kanału zapłonowego istnieją inne kanały zapłonowe, które umożliwiają dodatkowy zapłon (np. jako zapłon elektryczny lub jako zabezpieczenie przed wznowieniem itp.). Niektóre detonatory górnicze są wyposażone w urządzenie zabezpieczające, inne mogą być dezaktywowane lub niektóre detonatory nie mogą być dezaktywowane po instalacji. Istnieje wiele sposobów na usystematyzowanie zarówno kopalń, jak i ich systemów detonacyjnych. Na przykład, kopalnie mogą być klasyfikowane w zależności od sposobu ich wyzwalania w kopalniach niekierowanych lub kontaktowych lub w kopalniach kierowanych lub bezkontaktowych, przy czym te ostatnie mogą być wyposażone w urządzenia do zdalnego ostrzenia i zdalnego wyzwalania, które mogą być wyzwalane za pomocą przewodów lub radia, zegarów lub pól fizycznych, wibracji itp. w sposób przypadkowy lub w określonym czasie. Inną możliwością jest np. klasyfikacja według czasu reakcji, z rozróżnieniem na kopalnie z zapłonem natychmiastowym i opóźnionym.

Zamki drutowe
Poza barierami kopalnianymi istnieją również inne rodzaje barier, takie jak bariery lejkowe i druciane. Do szybkiego układania barierek drucianych nadają się w szczególności tzw. urządzenia do układania drutu taśmowego oraz rolki druciane typu S o różnych rozmiarach. Ze względu na różne rozmiary, rolki z drutu S mogą być łatwo układane jedna na drugiej

Detektory górnicze
Od II wojny światowej pionierzy na całym świecie mają do dyspozycji detektory min. Urządzenia te służą do znajdowania materiałów wybuchowych i części metalowych.
Materiały wybuchowe

Pionierzy rurociągów
Układanie rurociągów do gaszenia pożarów jest jednym z zadań pionierów w wielu armiach. Niektóre armie przydzieliły to zadanie siłom obronnym NBC.

Promy i łodzie motorowe
Promy motorowe i łodzie motorowe są wykorzystywane do wielu zadań, na przykład do przekazywania oddziałów, do jazdy, do przekazywania oddziałów.

Rysunek 20 przedstawia mostek pływający o nazwie General Dynamics składany

dmuchane łodzie
Gumowe pontony zastąpiły łódź szturmową w wielu armiach. Gumowe pontony są napędzane albo siłą mięśni, albo silnikami zaburtowymi. Są one wykorzystywane głównie przez służby ratownicze.

Mosty
Pionierzy używają wszelkiego rodzaju mostów do pokonywania przeszkód. Najprostsza forma to stały most dla niezbyt szerokich przeszkód.

Mosty pływackie
Mosty pływackie są ważnym wyposażeniem pionierów. Są to pojazdy amfibii, które mogą być połączone z promami lub mostami wojennymi. Dzięki tym urządzeniom pływającym na mostach, czołgi bojowe i inny ciężki sprzęt można łatwo przetłumaczyć na rzeki.

Maszyny samobieżne
Specjalnie do budowy dróg pionierzy używali dostępnych na rynku maszyn samobieżnych. Pionierzy używają do tego celu równiarek, walców drogowych, spycharek kołowych, gąsienic wielofunkcyjnych, betoniarek i kruszarek do kamienia.

Maszyny pionierskie
Pionierski oddział korzysta z szerokiej gamy sprzętu wiertniczego, betoniarki, przesiewaczy.
Żurawie samochodowe

Podnoszenie, wciąganie i odzyskiwanie ciężkich ładunków, zwłaszcza na misjach zagranicznych, jest głównym zadaniem dźwigów samojezdnych, które są zasadniczo związane z budownictwem cywilnym.

Urządzenie linii składanej
Aby zwiększyć mobilność własnych sił, można użyć składanego urządzenia drogowego. W przeszłości panele pancerza musiały być układane ręcznie, ale teraz pojazd nośny może znacznie szybciej układać 50 metrów składanej drogi z paneli sześciokątnych - nawet w wodzie.

2.5.2 Tendencje rozwojowe w zakresie pionierskiego sprzętu bojowego

Reorientacja armii po zimnej wojnie wiąże się również z optymalizacją zadań powierzonych pionierskim oddziałom. W przyszłości wzrosną międzynarodowe misje zarządzania zapobieganiem konfliktom i zarządzania kryzysowego, w tym walki z międzynarodowym terroryzmem. W fazie przygotowawczej wdrożeń zagranicznych pionierzy coraz częściej będą musieli stawiać czoła zadaniom związanym z tworzeniem i funkcjonowaniem obozów w strefie rozmieszczenia. W trakcie rozmieszczenia nadal poszukiwane będą zadania pionierów w zakresie zapewnienia mobilności poprzez rozminowywanie.

W kraju szczególną wagę będzie się przywiązywać do gotowości na wypadek katastrofy. W tym celu pionierzy muszą zorganizować współpracę cywilno-wojskową z innymi organizacjami pomocowymi.

Do tego zadania pionierskie urządzenie przyszłości będzie musiało zawierać oprócz klasycznych elementów wojskowych wiele elementów cywilnych.

2.6 Motoryzacja sił zbrojnych

2.6.1 Rozwój motoryzacji sił zbrojnych do końca drugiej wojny światowej

Pojazd silnikowy jest najnowszym wynalazkiem. Nie jest łatwo przypisać sławę wynalezienia pojazdu silnikowego konkretnej osobie. W kręgach fachowców wspomina się niemieckiego projektanta samochodów Gottlieba Daimlera, który 3 kwietnia 1885 r. otrzymał pierwszy patent na silnik gazowy i naftowy. Wkrótce potem, w 1885 roku, tzw. samochód jeździecki Daimlera został zaprezentowany publiczności. Jednak już w 1868 roku Marcus budował w Austrii samochód samochodowy. Przełom nastąpił wtedy, gdy przemysł dostrzegł nowe możliwości w budownictwie samochodowym, w wyniku czego wielu nowych producentów samochodów poświęciło się produkcji pojazdów samochodowych na przełomie wieków.

Po wojnie francusko-pruskiej 1870/71 r. industrializacja poczyniła wielkie postępy, ale armie pozostały niemal nietknięte możliwościami nowoczesnej techniki. Dotyczy to zwłaszcza motoryzacji żołnierzy. Nic więc dziwnego, że I wojna światowa rozpoczęła się niemal dokładnie tak samo jak wojna z 1870/71 r. Jedną z przyczyn tego lekceważenia postępu technicznego był prawdopodobnie fakt, że w chwili wynalezienia samochodu tradycyjnie konserwatywni dowódcy armii wszystkich krajów nie rozumieli korzyści płynących z wykorzystania motoryzacji w działaniach wojennych. Tylko jako ciągniki dla ciężkiej artylerii pojazdy silnikowe były już na krótkiej liście. Niemniej jednak, w niektórych krajach byli otwarci wojskowi, którzy pomagali przebić się pojazdowi silnikowemu. Francuzi, na przykład, bardzo wcześnie uznali wartość pojazdów silnikowych dla celów wojskowych. Od 1905 roku wojsko francuskie eksperymentowało głównie z pojazdami Peugeot i Panhard. Również w Niemczech wartość pojazdu silnikowego dla wojska została uznana bardzo wcześnie. Ale nawet w Monarchii Cesarskiej i Królewskiej istniało przekonanie, że pojazdy silnikowe będą miały przewagę nad transportem zwierząt gospodarskich w zaopatrywaniu garnizonów rozsianych po całym dużym terytorium monarchii. Przecież podczas kampanii w Bośni-Hercegowinie w 1878 r. ludzie mieli bolesne doświadczenia z pociągami dostaw żywności. Z drugiej strony, armia angielska nie miała pojazdu wojskowego w momencie wybuchu wojny. Dopiero wojna między Włochami a Imperium Osmańskim w Libii ujawniła zalety transportu zmotoryzowanego. Wraz z groźbą wybuchu I wojny światowej i jednoczesnym ogromnym rozwojem cywilnego transportu samochodowego, zainteresowanie dowódców wojskowych było coraz większe. Powoli, różne możliwe zastosowania pomogły pojazdowi silnikowemu przebić się jako środek transportu żołnierzy i materiałów. Armia włoska okazała się bardzo postępowa, wykorzystując po raz pierwszy dwie kompletne jednostki zmotoryzowane w manewrze na Padzie między Alessandrami a Santhią w 1911 roku. Działy te, po jednym dla każdej z dwóch stron konfliktu, składały się z 83 samochodów osobowych, 97 ciężarówek i 99 motocykli.

Poniżej znajduje się przegląd motoryzacji Cesarskiej i Królewskiej Armii. Już w 1896 r. prywatna inicjatywa sprowadziła do Technicznego Komitetu Wojskowego w Wiedniu samochód osobowy typu Daimler. Pojazd ten został poddany testom i raport został złożony w Ministerstwie Wojny.

Sprawozdanie powinno było być pozytywne, ponieważ w 1901 r. podczas manewrów użyto już pięciu samochodów osobowych i dwóch ciężarówek. Ciężarówki służyły m.in. do transportu chleba. W tym czasie wyrażano obawę, że spaliny spowodują, że chleb nie będzie nadawał się do spożycia. Ponieważ obawy te nie potwierdziły się, po tym manewrze nastąpiło pierwsze określenie cech konstrukcyjnych pojazdów wojskowych i utworzenie wydziału do spraw samochodowych w armii cesarskiej i królewskiej. Ministerstwo Wojny. Współpraca z niemiecką firmą Daimler okazała się szczególnie ważna dla austriackiej motoryzacji wojskowej. - Współpraca Daimlera z Austrią sięga początków produkcji samochodów, ponieważ umowy licencyjne zostały zawarte między niemieckim przemysłowcem a austriackim przemysłowcem. Pojazdy firmy Daimler zostały następnie zmontowane w fabryce maszyn w Wiener-Neustadt. W wyniku tego nastąpił postęp w motoryzacji armii. Już w 1903 r. podejmowano starania o utworzenie ochotniczego korpusu samochodowego, którego członkowie zobowiązali się do udziału w ćwiczeniach wojskowych wraz ze swoimi pojazdami. A w 1904 r. złożono wniosek do Ministerstwa Wojny o utworzenie wydziału badań samochodów. Ten eksperymentalny wydział został ostatecznie utworzony w 1906 roku i stał się piątym wydziałem Cesarsko-Królewskiej Armii. Ministerstwo Wojny jako organ odpowiedzialny za przemysł samochodowy. Ponadto w 1906 roku w obu częściach kraju powstał ochotniczy korpus samochodowy.

28 czerwca 1914 r. w Sarajewie zamordowano następcę tronu, arcyksięcia Franciszka Ferdynanda, i jego żonę. Już 28 lipca 1914 r. Austro-Węgry wypowiedziały Serbii wojnę. Obowiązujący wówczas system sojuszy doprowadził do I wojny światowej. Pierwsza wojna światowa postawiła również nowe wymagania przed przemysłem samochodowym, choć motoryzacja nie jest jeszcze bardzo zaawansowana. Nawet w czasie pokoju, tak zwany subsydiowany system ciężarówek zapewniał dostępność środków transportu w przypadku konfliktu lub wojny: Nabywcy "ciężarówki zdolnej do wojny" otrzymali dotację, ale zobowiązali się do udostępnienia pojazdu wojsku w przypadku mobilizacji. Uratowało to wojsko od konieczności tworzenia i utrzymywania własnych zapasów. Samochody osobowe były używane wyłącznie do celów służbowych; po rozpoczęciu wojny zostały zarekwirowane lub skonfiskowane. W czasie wojny zaopatrzenie w części zamienne i rosnący popyt były pokrywane przez zwiększoną produkcję. Wyjątkiem pozostały pojazdy specjalne, przydzielone do jednostek specjalnych, np. służby medycznej, lotnictwa i artylerii, dla których opracowano specjalne ciągniki. Ciągniki armii austro-węgierskiej okazały się szczególnie skuteczne w czasie wojny w Alpach. W czasie wojny jeszcze

młody przemysł pojazdów wojskowych przeżywał swój pierwszy szczyt. Podczas gdy na początku wojny na froncie zachodnim we Francji zebrano tylko 6000 pojazdów, flota pojazdów na froncie zachodnim pod koniec wojny liczyła ponad 92000 pojazdów.

Pierwszy pojazd z napędem na cztery koła został opracowany około 1827 roku w Anglii przez Johna Hilla i Timothy'ego Burstalla. Był to pojazd o napędzie parowym z napędem na tylne koła i włączanym napędem na przednią oś za pomocą wału kardana. Ze względu na trudności techniczne, ten rodzaj napędu nie był jeszcze w stanie się ugruntować. Dopiero w 1900 roku Ferdinandowi Porsche udało się stworzyć elektryczny samochód z napędem na cztery koła. Lohner-Porsche, który miał wówczas nowoczesny wygląd, miał silnik elektryczny w każdym z czterech kół. W 1903 roku Holendrzy Jacobus i Hendrik Jan Spijker zbudowali Spyker 60 H.P., pojazd z silnikiem spalinowym i napędem na cztery koła.

Rysunek 21 przedstawia na dużym zdjęciu włoską ciężarówkę FIAT, a na małym niemiecki ambulans w czasie I wojny światowej.

Bezpośrednio po pierwszej wojnie światowej zwycięskie mocarstwa zaczęły rozbrajać i redukować swoje siły zbrojne. Wyposażenie w pojazdy silnikowe pozostawało więc skromne aż do połowy lat 30. ubiegłego wieku. W drugiej połowie lat 30-tych XX wieku stan stosunków międzynarodowych w Europie pogorszył się i siły zbrojne zaczęły się przygotowywać do wojny. Włoska inwazja na Etiopię i hiszpańska wojna domowa stały się swego rodzaju próbą ubioru dla nowych środków. Przy tej okazji dowódcy sił zbrojnych przekonali się, że szybkość poruszania się jest najważniejszym czynnikiem we współczesnych działaniach wojennych. We włoskim magazynie "L'automobile" z sierpnia 1939 roku, Canestini zbadał koncepcję prędkości we współczesnych armiach, dochodząc do wniosku, że armia, która powinna być defensywna i ofensywna, musi być w dużej mierze zmotoryzowana i posiadać ponad 10.000 pojazdów. W poniższejsekcji bardziej szczegółowo przeanalizowano sytuację w zakresie produkcji pojazdów silnikowych do celów wojskowych w wybranych krajach.

Wielka Brytania

Wielka Brytania jest tradycyjnym zwolennikiem profesjonalnej armii w czasach pokoju. Po pierwszej wojnie światowej, w związku z kryzysem gospodarczym, szybko zredukowano budowane zdolności produkcyjne i gwałtownie zmniejszono również wydatki na cele wojskowe. Dotyczyło to głównie zamówień na nowoczesne pojazdy silnikowe. Chociaż niektóre nowe typy były testowane przez wojsko w okresie międzywojennym, nie składano zamówień na większą produkcję. Dopiero gdy Włochy prowadziły wojnę z Etiopią w Afryce, a Niemcy najechały na Nadrenię i zaczęły się uzbrajać, a Edward VIII zrezygnował z przekazania tronu swojemu bratu Jerzemu VI, Wielka Brytania ponownie rozważyła swoją politykę wewnętrzną. Według słów Winstona Churchilla: *"Sprawy zagraniczne i stan naszej obrony straciły wszelkie roszczenia wobec nastrojów społecznych. Nasza wyspa mogła być oddalona od Europy o dziesięć tysięcy mil"*. Ale dopiero wiosną 1939 r. rząd podjął poważne starania o modernizację sił zbrojnych. Z pomocą rekwizycji, Wielkiej Brytanii udało się na początku wojny udostępnić wojsku 55.000 pojazdów, z których większość została wysłana do Francji wraz z siłami ekspedycyjnymi. Około połowa z tych pojazdów została zarekwirowana.

Francja

Podobnie jak Wielka Brytania, Francja podjęła wielkie wysiłki na rzecz modernizacji floty samochodowej swoich sił zbrojnych dopiero na krótko przed drugą wojną światową. Opierali się raczej na rekwizycji, gdy pojawiła się okazja. Ponieważ produkcja samochodów ciężarowych spadła z 40 000 do 20 000 w latach 1930-1938, siły zbrojne miały do dyspozycji tylko niewielką liczbę nowoczesnych pojazdów w momencie wybuchu II wojny światowej. Dopiero pod koniec 1936 roku Edourd Dadaldier, ówczesny minister obrony, zarządził program zbrojeń o wartości 14 milionów franków, który obejmował produkcję 3.200 nowoczesnych czołgów bojowych i 5.000 mniejszych ciężarówek. Ten pakiet modernizacyjny obejmował nowoczesne pojazdy typu Latil, Latil/Hotchkiss, Peugeot, Renault, Unic i Laffly.

Niemniej jednak wiele jednostek francuskich sił zbrojnych nadal było wyposażonych w 4-tonowe ciężarówki Berliet CBA, pojazd, który był już używany podczas I wojny światowej. W związku ze zbliżającą się wojną w USA zamówiono pojazdy silnikowe (około 10.000 pojazdów typu Dodge, Chevrolet i GMC), ale nie mogły one być już dostarczone, gdy niemiecki Wehrmacht rozpoczął atak w maju 1940 roku.

Włochy

W okresie międzywojennym, począwszy od 1930 r., Włochy poczyniły ogromne wysiłki na rzecz ponownego rozbrojenia. Od 1932 r. Mussolini rozpoczął poważny program modernizacji, który obejmował produkcję znormalizowanych ciężarówek, produkowanych przez wszystkich głównych producentów samochodów we Włoszech. Uczestniczyli w produkcji Alfa Romeo, Bianchi, Fiat, Isotta-Fraschini, Lancia i OM. Planowana była produkcja medium (Autocarri Unificato medio od 2,5 do 3 ton) i ciężkiego (Autocarri unificato pesante od 6 ton). Oprócz ciężarówek produkowane były również ciągniki artyleryjskie Fiata i Brendy.

Niemcy

Pod koniec lat dwudziestych XX wieku Niemcy rozpoczęły ponowne zbrojenia i zainwestowały znaczne sumy w rozwój nowych pojazdów dla sił zbrojnych. W połowie lat 30. ubiegłego wieku 36 projektantów samochodów rywalizowało w rozwoju pojazdów wojskowych. W celu ograniczenia tej różnorodności, rząd przyjął program standaryzacji pojazdów wojskowych. Zgodnie z tym programem istniało sześć kategorii pojazdów standardowych: lekkie, średnie i ciężkie samochody osobowe oraz lekkie, średnie i ciężkie samochody ciężarowe. Wszystkie te typy miały mieć napęd na cztery koła, a niektóre z nich miały również napęd na cztery koła. Dalsza standaryzacja miała miejsce od 1938 r. poprzez plan Schell'a, który przewidywał redukcję różnorodności typów. Zgodnie z tym planem, różnorodność typów ciężarówek została zmniejszona ze 113 do 19, samochodów osobowych z 55 do 30, a motocykli ze 150 do 30. Zmniejszono również różnorodność części dla przemysłu dostawczego. Przed normalizacją przemysł produkował np. 112 różnych cylindrów hamulcowych, 113 różnych rozruszników i 264 różne lampy.

Japonia

Japoński przemysł samochodowy był jeszcze w powijakach w latach dwudziestych XX wieku. W tym czasie my, producenci pojazdów, produkowaliśmy jeszcze 30.000 pojazdów w ramach montażu końcowego, podczas gdy japońscy producenci samochodów produkowali tylko 437 pojazdów. Dopiero gdy Japonia rozpoczęła podbój kontynentalnej Azji na początku 1930 roku, zagraniczne zaangażowanie w Japonii zostało ograniczone i podjęto wielkie wysiłki w celu stworzenia własnego krajowego przemysłu samochodowego. Powstała nowa firma, która połączyła produkcję pojazdów wojskowych DAT, później Datsun i Ishikawajima. Firma nosiła nazwę Kyodo Kokusan Jidosha KK, a jej produkty zostały nazwane Isuzu od świętej rzeki. Wynikiem rozwoju były Isuzu 4x2 i 6x4 typu 94. Jako pojazd sztabowy zbudowano mały pojazd z napędem na cztery koła, który nazwano Kurogane (kuro=czarny i gane=metal) i z którego wyprodukowano 4775 sztuk.

USA
Po I wojnie światowej nie było powodu, aby Ministerstwo Obrony Narodowej zamawiało dużą liczbę nowych pojazdów wojskowych. W ciągu pierwszych 10 lat po I wojnie światowej zamówiono tylko 763 nowe pojazdy, z czego 709 to pojazdy służbowe. Na początku lat 30-tych XX wieku, w cieniu wydarzeń w Europie, Quartermaster Corps naciskał na standaryzację typów pojazdów. Ponieważ na rynku nie było dostępnych w tym celu odpowiednich pojazdów cywilnych, w Fort Holabird w Maryland opracowano wersję 6x6 ciężarówki Liberty. Pierwszy QMC, jak nazywano te pojazdy, został zbudowany w 1932 roku. Następnie Fort Holabird przypomniał swoją rolę jako miejsce rozwoju sprzętu wojskowego i nie było masowej produkcji, zbudowano tylko 60 QmC. W 1934 roku weszła w życie ustawa o siłach zbrojnych, zgodnie z którą zabroniono modernizacji starych ciężarówek z lat dwudziestych XX wieku. Był to pierwszy krok do zakazania siłom zbrojnym starych typów pojazdów i doprowadził do zamówienia nowych pojazdów. Pierwsze nowe rozkazy były jeszcze cywilnymi typami. Od 1939 roku wprowadzono jednak program standaryzacji, który przewidywał produkcję ½, 1½, 2½, 4 i 7 ½ ton samochodów ciężarowych. Typ ½ zwiększono później do ¾ i dodano również 10-tonową ciężarówkę. Stworzyło to podstawy dla masowej produkcji samochodów ciężarowych Dodge i GMC.

Związek Radziecki
Carska Rosja nie posiadała dużego przemysłu samochodowego. Dlatego jednym z pierwszych zadań nowej elity w kraju było, obok przemysłu ciężkiego, stworzenie przemysłu samochodowego. W pierwszym planie pięcioletnim od 1928 do 1933 r. rozbudowano zakłady Akzioneroje Maschinostroitelnoje Obschtschestwo (AMO) pod Moskwą i na podstawie licencji wyprodukowano 1,5-tonowy samochód ciężarowy Fiat. Kolejna fabryka samochodów, Gorkowski Awtomobilny Żawod (GAZ), została

wybudowana w Gorkach w 1932 roku z pomocą Forda. Początkowo budowano tam Fordy typu A i AA. W ramach pierwszego planu pięcioletniego zbudowano 50 000 pojazdów, w ramach drugiego planu pięcioletniego 200 000 pojazdów. Fabryki samochodów AMO stały się Zavodem Imieni Stalinem (ZiS). ZiS początkowo budował również licencjonowane samochody naszych marek. Trzecim zakładem samochodowym był Yaroslawl Automobilni Zawod (YaG/YAG), który został założony przez Lenina w Jarosławiu w 1924 roku. Ta fabryka samochodów produkowała głównie ciężkie ciężarówki, takie jak YaG-10 "Yagio".

Oprócz największych potęg tego okresu, mniejsze potęgi produkowały również własne pojazdy dla swoich sił zbrojnych. Obejmowały one przemysł samochodowy w Szwecji (Scania-Vabis, Volvo), Szwajcarii (Saurer, Berna), Austrii (Steyr, Austro-Daimler), Czechosłowacji (Skoda, Tatry, Praga), na Węgrzech (Raba, Csepel) i w Polsce (Ursus, Polski Fiat).

Motoryzacja podczas drugiej wojny światowej
W czasie II wojny światowej walczące mocarstwa rozwinęły szereg specjalnych pojazdów wojskowych. Poniżej przedstawione zostaną w ogólnym zarysie osiągnięcia poszczególnych krajów.

Wielka Brytania
Kiedy we wrześniu 1939 r. rozpoczęła się II wojna światowa, brytyjskie siły zbrojne dysponowały 55.000 pojazdów. Spośród nich, 26.000 zostało skonfiskowanych. W czasie wojny Wielka Brytania produkowała szereg wozów dowodzenia, a także lekkie, średnie i ciężkie ciężarówki oraz pojazdy specjalne. Najczęściej budowanymi wozami dowodzenia były typy Humber i Ford. Wśród lekkich ciężarówek, Austin, Hillman i Morris

USA
Kiedy USA przystąpiły do II wojny światowej, było jasne, że staną się najważniejszym dostawcą pojazdów dla wszystkich sojuszników. Przemysł samochodowy wykonał wielką pracę w czasie wojny, dostarczając około 400.000 pojazdów do całej Wielkiej Brytanii i Związku Radzieckiego w ramach programu Lend-and-Lease. Najważniejszymi pojazdami były Jeep ¼ do, z czego 620.000 zostało wyprodukowanych w Willy's i Ford w czasie wojny, Dodge ¾ do, GMC 2 ½ do i kilka ciężkich ciężarówek. W czasie wojny wyprodukowano ponad 800.000 jednostek GMC.

Rysunek 22 pokazuje dwa z najbardziej zbudowanych pojazdów wojskowych na świecie: nad "Willis Jeepem" i pod "Dodge".

Związek Radziecki

Podczas II wojny światowej Związek Radziecki otrzymał od aliantów około 400.000 ciężarówek w ramach "Ustawy o kredycie i leasingu". GAZ, ZiS i YAG produkowały własne samochody osobowe i ciężarowe, a także ciągniki artyleryjskie. Od 1943 roku GAZ zaczął budować pojazd terenowy, który wyglądał podobnie do naszego jeepa. Z tego GAZ 67B 62.843 sztuki były produkowane do 1953 roku. Najważniejszymi ciężarówkami były GAZ AAA, wyprodukowany w latach 1941-1943, oraz ZiS-5, który służył również jako podwozie do wystrzeliwania przerażających rosyjskich rakiet "Katiusza". Oprócz ciężarówek, rosyjscy producenci samochodów produkowali również pojazdy półzakładowe i ciągniki artyleryjskie. Najważniejszym pojazdem półgąsienicowym był ZiS-42; najważniejszym ciągnikiem artyleryjskim był Stalinets-65.

Francja

1 września 1939 r. Francja przystąpiła do II wojny światowej. Do czasu ataku niemieckiego wehrmachtu w maju 1940 r. czas ten był zbyt krótki, aby wprowadzić do sił zbrojnych dużą liczbę nowych pojazdów. Wyposażenie pojazdów sił zbrojnych można więc opisać jako nowoczesne tylko z częściami. W okresie okupacji francuscy producenci pojazdów produkowali

dla niemieckiego Wehrmachtu. W związku z tym niemiecki Wehrmacht używał ciągników kołowych marki Lafly S35T, Renault AH, Peugeot DK5 oraz pojazdów półrozstawowych typu Unic P107.
Włochy
W czasie II wojny światowej Fiat, Alfa Romeo, Lancia, Bianchi, Isotta-Franchini i OM produkowali samochody osobowe i ciężarowe, ale wielkość produkcji pozostała skromna w porównaniu z innymi głównymi potęgami. Najważniejsze samochody służbowe to Fiat Coloniale, Lancia Aprilia 639 Col., Alfa Romeo 6C2500 Col.Mil. i Bianchi S6. Główne lekkie ciężarówki to FIAT 508C, OM Autocaretta i SPA (Societa Piemontese Automobili) CL39. Najważniejszymi średnimi ciężarówkami były Alfa Romeo 800 i Fiat 626, natomiast najważniejszymi ciężkimi były Fiat (Fiat 665), Alfa Romeo 800 i Lancia 3RO N. Włoski przemysł samochodowy produkował pojazdy półgąsienicowe jako ciągniki dla artylerii podczas II wojny światowej. Najważniejszym ciągnikiem był Breda Tipo 61, a tuż przed rozpoczęciem produkcji zawieszenia broni FIAT 727SC.

Niemcy
Najlepszym pojazdem, jaki kiedykolwiek miał Wehrmacht, była łyżka VW. Łyżka VW to projekt profesora Porsche, który na kilka tygodni przed wybuchem II wojny światowej otrzymał zlecenie na budowę małego samochodu terenowego. Łyżka VW została szybko wprowadzona na rynek dzięki zapotrzebowaniu Rommla na lekki pojazd do użytku w Afryce. - Niemiecki wielbłąd" zdobył wtedy światową sławę w wojnie na pustyni. W latach 1939-1945 wyprodukowano 50 435 wiader VW. Tak samo niezwykłe jak wiadro VW był Schwimmwagen VW-166. W latach 1942-1944 wyprodukowano 14.283 Schwimmwagen. Inne pojazdy sztabowe, które dołączyły do oddziałów w większej ilości to Mercedesy (typ 170 19 075 sztuk, Steyr 1500 12 450 sztuk, Horch typ 40 ok. 12 000 sztuk i Tatra 57K ok. 6 000 sztuk). Już w małych seriach wyprodukowano VW 87. To jest przodek odnoszącego sukcesy VW Beetle'a.

Ciężarówki produkowali głównie Opel, Borgward, MAN, Mercedes-Benz, Büssing-NAG, Henschel, Ford, Steyr, Praga i Tatry. Najważniejszymi typami były Opel Blitz wszystkie klasy wagowe ok. 110.000 sztuk, Borgward B 3000 ok. 30.000 sztuk, Henschel 33 ok. 22.000 sztuk, Ford wszystkie klasy wagowe ok. 70.000 sztuk i Büssing-NAG 500 ok. 14.000 sztuk. Specjalną ciężarówką był półciężarówka "Mule", która została wyprodukowana przez Opla, Forda i Klöcknera-Deutza-Magirusa w ilości ok. 21.000 sztuk.

Niemiecki Wehrmacht używał również pojazdów półgąsienicowych, gąsienicowych i artyleryjskich. Najważniejszymi pojazdami półgąsienicowymi były Hanomag Hkl6 (z których kilku producentów wyprodukowało łącznie ok. 12 500 sztuk), Demag D7 (z których kilku producentów wyprodukowało łącznie ok. 10 000 sztuk) oraz ciągnik gąsienicowy Ost, z którego wyprodukowano ok. 25 000 sztuk.

Rysunek 23 przedstawia niemieckie pojazdy silnikowe z czasów II wojny światowej.
Nad ciężarówką kubełkową i pod ciężarówką od Steyr'a

Japonia
W czasie II wojny światowej, głównie Nissan (dawniej DAT), Isuzu i Toyota produkowały pojazdy wojskowe. W pierwszym roku wojny na Pacyfiku wyprodukowali 45.433 ciężarówki i autobusy. 50 procent z nich trafiło do sił zbrojnych. Produkcja samochodów osobowych została ograniczona. W tym okresie wyprodukowano tylko 1 065 samochodów osobowych. W kolejnych latach odnotowano rosnący spadek produkcji. W latach 1942/43 36 483, 1943/44 25 672, 1944/45 21 743, a od kwietnia do sierpnia 1945 wyprodukowano tylko 6 726 pojazdów. Powodów spadku produkcji pojazdów było kilka. Z jednej strony był to początkowy obszar bombardowańjapońskiej ojczyzny, z drugiej strony producenci samochodów musieli produkować silniki lotnicze, a pod koniec wojny brakowało surowców. Niemniej jednak, przynajmniej w pierwszych dwóch latach wojny, japońskie fabryki samochodów były w stanie zaopatrzyć siły zbrojne w potrzebne im pojazdy. Najważniejszymi typami pojazdów w czasie wojny były pojazdy sztabowe Kurogane, jako ciężarówki Isuzu Typ 94, Nissan Typ 180, Toyota oraz jako ciągniki artyleryjskie półciężarówki Ikegai KO-H1 i Isuzu Typ 9.

Tabela 21: Dane techniczne wybranych pojazdów wojskowych z okresu II wojny światowej

	Wiadro VW (D)	Opel Lightning (D)	Willis Jeep (USA)	GMC (USA)
Masa tara w t	0,65	2,7	0,45	
Silnik	Benzyna	Benzyna	Benzyna	Benzyna
Prędkość	83 km/h	85 km/h		72 km/h
Max. ładowność	0,5 t	3 t	0,25	2,5 t
	ZIS-6 (ZSRR)	Steyr 270	Bedford MWD(GB)	Isuzu 94A (J)
Masa tara w t	4,2 t	2,4	4,3	3,4
Silnik		Benzyna	Benzyna	Benzyna
Prędkość		100 km/h		
Max. ładowność		1,5 t	1,5 t	1,5 t

Źródło: Badania internetowe

2.6.2 Motoryzacja sił zbrojnych po drugiej wojnie światowej

Dla dalszego rozwoju pojazdów wojskowych po drugiej wojnie światowej, okres powojenny rozpoczyna się dopiero w latach pięćdziesiątych, ponieważ do tego czasu używano głównie produktów "Made in USA". W latach 50. XX wieku w większości krajów zachodnich nasiliła się tendencja do stosowania trzech typów pojazdów z napędem na koła lub gąsienice: pojazdów o niskiej, średniej i wysokiej mobilności. Pojazdem o niskiej mobilności jest zazwyczaj cywilny samochód ciężarowy (np. 4x2, 6x4 lub 8x4), który przy niewielkim nakładzie pracy może być przystosowany do celów wojskowych, szczególnie do transportu po głównych drogach i drogach podziemnych. Pojazd o średniej mobilności ma zawsze napęd na cztery koła (np. 4x4, 6x6 lub 8x8), dwustopniową redukcję biegów i możliwość poruszania się po drogachi w terenie. Z reguły są to przerobione pojazdy cywilne, chociaż kraje takie jak Republika Federalna Niemiec i Szwecja opracowały zupełnie nową serię tego typu pojazdów. Pojazdy te wykorzystują również części cywilne, aby utrzymać koszty utrzymania i dostaw na jak najniższym poziomie. Pojazdy o dużej mobilności są zazwyczaj opracowywane dla konkretnych celów wojskowych (np. gąsienicowe ciężarówki M 5488 i logistyczny pojazd transportowy GOER 4x4).

Obecnie najbardziej zaawansowane pojazdy wojskowe to amerykański uniwersalny pojazd kołowy o dużej mobilności (HMMWV) Hummer od AM General oraz niemiecki Allschutz-Transportfahrzeug (ATF) Dingo od Krauss-Maffei-Wegman. Do tej pory wyprodukowano około 200.000 Hummerów. Pojazd ma 4,6 m długości - 2,1 m szerokości i 1,8 m wysokości. Ma 8-cylindrowy silnik o mocy 393 KM. Może wykonywać wiele zadań bojowych z różnym sprzętem. Dingo ma 6,8 m długości, 2,3 m szerokości i 2,3 m wysokości. Ma silnik o mocy 217 KM. Wyposażony jest w zaawansowane pancerze, które zapewniają pasażerom wystarczającą ochronę przed ogniem płaskim z broni małokalibrowej do 7,62 mm oraz ochronę przed bombami bocznymi.

[1]

Rysunek 24 przedstawia nowoczesną generację pojazdów wojskowych: po lewej stronie HMMWV, a po prawej Dingo.

Tabela 22: Dane techniczne wybranych pojazdów wojskowych w chwili obecnej

	HMMWV (USA)	Dingo (D)	GAZ-3937 (Rus)
Max.masa	3,5 t	8,8 t	6,5 t
Moc silnika	150 KONIEC	240 KM	175 KM
Prędkość	113 km/h	100 km/h	120 km/h
Uzbrojenie	Modułowy	MG lub GMW	MG
Uwaga	Wielofunkcyjny pojazd kołowy o dużej mobilności	Wszystkie ochronne pojazdy transportowe	Amfibijny pojazd wielofunkcyjny
	Duro (D)	URAL 4330 (Rus)	Ciężarówka 10 t
Max.masa	12 t	13,6 t	24,2 t

Moc silnika	250 SILNIKA KONNA	210 KM	236 KW
Prędkość	100 km/h	85 km/h	90
Uzbrojenie	Modułowy MG, GMW	żaden	żaden
Uwaga	Opancerzony pojazd do transportu	Pojazd transportowy	Pojazd transportowy

Źródło: Badania internetowe

2.6.3 Tendencje rozwojowe w zakresie motoryzacji sił zbrojnych

Po zakończeniu zimnej wojny, obraz zagrożenia i zakres rozmieszczenia sił zbrojnych znacznie się skończył. Podczas gdy w czasie zimnej wojny musiała zostać pokonana armia czołgów wroga, a pojazdy silnikowe miały do odegrania tylko podrzędną rolę transportową, to w nowych scenariuszach zagrożenia musiały one spełniać szeroki zakres zadań. Trend rozwojowy ilustrują m.in. niemieckie firmy zbrojeniowe Krauss-Maffei-Wegmann i Rheinmetall Defence. Razem, ci dwaj producenci sprzętu obronnego opracują rodzinę pojazdów w klasie wagowej od 5 do 9 ton pod roboczą nazwą Pancerny Pojazd Wielozadaniowy (AMPV). Seria pojazdów obejmuje dwie serie modeli. Z jednej strony ma zostać opracowany zwinny mały pojazd łącznikowy AMPV 1, a z drugiej strony pojazd o większej ładowności AMPV 2. Przyspieszany jest również rozwój autonomicznych (samobieżnych) pojazdów do zastosowań wojskowych.

3 Broń i systemy uzbrojenia Kriegsmarine

3.1 Rozwój budowy okrętów wojennych

Rysunki okrętów wojennych na wazonach ze starożytnego Egiptu około 3400 r. p.n.e. są prawdopodobnie najstarszym dowodem budowy okrętów wojennych. Pierwszym obrazowym dowodem na istnienie firmy offshore jest egipska płaskorzeźba z około 2600 r. p.n.e. przedstawiająca statki faraona Sehre. Statki te miały długość 18 m i były zbudowane w zwykły egipski sposób. Następnie można znaleźć inne dowody na używanie okrętów wojennych, takie jak obraz bitwy morskiej pod Ramzesem III około 190 r. p.n.e. lub obrazy bitew morskich między Grekami i Persami w 480 r. p.n.e., kiedy to greckie okręty zadały miażdżącą klęskę flocie perskiej w Salamis. Wraz z nadejściem Rzymu i powstaniem rywalizacji z Kartaginą, odbył się również wyścig zbrojeń na morzu. Statki antyczne były głównie kambuzami o różnych kształtach i rozmiarach. Jednak okręty wojenne były używane nie tylko w starożytnym Egipcie, a później przez Greków i Rzymian, ale także w północnej Europie, żegluga ma długą tradycję, począwszy od długich łodzi Wikingów.

Po upadku Imperium Rzymskiego europejski przemysł stoczniowy również doświadczył upadku. Dopiero w XII wieku wzrosło wykorzystanie wód wokół Europy, a także ponownie wzrosła budowa okrętów wojennych. Wraz ze wzrostem handlu wzrosła również siła flot wojennych. Kolejnym ważnym kamieniem milowym w żegludze morskiej było wynalezienie broni palnej. Doprowadziło to również do użycia armat na pokładach statków. W ten sposób pancerniki stały się ważną bronią na morzu. Aby móc pomieścić na pokładzie jak najwięcej armat różnej wielkości, statki stawały się coraz większe i posiadały również kilka pokładów. Budowa okrętów wojennych osiągnęła pierwszy tymczasowy szczyt w XVI wieku, kiedy to Hiszpania prowadziła wojnę z Anglią na morzu, a w 1588 roku w walce z pogodą i angielskimi okrętami w Kanale La Manche w końcu straciła swoją dużą armadę. To zapowiadało początek dominacji angielskich statków na oceanach świata na przestrzeni kilku następnych stuleci. Budowa okrętów wojennych osiągnęła kolejny szczytowy punkt podczas wojen napoleońskich, kiedy to stoczono kilka bitew morskich między flotami bojowymi Francji i jej sojuszników a Anglią. Dumę Brytyjczyków, Zwycięzców H.M.S., dostojny triplane, do dziś możnaoglądać jako pomnik narodowy w Portsmouth. Żeglarskie okręty wojenne pozostawały szkieletem każdej marynarki wojennej w XIX wieku, aż do wynalezienia maszyny parowej. Dopiero wraz z pojawieniem się napędzanych parą okrętów wojennych, żaglowce straciły swój prymat i musiały zostać wycofane. Wiele z tych okrętów kontynuowało służbę w marynarkach wojennych mniejszych państw po wzroście wartości bojowej, tzn. kadłub został pokryty stalowymi płytami i zainstalowano silnik parowy. Większe kraje, takie jak Francja i Anglia, około połowy XIX wieku opracowały nowy typ statku, tzw. statki pancerne. Oznaczało to początek nowej ery w rozwoju okrętów bojowych. Później nastąpił rozwój łodzi podwodnych i rozwój przewoźników lotniczych. Rozwój tych specjalnych typów statków zostanie omówiony bardziej szczegółowo w dalszej części.

Rysunek 25 przedstawia trójkąt "H.M.S. Victory" po lewej stronie oraz Ironclad "H.M.S. Warrior"

Ściśle związany z rozwojem nowoczesnej żeglugi jest rozwój techniki napędowej. Dla pierwszych parowników łopatkowych zastosowano prostą maszynę wyważającą, która była używana również na lądzie. W maszynie tej ruch przenoszony był na koła łopatkowe za pomocą umieszczonego nad nimi pręta wyważającego. Kolejną maszyną wynalezioną do napędu kół była maszyna oscylacyjna, która napędzała koła za pomocą osi oscylacyjnej. Zainstalowano go w brytyjskich okrętach wojennych od 1843 roku. Napęd śrubowy ma wielu ojców, w tym austriackiego Ressela, ale tylko Anglik Francis Pettit-Smith i Amerykanin John Ericsson zdobyli uznanie. Dla napędu śrubowego opracowano szereg maszyn. Przełom nastąpił dopiero w 1870 r. wraz z opracowaniem silników złożonych, które umożliwiły osiągnięcie większych prędkości. Dzięki złożonemu silnikowi, w krótkim czasie możliwe były prędkości do 18,5 węzła. Dalszy wzrost niezawodności silników napędowych nastąpił wraz z wprowadzeniem silników o potrójnej rozprężalności. W ten sposób osiągnięto jednak najwyższe osiągi tłokowych silników parowych. Kolejnym etapem rozwoju były turbiny parowe, które zostały zainstalowane w okrętach wojennych około 1900 roku. Turbina parowa była decydującą siłą napędową aż do czasów po II wojnie światowej. Jednak silniki Diesla były już używane w mniejszych okrętach wojennych. Nowoczesne okręty wojenne z napędem konwencjonalnym wykorzystują turbiny gazowe lub kombinowane systemy napędowe. Najważniejszymi z tych opcji napędowych są CODOG (Combined Diesel or Gas), w którym napęd wysokoprężny jest stosowany w rejsach wycieczkowych i napęd gazowy dla najwyższych prędkości, COGAG (Combined Gas and Gas) z dwoma różnymi turbinami gazowymi, CODAG (Combined Diesel and Gas), w którym napęd gazowy może być łatwo włączony oraz CODLAG (Combined Diesel and Gas), w którym generatory wysokoprężne dostarczają energię elektryczną dla silników elektrycznych.

Tabela 23: Dane techniczne wybranych okrętów wojennych z XVI, XVII i XVIII wieku

	Golden Hind (GB)	Waza (Sw)	H.M.S Victory(GB)
Uruchomienie	połowa XVI wieku	1628	1760
Przesunięcie w t	120	1.200	3.225
Załoga	Około 60	437	850
Armaty	18	64	104

Źródło: Badania internetowe

3.2 Czołgi i pancerniki

To nie eleganckie okręty zrewolucjonizowały wojnę morską od połowy XIX wieku jako *okręty pancerne*. Pancerzowanie statków było niezbędnym środkiem do ochrony przed coraz skuteczniejszymi działami. Już w 1845 roku genialny francuski inżynier Dupuy de Lome zalecił ochronę silników okrętów bojowych przed pociskami wroga. Możliwości technologiczne produkcji żelaza na dużą skalę w czasie rewolucji technicznej od połowy XIX wieku osiągnęły poziom rozwoju, który sprzyjał rozwojowi statków pancernych.

Na przykład w 1858 roku francuski "La Gloire" był pierwszym okrętem pancernym na świecie, który został zbudowany. (Długość 77,88 m, szerokość 16,99 m i zanurzenie 8,48 m, wyporność 5630 do, uzbrojenie z 36 dział 6,4 cala, prędkość maksymalna 13 węzłów, załoga 570 ludzi). Statek został wprowadzony do aktywnej służby morskiej w 1860 roku. Prawie w 1859 roku pierwszy okręt pancerny, "H.M.S. Warrior", został założony na stępkę w Wielkiej Brytanii. (Długość 138 m, szerokość 17,78 m i zanurzenie 7,92 m, wyporność 9137 t, uzbrojenie 4 x 8 cali i 28 x 7 cali oraz 4 x 20 funtów dział lub armat, prędkość maksymalna 13,6 węzłów, załoga 707 ludzi). Tak więc wyścig zbrojeń na morzu obrał swój kurs.

Jak to często bywa w trakcie rozwoju żelaznych okładzin, k.u.k. monarchia pozostała w tyle za wielkimi mocarstwami. Pierwszy okręt pancerny Wielkiej Brytanii. Flota, S.M.S. Drache, została założona po raz pierwszy w 1861 roku i weszła do służby w 1862 roku. (Długość 62,78 m, szerokość 13,94 m i zanurzenie 6,3 m, wyporność 2750 do, uzbrojenie dział 18 x 24 i 10 x 48 funtów, prędkość maksymalna 11 węzłów, załoga 346 mężczyzn). Jakie były rewolucyjne innowacje tego typu statku.

Tabela 24: Dane techniczne wybranych statków pancernych

	Gloire (F)	Wojownik (GB)	New Ironside (USA)
Uruchomienie	1860	1861	1862
Przesunięcie w t	5.630	9.137	4.120
Załoga	570	707	449
Główne uzbrojenie	36 x 162 mm	10 x 110 mm	2 x 203 mm 2 x 130 mm
Prędkość w dziobie	13	14	7
Pancerz w mm	110-119	114	76-114
	Terribile (I)	Friedrich Carl (Pr/D)	Cesarz Max (Austriak)
Uruchomienie	1861	1867	1863
Przesunięcie w t	2.682	6.822	3.588
Załoga	371	531	386
Uzbrojenie	4 x 203 mm	5 x 115 m	15 x 150 mm
Prędkość w dziobie	10	13,5	11,4
Pancerz w mm	112	115	110

Quelle: Conways. (Wszystkie statki bojowe na świecie)

Bitwa morska pod Cuszimą w dniu 10.8.1904 r. między flotami carskiej Rosji a imperium Japonii została przeanalizowana przez wszystkie państwa świata i stwierdzono, że mniejsze działa przeciwko okrętom pancernym nie przyniosły żadnych efektów. Poszczególne kraje zdecydowały się na budowę pancerników do Tsushimy, które miały ciężką artylerię w dwóch wieżach. Artyleria średnia nie była już planowana, ale na pokładzie powinny być jeszcze działa obronne łodzi torpedowych. Pierwszy pomysłowy projekt nowego typu statku zastąpił Brytyjczyków. Oni stworzyli H.M.S

Dreadnought. Okręt miał wyporność 18.110 wody w standardzie i posiadał dziesięć dział okrętowych o średnicy 30,5 cm, które były zainstalowane w pięciu bliźniaczych wieżach (jedna dziobowa i dwie rufowe i dwie boczne). Ponadto okręt posiadał 28 dział torpedowych o średnicy 7,6 cm. Podczas próbnych rejsów w 1906 roku statek, który był wyposażony w turbiny Parsona, osiągnął 21,5 węzła. Imponująca była niezawodność instalacji silnikowej przy stałym obciążeniu. Po jednomiesięcznej próbie statek przepłynął 7000 mil morskich z powrotem do Anglii z nieprzerwaną prędkością 17,5 węzła bez wystąpienia usterki. Byłoby to nie do pomyślenia przy użyciu silników tłokowych. Pojawienie się statku wpłynęło na inne wielkie potęgi i poczyniono wielkie wysiłki, aby dogonić Anglię pod względem technologicznym. Cesarstwo Niemieckie opracowało klasę Nassau, okręt tego typu został oddany do użytku w 1909 r., USA - Karolina Południowa w 1910 r., Francja - Danton w 1911 r., a Austro-Węgry - Viribus Unitis dopiero w 1912 r. Po pojawieniu się nowej generacji pancerników, rozpoczął się wyścig zbrojeń na morzu, który ostatecznie doprowadził do I wojny światowej.

Na początku I wojny światowej walczące mocarstwa miały 78 pancerników i krążowników, z czego Wielka Brytania miała 29, Rzesza Niemiecka 18, Francja 10, Włochy 7, USA 10, Japonia 4, Austro-Węgry 3 i Rosja 2. Podczas I wojny światowej na Morzu Północnym w Skagerraku od 31 maja do 1 czerwca 1916 r. odbyła się duża bitwa morska pomiędzy flotami Rzeszy Niemieckiej i Wielkiej Brytanii. Po stronie brytyjskiej w bitwie wzięły udział 24 pancerniki i 9 krążowników bojowych, po stronie niemieckiej 16 pancerników i 5krążowników bojowych. Straty w bitwie wyniosły 14 okrętów z 6.090 zabitymi po brytyjskiej stronie i 11 okrętów z 2.550 zabitymi po niemieckiej stronie. Niemiecka flota dalekomorska nie tylko dorównywała flocie brytyjskiej, ale nawet przewyższała brytyjskie konstrukcje pod względem stabilności statków. Bitwa o Skagerrak była taktycznym zwycięstwem niemieckiej floty, ale nie zmieniło to ogólnej sytuacji strategicznej. Dowódca niemieckiej floty dalekomorskiej, admirał Scheer, polecił, ponieważ nie widział możliwości zdecydowanego pokonania brytyjskiej floty dalekomorskiej, zmusić do wojny podwodnej z Anglią.

Tabela 25: Specyfikacje techniczne wybranych pancerników I

	Straszydło (GB)	Bawaria (D)	Viribus Unitis (P.U.)
Uruchomienie	1906	1916	1912
Przesunięcie w t	18.110	28.074	20.013
Załoga	do 773	do 1271 r.	1087
Uzbrojenie główne w cm	10 x 30,5	8 x 38	12 x 30,5
Prędkość w dziobie	21	21	20,3
Pancerz w mm	110 do 280	120-350	150-280

Źródło: Badania internetowe

Po I wojnie światowej Wielka Brytania pozostała największą potęgą morską z 30 pancernikami i krążownikami bojowymi, następnie USA z 20, Japonia 10, Francja 7 i Włochy 6. Kontrakty na flotę w okresie międzywojennym spowodowały spadek liczby pancerników, tak że w latach 1931-1936 Wielka Brytania posiadała tylko 15 pancerników, USA również 15, Japonia 9, Francja 6 i Włochy 4.

Już w pierwszych dwóch latach II wojny światowej bezbronność pancerników zademonstrowały samoloty torpedowe eksploatowane przez przewoźników lotniczych. Szczególnie ucierpiała na tym włoska flota na Morzu Śródziemnym, tracąc większość swojej floty bojowej w brytyjskim ataku na Taranto, a następnie w bitwie morskiej na Przylądku Matapan.

Rysunek 26 przedstawia japoński krążownik bojowy Haruna na pełnych obrotach

W pacyficznym teatrze wojennym przewagę miały cesarsko-japońskie siły morskie, ale od połowy 1942 r. inicjatywę przejęła marynarka wojenna USA z lotniskowcami i pancernikami. Głównie odpowiedzialne za koniec znaczenia pancerników w działaniach wojennych marynarki wojennej były lotniskowce marynarki wojennej oraz masowe rozmieszczanie samolotów z torpedami powietrznymi i bombami.

Tabela 26: Dane techniczne wybranych pancerników II

	USS Iowa (USA)	Bismarck (D)	Yamato (J)
Uruchomienie	1943	1940	1941
Wyporność wody w t: Typ wyporności / Max. Przesiedlenie	48.110/57.500	41.700/50.300	62.315/72.089
Załoga	1921	2092	2500
Główne uzbrojenie	9 x 40,6	8 x 38	9 x 46 12 x 15,5
Prędkość w dziobie	32,5	29	27
Pancerz w mm	40-355	30-320	50-410

Źródło: Badania internetowe

Opierając się na wnioskach z wojny, pancerniki zostały zlikwidowane w krótkim czasie po II wojnie światowej. Tylko USNavy utrzymał w eksploatacji swoje cztery jednostki klasy Iowa. Statki zostały zmodernizowane i wyposażone w pociski kierowane. Pancerniki zostały skreślone z listy floty dopiero w 1995 r., a następnie zostały wykorzystane jako statki muzealne.

3.3 Inne statki bojowe (liniowce, krążowniki, niszczyciele, fregaty, korwety, torpedowce i motorówki)

Oprócz dużych pancerników, marynarki wojenne mocarstw morskich wykorzystywały i nadal wykorzystują również szereg średnich i małych okrętów wojennych, co zostanie przedstawione w poniższym przeglądzie.

Statki liniowe

Nazwa pochodzi z połowy XVII wieku. Były to duże okręty wojenne z 3 do 4 pokładów. Załoga statków liniowych może liczyć do 1300 ludzi. Pod koniec XVIII wieku dominującym typem floty był liniowiec z uzbrojeniem do 70 dział, po czym liczba dział została zwiększona do 120, osiągając standardową wagę 2.000 ton. Wraz z pojawieniem się napędu parowego i lepszego uzbrojenia w wieżyczki obrotowe, taktyka bojowa liniowców była przestarzała, ale termin "liniowiec" tylko stopniowo znikał.

Cruiser

Pod wieloma względami łatwiej jest powiedzieć, czym nie jest krążownik. Krążownik nie jest pancernikiem, ani niszczycielem, a mimo to często toczył decydujące bitwy morskie z obydwoma typami statków. Pierwsze krążowniki były krążownikami opancerzonymi, używano ich głównie do walki z zakłócającymi handel okrętami wojennymi wroga oraz do atakowania żeglugi wroga. Do wykonania tych zadań musieli mieć dużą prędkość, być dostatecznie opancerzeni i posiadać uzbrojenie dużego kalibru. Pierwszymi prawdziwymi krążownikami były krążowniki pancerne. W czasie I wojny światowej lekkie i ciężkie krążowniki służyły zarówno jako flota zwiadowcza, jak i w wojnie krążowników z żeglugą handlową. Po pierwszej wojnie światowej konferencja w Waszyngtonie określiła wielkość krążowników. Traktat Waszyngtoński stworzył dwie nowe klasy krążowników: ciężki krążownik o masie nie większej niż 10.000 ton i nie większej niż 20,3 cm dział oraz lekki krążownik uzbrojony w broń mniejszego kalibru. Oba typy krążowników były używane w czasie II wojny światowej, pełniąc obowiązki w ochronie konwojów i w wojnie krążowników przed żeglugą handlową. Po wojnie krążownik pozostał dłużej na listach floty, ponieważ był tańszy w eksploatacji niż pancerniki, ale miał niezbędną siłę ognia z morza. Wraz z pojawieniem się broni kierowanej na statkach, krążowniki zostały przebudowanelub zbudowane zostały zupełnie nowe typy krążowników. Dzisiaj tylko Rosja, Ukraina i USA utrzymują krążowniki.

Tabela 27: Dane techniczne wybranych krążowników z czasów II wojny światowej

	Cleveland (USA)	Książę Eugeniusz (D)	Gloucester (GB)
Uruchomienie	1942	1940	1939
Przemieszczenie do typu Przemieszczenie / w pełni załadowany	11.744/14.131	16.974/18.750	9.400/11.930
Załoga	1285	1600	800
Uzbrojenie główne w mm	12 x 152	8 x 203	12 x 152
Samoloty okrętowe	-	1	2
Prędkość w dziobie	32,5	32	32

	Ton (J)	Duquesne (F)	Zara (I)
Uruchomienie	1938	1928	1931
Wyporność wody w t Typ wyporności / w pełni załadowany	11.215/15.2 00	10.000/12. 200	11.680/14.50 0
Załoga	850	605	841
Uzbrojenie w mm	8 x 203	8 x 203	8 x 203
Samoloty okrętowe	6	2	2
Prędkość w dziobie	35	34	32

Quelle: Conways. (Wszystkie statki bojowe na świecie)

Niszczyciel

Do obrony przed torpedowcami bardzo szybko opracowano specjalny rodzaj statku, niszczyciel. Niszczyciele stali się niezbędną częścią wszystkich flot. Pierwsze kontrtorpedowce miały wyporność wody około 240 do 380 ton, były szybkie na około 27 węzłów i były uzbrojone w 76 mm karabiny szybkiego ognia. Tuż przed rozpoczęciem I wojny światowej zwiększono moc niszczycieli. Niszczyciele osiągnęli już prędkość ponad 30 węzłów przy tonażu ponad 1000 ton. W czasie II wojny światowej niszczyciele wykonywali ważne zadania jako eskorta i obrona przeciw okrętom podwodnym. Wraz z pojawieniem się pocisków kierowanych, zakres zadań niszczycieli rozszerzał się i stawał się coraz bardziej podobny do małych krążowników. Dziś niszczyciele przewożą na pokładzie helikoptery, które są używane do obrony podwodnej.

Rysunek 27 przedstawia japoński niszczyciel AEGIS Myoko.

Tabela 28: Dane techniczne wybranych niszczycieli w chwili obecnej

	Arleigh Burke (USA)	Kongo (J)	Luigi Durand de la Penne (I)
Uruchomienie	1991	1993	1992
Max. Przesunięcie w t	8.320	9.485	5.250
Załoga	337	310	400
Główne uzbrojenie	Harpun, Tomahawk, Phalanx, 1 x 12,7 cm	Harpun, phalanx, 1 x 12,7 cm	Otomat, albatros, 1x12,7cm
Prędkość w dziobie	30	30	31,5
Na pokładzie helikoptera	Nikt, tylko Lądowisko	Nikt, tylko Lądowisko	2 HS

Źródło: Kieszonkowa księga floty Weyers

Fregaty

Słowo fregata pochodzi od arabskiego słowa "fragata". Były tam fregaty wiosłujące żaglowce o długości około 15 metrów. Zwinny statek służył przede wszystkim do zwiadu. W XVII wieku szybkie i zwinne dwupokładowe fregaty z maksymalnie 50 działami w baterii były również nazywane w Europie fregatami. W okresie rozkwitu żaglowców w XVIII i XIX wieku, wyporność fregat dochodziła do 1200 ton. Wraz z pojawieniem się napędu parowego i pistoletów w wieżach, termin fregata zniknął. Dopiero podczas II wojny światowej, kiedy to pojawiła się potrzeba posiadania szybkich okrętów wojennych do obrony podwodnej, ponownie wprowadzono pojęcie fregaty dla tego typu statków. Te statki nie miały już nic wspólnego z fregatami z epoki żaglowców.

Tabela 29: Dane techniczne wybranych fregat współczesnych

	Ingraham (USA)	Saksonia (D)	La Fayette (F)
Uruchomienie	1898	2002	1993
Max. Przesunięcie w t	3.660	5.600	3.350
Załoga	205	255	155

Główne uzbrojenie	Harpoon, SM-1-MR, 1 x 76 mm	Harpoon, Ram, 1 x 76 mm	8 MM 40, Jedno crotale, 1 x 100 mm
Prędkość w dziobie	28	34	26
Na pokładzie helikoptera	2 HS	2 HS	1 HS

Źródło: Kieszonkowa księga floty Weyers

Korwety
Korwety były szybkimi, trzema masztowymi okrętami wojennymi o pełnym olinowaniu z 6-32 działami. Nazwa ta istniała już na początku XVII wieku. W przeciwieństwie do fregaty, korweta była mniejsza i bardziej zwinna. Wyporność wody wynosiła około 600 ton. Po zakończeniu ery żaglowych okrętów wojennych pojęcie korwety na razie zniknęło. Termin corvette został ponownie użyty w zmodyfikowanej formie dla pojazdów eskortujących z 1940 roku.

Torpedowce
Wraz z rozwojem torpedy pojawiło się również zainteresowanie opracowaniem własnego typu okrętu, który mógłby korzystać z nowej broni. Francuska marynarka wojenna może twierdzić, że zbudowała pierwszą łódź torpedową dla torped Whitehead. Został on zbudowany w Paryżu w 1877 roku i miał wyporność 101 ton wody. Miał dwie podwodne rury do wystrzeliwania torped. Niecały rok później w Anglii oddano do użytku również torpedowiec.
Łodzie motorowe
Speedboats to małe i zwinne statki bojowe o stosunkowo mocnym uzbrojeniu. Śmigłowce są rozwinięciem początku XX wieku, kiedy to maszyny do zwalczania statków pozwalały na duże prędkości. Spośród walczących krajów I wojny światowej, Włochy posiadały największą liczbę motorówek. Opracowała 422 łodzie klasy MAS, co było bardzo udane i zatopiła w czasie wojny austro-węgierskie pancerniki Wien i Szent Istvan. W okresie międzywojennym to głównie Niemcy opracowały motorówki. W Lürssen motorówka S1 została zbudowana w latach 1929/30. Był mały, miał 51,5 tony, ale osiągnął maksymalną prędkość 34,5 węzła. Uzbrojenie składało się z karabinu maszynowego i dwóch rurek torpedowych. W trakcie wojny łodzie motorowe były dalej rozwijane, a firma Lürssen zbudowała 166 łodzi motorowych o wyporności wody do 121 ton. Oprócz tonażu zwiększyła się również prędkość. Najszybsze łodzie tego typu osiągnęły maksymalną prędkość 43,6 węzła. Inne państwa wykazywały niewielkie

zainteresowanie szybkimi łodziami przybrzeżnymi do czasu, gdy tuż przed rozpoczęciem wojny. Dopiero po rozpoczęciu II wojny światowej przyspieszono rozwój motorówek w Wielkiej Brytanii, USA i Japonii. Po II wojnie światowej zaprzestano rozwoju motorówek w marynarkach wojennych zwycięskich państw, ponieważ w opinii USA i Wielkiej Brytanii, w szczególności, motorówki w niewielkim stopniu przyczyniły się do - ostatecznego zwycięstwa. Jedynymi wyjątkami były ZSRR i Szwecja, które bardzo szybko zaczęły budować łodzie motorowe.

Hovercrafts

2.9.1915 r. pierwszy w pełni funkcjonalny poduszkowiec na świecie wyruszył w rejs. Został zbudowany przez genialnego austriackiego wynalazcę - członka rodziny cesarskiej i królewskiej. Dagobert Müller z Thomamühl. Konstrukcja została pomyślana jako "szybki torpedowiec", podobny do włoskich łodzi MAS, które później odniosły taki sukces. Przy ponad 30 węzłach, eksperymentalny szybowiec był jednak znacznie szybszy. Prędkość ta została osiągnięta przez łącznie pięć silników lotniczych - cztery z nich napędzały dwa śmigła, a piąty wiał pod kadłubem. Po szeroko zakrojonych testach, w 1917 r. projekt został ostatecznie porzucony z niezrozumiałych powodów - rzekomo zbyt mała nośność, stosowanie tylko na gładkich morzach, zbyt niechronione itp. Wojska lotnicze zażądały również zwrotu swoich cennych silników, ponieważ nie chciały sobie pozwolić na ich zakup. Zrezygnowano zdalszego rozwoju, który prawdopodobnie doprowadziłby do sukcesu, choć koncepcja ta została uznana za obiecującą. MAS pokazał nieco później, że nawet małe, niezabezpieczone łodzie, które mogą pływać tylko na lekkim morzu, przynoszą użyteczne rezultaty. Wynalazca poniósł typowy austriacki los.

Łódź z poduszką powietrzną to pojazd, który jest wsparty na poduszce powietrznej lub poduszce powietrznej. Łodzie z poduszką powietrzną zostały opracowane w Związku Radzieckim po I wojnie światowej, aż do momentu, gdy były gotowe do produkcji seryjnej. Po II wojnie światowej, to głównie Brytyjczycy, w osobie inżyniera Christophera Cockerella, byli głównymi twórcami nowoczesnych łodzi z poduszką powietrzną. Pierwszy pełnoprawny poduszkowiec przeprawił się przez Kanał La Manche już w 1959 roku. Od tego czasu poduszkowce są używane do celów wojskowych w różnych rozmiarach. Zwłaszcza przy operacjach lądowania takie łodzie są bardzo użyteczne jako "wyściełane powietrzem łodzie do lądowania" ze względu na możliwość bezpośredniego lądowania na plażach.

Rysunek 28 przedstawia poduszkowiec amerykańskiej marynarki wojennej

3.4 Przewoźnik lotniczy

Rozwój lotniskowców szedł w parze ze świadomością, że samolot może odgrywać rolę w działaniach wojennych marynarki wojennej. Niemal równocześnie w Wielkiej Brytanii, Francji i Stanach Zjednoczonych Ameryki pojawił się pomysł wystrzelenia samolotu z okrętu wojennego. - Pierwsza praktyczna próba została podjęta w 1910 roku przez pioniera lotnictwa Eugene'a Ely'a z pokładu krążownika U.S.S. Birmingham. Prawie rok później, Ely'emu udało się dokonać pierwszego lądowania na pokładzie krążownika U.S.S. Pennsylvania. Te dwa manewry powietrzne dowiodły, że samolot może być umieszczony również na morzu, a zatem był dostępny jako system broni w działaniach wojennych marynarki wojennej. Dalszy rozwój w kierunku pierwszego lotniskowca został przyspieszony przez wyścig zbrojeń przed pierwszą wojną światową. Pierwszy prawdziwy lotniskowiec, H.M.S. Argus, został oddany do użytku w październiku 1918 r., tuż przed końcem I wojny światowej. Wyporność wynosiła 14 550 ton, długość 172,5 m, szerokość 20,7 m. Może pomieścić 20 samolotów. - Pierwsze samoloty to Sopwith Cuckoon torpedo bombowce i Sopwith Camel myśliwców. H.M.S. Argus posiadał już ważne cechy nowoczesnego lotniskowca: ciągły start i lądowanie oraz zabezpieczenia do lądowania, a także windy do transportu samolotu z hangaru pod pokładem na pokład. Po Wielkiej Brytanii, USA oddały do użytku amerykański Langley w 1922 roku, Japonia Hosho w 1922 roku i Francja Niedźwiedzia w 1927 roku. Pozostałe potęgi morskie nie odegrały żadnej roli w rozwoju tego lotniskowca. W okresie międzywojennym nastąpił szybki rozwój lotniskowców, tak że na początku II wojny światowej w 1939 r. w czynnej służbie floty znajdowały się USA 7, Japonia 6, Wielka Brytania 7, Francja 1 lotniskowiec. Dowodem skuteczności lotniskowców był atak na Pearl Habor 7 grudnia 1941 roku przeprowadzony przez japońską flotę przewoźników. W następstwie wojny na Pacyfiku grupy lotniskowe Marynarki Wojennej USA zdobywały coraz większą przewagę i coraz bardziej spychały siły japońskie w kierunku ojczyzny. Lotniskowce USNavy odniosły największe sukcesy w bitwie pod Midway w 1942 r., na Morzu Filipińskim w 1944 r. i w Zatoce Leyte w 1944 r., po czym japońska marynarka wojenna została w znacznym stopniu wyeliminowana.

Rysunek 29 przedstawia japońskiego przewoźnika floty "Unryu

Tabela 30: Dane techniczne wybranych przewoźników lotniczych I

	Lexington (USA)	Wściekły (GB)	Bearn (F)
Uruchomienie	1927	1925	1927
Przesiedlenie w t (typ/maks.)	37.681/ 41.000	22.450/ 28.960	22.146/ 28.400
Załoga	2337	1218	875
Główne uzbrojenie	8 x 203	10 x 102	8 x 155
Prędkość w dziobie	34	29,5	21,5
Statki powietrzne	81	36	40
	Kaga (J)	Aquila (I)	Zeppelin (D)
Uruchomienie	1928	Nie wypełniony	Nie wypełniony
Przesiedlenie w t (typ/maks.)	33.600/ 43.690	23.130/ 27.800	26.913/ 33.550

Załoga	1340	1165 + 243	1760
Główne uzbrojenie	10 x 203	8 x 135 mm	16 x 150 mm
Prędkość w dziobie	31	30	34
Statki powietrzne	90	51	43

Quelle: Conway. (Wszystkie statki bojowe na świecie)

Po II wojnie światowej, USA i Wielka Brytania zdeterminowały rozwój lotniskowców, później dołączyły do nich Francja i Związek Radziecki. Prawdopodobnie najważniejszym osiągnięciem w dziedzinie lotniskowców było wykorzystanie lotniskowców do samolotów odrzutowych oraz zainstalowanie reaktorów jądrowych do dostarczania energii napędowej. Ponieważ tylko w USA i Związku Radzieckim względy finansowe były podporządkowane względom strategicznym przy budowie okrętów wojennych, w tych dwóch krajach zbudowano nowe wydajne statki nośne. Wielka Brytania powstrzymała się od budowy dużych przewoźników, ale oddała do użytku jedynie statki, z których mogły być eksploatowane jedynie samoloty do startu pionowego Harrier. Chociaż Związek Radziecki wprowadził do eksploatacji większe lotniskowce, to jednak te statki klasy kijowskiej miały być uważane jedynie za lotniskowce hybrydowe, ponieważ były wyposażone w pionowe samoloty startowe Jak 38 i były mocno uzbrojone w rakiety. Obecnie Rosja utrzymuje flotę przewoźnika "Admiral Kuźniecow" z pokładem skośnym o maksymalnej wyporności wody 67 500 ton rejestrowych brutto. Na pokładzie są 32 samoloty i 18 helikopterów. W Europie Francja utrzymuje przewoźnika flotowego "Charles de Gaulle", o maksymalnej wyporności 40 600 ton rejestrowych brutto w stosunku do przewoźników z USA małego przewoźnika flotowego. Przewoźnik z napędem jądrowym ma około 40 samolotów i helikopterów. W chwili obecnej tylko USA utrzymuje znaczną flotę dużych lotniskowców o wyporności wody 102.000 ton rejestrowych brutto. Lotniskowce przypominają małe miasteczko. Około 5,500 osób służy na lotniskowcach. Transportery mają długość 330 metrów, zanurzenie 12 metrów, są zasilane przez 2 reaktory jądrowe i mogą osiągać prędkość 31,5 węzła. Eskadry samolotów składają się z samolotów F-18, EA-6A, E-2C o skrzydłach stałych oraz śmigłowców SH-3, SH-60. W sumie na pokładzie tak dużych przewoźników znajduje się 86 samolotów i śmigłowców.

Tabela 31: Dane techniczne wybranych przewoźników lotniczych II

	Ronald Reagan (USA)	Charles de Gaulle (F)	Admiral Kusnetzov (Rus)
Uruchomienie	2002	2000	1991
Max. Przesunięcie w t	102.000	40.600	67.500
Załoga	3.060 + 2.000	1950	1700
Drive	Atomar	Atomar	Atomar
Prędkość w dziobie	31,5	28	32
Samoloty + helikoptery	86	35-40	34 + 18
	Irytujące (GB)	Principe de Asturias (E)	Luigi Einaudi (I)
Uruchomienie	1982	1988	2007
Max. Przesunięcie w t	20.600	16.920	20.100
Załoga	717 + 366	770	633 + 140
Drive	Konwencjonalny	Konwencjonalny	Konwencjonalny
Prędkość w dziobie	28	26	28
Samoloty + helikoptery	7 Harrier/ 12 Seaking	6 Matador/ 8-14 Seaking, 2-6 Lampy	8 Harrier/ 12 EH 101

Źródło: Kieszonkowa księga floty Weyers

Rysunek 30 przedstawia amerykańskiego przewoźnika lotniczego Nimitz przejmującego dostawy

3.5 Statki pomocnicze

Statki pomocnicze są używane do zasilania i szkolenia floty bojowej. Statki pomocnicze obejmują statki eskortujące i warsztatowe, transportery wojskowe, transportowce wyładunkowe, trałowce, frachtowce, dostawców floty, tankowce, sieci, holowniki i pojazdy ratownicze, lodołamacze, statki badawcze i badawcze, statki szpitalne i szkoleniowe.

Jednostki lądowe mogą być wykorzystywane do transportu ciężkich żołnierzy z morza na ląd, zarówno helikopterem jak i jednostką lądową. Jednostki lądowe działają zazwyczaj na dużych wysokościach, poza zasięgiem wzroku z lądu stałego.

Detektory górnicze należą do tzw. statków specjalnych, które są budowane i oddawane do użytku tylko w jednym zadaniu. Zadaniem trałowców jest poszukiwanie i odzyskiwanie min morskich, gdyż stanowią one duże zagrożenie w cieśninach.

Dzięki *transporterom wojskowym,* marynarka wojenna jest w stanie przetransportować Marines i jednostki wojskowe do dowolnego miejsca na świecie, a takżewyruszyć w drogę za pomocą jednostek lądowych. Siły zbrojne USA są zależne od tych statków, ponieważ szczególnie ciężkie wyposażenie armii nie może być transportowane przez amerykańskie siły powietrzne.

Jednostki *lądownicze* mogą być wykorzystywane do rozmieszczania jednostek wojskowych na nieutwardzonych pasach przybrzeżnych. Statki te nie mają dużego zasięgu i zazwyczaj współpracują z jednostkami lądowymi lub transporterami wojskowymi.

Statki dowodzące są pływającymi przekaźnikami i węzłami komunikacyjnymi na pełnym morzu i służą dowódcom floty jako pływające kwatery główne.

Specjalne *tankowce* są wykorzystywane do transportu odpowiednio dużych ilości paliwa z lądu stałego do jednostek i eskadr floty operujących na morzu. Tankowanie jest również możliwe na morzu i kiedy statki są na morzu. Największe tankowce są obsługiwane przez Marynarkę Wojenną Stanów Zjednoczonych. Największe tankowce mają wyporność wody 40.800 ton rejestrowych brutto i mogą pomieścić około 180.000 baryłek oleju.

Dostawcy są linią życia jednostek bojowych na morzu. Są oni odpowiedzialni za zapewnienie niezbędnego podstawowego zaopatrzenia załogi i statku. Statki te mają dużą pojemność ładunkową i są wyposażone w technologię niezbędną do zaopatrywania sąsiednich statków za pomocą węży i lin stalowych, gdy znajdują się one na morzu.

Dzięki własnym *statkom towarowym,* jednostki wojskowe są zaopatrywane na całym świecie. Ponieważ jest to wielki wysiłek logistyczny, każda duża marynarka wojenna ma w swoich zasobach własne duże statki towarowe.

Statki szpitalne są ogromnymi pływającymi szpitalami i nie mogą być atakowane zgodnie z Konwencją Genewską. Dlatego są one oznaczone dużymi czerwonymi krzyżykami. Statki te przywożą rannych żołnierzy do domu z dowolnego miejsca na świecie, lub są wykorzystywane w miejscach zagrożenia jako główna opieka medyczna dla sił zbrojnych. Największe okręty szpitalne znajdują się w inwentaryzacji Marynarki Wojennej Stanów Zjednoczonych. Statek szpitalny "Mercy" ma maksymalną wyporność 69 320 ton rejestrowych brutto, ma 272 metry długości. Statek posiada 12 sal operacyjnych, 4 sale rentgenowskie i oddział intensywnej terapii dla 80 pacjentów. W sumie statek może pomieścić około 1000 pacjentów.

3.6 Łodzie podwodne

3.6.1 Rozwój łodzi podwodnych do czasu pierwszej wojny światowej

Przez wieki ludzie marzyli o nurkowaniu głęboko pod powierzchnią morza. Przygodowe opowieści są przekazywane od początku nurkowania - mówi się, że Aleksander Wielki zanurkował w głąb szklanego dzwonu około roku 332 p.n.e. A w okresie renesansu wynalazca i artysta Leonardo da Vinci (1452-1519) podobno opracował wojskowy pojazd do nurkowania bez zdradzania swojej tajemnicy. Pierwsza wzmianka o łodzi podwodnej pochodzi z 1578 roku, kiedy to angielski matematyk i oficer marynarki William Bourne (1535-1580) napisał esej w czasopiśmie "Inventions and Devices" o zbudowanej przez siebie łodzi podwodnej. Mówi się, że królowa Elżbieta I z Anglii okazała wielkie zainteresowanie statkiem. W przeciwieństwie do łodzi podwodnych z XX wieku, łódź podwodna Bourne'a przypominała bardziej normalny statek. Jednak jego zęzy były wyposażone w skórzane zbiorniki balastowe, do których woda morska przepływała przez otwory poniżej linii wodnej. W ten sposób łódź miała zatonąć. Do napawania, Bourne dostarczył dwie prasy śrubowe do ponownego wypychania wody ze zbiorników balastowych. Kierowca powinien dostać powietrze do oddychania przez pusty maszt. Ponieważ łódź nie miała napędu, można założyć, że wynalazca był zainteresowany jedynie przedstawieniem łodzi, która była zdolna do nurkowania.

Około 40 lat później, Holender Cornelius van Drebbel (1572-1633) rozwinął pomysł Bourne'a, opracowując około 1620 r. podwodną łódź, która była pokryta wodoodpornymi skórami zwierzęcymi i mogła być napędzana dwunastoma pasami. Wiosła miały za zadanie wepchnąć łódź pod wodę. Drebbel zbudował dwie łodzie i przetestował je na Tamizie. Było nawet gorąco, że namówił nieustraszonego króla Jakuba I, by poszedł z nami.

Kolejnym krokiem w rozwoju nowoczesnej łodzi podwodnej był pracujący w Holandii Francuz De Sons w Rotterdamie. Jego łódź podwodna była napędzana wewnętrznym kołem łopatkowym, które było obsługiwane przez zegarek. Ponieważ jednak zegar był zbyt słaby, 22-metrowa łódź nie wypłynęła na powierzchnię. Napęd był głównym problemem w XVII i XVIII wieku, kiedy rozwijały się łodzie podwodne.

Kolejnym ważnym krokiem w rozwoju łodzi podwodnych było wynalezienie łodzi podwodnej przez Davida Bushnella, absolwenta słynnego Yale University. Ponieważ ani silnik parowy, ani żadne inne silne mechaniczne źródło zasilania nie było dostępne, Bushnell został zmuszony do przeniesienia swojej łodzi podwodnej z siłą mięśni. Jego jednoosobowa łódź podwodna "Turtle" to rozwinięcie, które zostało wykorzystane w amerykańskiej wojnie o niepodległość. Aby przełamać blokadę portu w Nowym Jorku, Żółw został użyty do próby zatopienia "Orła", flagowego okrętu brytyjskiego admirała Howe. Okręt podwodny był kontrolowany przez sierżanta Eszrę Lee przeciwko brytyjskiej flocie blokadowej. Ponieważ brytyjskie okręty przymocowały do kadłuba miedzianą okładzinę przeciwko wzrostowi skorupy, Lee nie udało się naprawić ładunku wybuchowego przez wiercenie w kadłubie. Żółw został odkryty i upolowany. Lee zdołał uciec, obniżając wagę łodzi poprzez upuszczenie 70 kg ładunku wybuchowego na pokład. Ładunek wybuchł, udowadniając, że pomysły Bushella dotyczące zatopienia brytyjskich statków z jego żółwiem były słuszne.

Po Bushnellu, to Robert Fulton, z pomocą finansową Napoleona, zbudował "Nautilusa", z którym miał nadzieję złamać brytyjską blokadę. Demonstracja łodzi odbyła się 24 lipca 1800 roku na Sekwanie w Paryżu, łódź miała długość 6,48 m i średnicę 1,94 m, rzekomy czas nurkowania wynosił do siedmiu godzin. W 1801 roku Fulton przeprowadził udany atak podwodny na francuski okręt docelowy, ale oficerowie marynarki wojennej wykazali niewielkie zainteresowanie łodzią.

Około 50 lat minęło ponownie, gdy niemiecki wynalazca Wilhelm Bauer zaprezentował swojego nurka strażackiego. Brandtaucher" był łodzią podwodną, ale ze względu na brak pieniędzy, podczas budowy zredukowano zbyt wiele materiału, tak że łódź została silnie zdeformowana przez ciśnienie wody podczas próby nurkowej 1 lutego 1851 roku, straciła równowagę i zatonęła do dna. Bauer i jego załoga byli w stanie uratować się, przekonując dwóch spanikowanych marynarzy do pozostania w łodzi do czasu, aż znajdzie się w niej wystarczająco dużo wody, aby wyrównać ciśnienie. Gdy ciśnienie zostało zrównoważone, dwa luki pękły, a trzech mężczyzn dosłownie wystrzeliło na powierzchnię. Dopiero w 1887 r. podczas prac pogłębiarskich nurek pożarniczy został ponownie odkryty, a następnie odrestaurowany. Dziś Brandtaucher jest najstarszą zachowaną łodzią podwodną i może być oglądany jako eksponat w Muzeum Historii Wojskowej w Dreźnie. Po tej nieudanej próbie nurkowej, Bauer w Kilonii nie był w stanie zebrać pieniędzy na budowę nowej łodzi. Najpierw zwrócił się do Austriaków, potem do angielskich władz morskich. W obu przypadkach Bauer nie odniósł sukcesu, więc zwrócił się do władz rosyjskich. W Sankt Petersburgu otrzymał pieniądze na budowę łodzi zwanej "Diable Marin" (żabnica). Na demonstracji przed carem Aleksandrem II. zanurkował z kilkoma muzykami. Kiedy się pojawił, intonował "Boże chroń cara" przed cara. Żabnica została później zatopiona.

Kolejnym ważnym krokiem w rozwoju okrętów podwodnych była budowa "Plongeura" (nurka) przez Francuza Brunsa w 1863 roku. Łódka miała 42,7 m długości, wysokość wnętrza 3,05 m i miała torpedę drzewcową. Wewnątrz zamontowano 23 butle ze sprężonym powietrzem do napędu 4-cylindrowego silnika zamontowanego na rufie. Zbiorniki balastowe zapewniły nurkowanie o równej wadze. Nową cechą nurnika była możliwość wydmuchiwania zbiorników balastowych podczas napawania. Ponieważ łódź była bardzo trudna w manewrowaniu, a torpeda była również rodzajem broni samobójczej, władze francuskie zrezygnowały z tego projektu. Niemniej jednak, łódź ta przyniosła niezwykły postęp w budowie łodzi podwodnych.

Kolejnym dużym postępem w budowie łodzi podwodnych była amerykańska wojna domowa. Ponieważ porty morskie państw południowych zostały zablokowane przez flotę wojenną państw północnych, państwa południowe stanęły w obliczu Goliata. Pierwsze łodzie podwodne południowych stanów otrzymały więc nazwę "David". Pierwszy David był okrętem podwodnym napędzanym silnikiem parowym. Nie było jednak odpowiedniego uzbrojenia, poza torpedą drzewcową, która uczyniła z okrętu podwodnego misję kamikadze, ponieważ w momencie zapalenia ładunku wybuchowego łódź ta znajdowała się zaledwie 6 m od celu. Podczas zapłonu było bardzo prawdopodobne, że łódź podwodna została również zatopiona przez falę ciśnienia zapalonej torpedy iskrowej. Pierwszy Davids miał tylko umiarkowany sukces, tylko jeden okręt pancerny północnych stanów, New Ironside został uszkodzony w ataku. W ten sposób marynarka wojenna północnych stanów czuła się lepsza od okrętów podwodnych. Jednak to poczucie wyższości zmieniło się, gdy nowy David, C.S.S. (Confoederated States Ship) Hunley, został rozmieszczony. Hunley różnił się od Davida rodzajem napędu. Hunley był napędzany siłą mięśni załogi. Hunley został zbudowany w Mobile w Alabamie i przewieziony koleją do Charleston. Podczas jazdy próbnej w Charleston Harbor zatonęła łódź, a wraz z nią budowniczy Horace L. Hunley. Następnie łódź została podniesiona i przygotowana do wypłynięcia na morze z nową załogą. Łódź była napędzana przez ośmiu marynarzy z siłą mięśni, dowódca kierował statkiem z przedniego okrętu. C.S.S. Hunley był zamkniętą łodzią i miał dopływ powietrza, który pozwalał na manewr nurkowy do trzech godzin. 17 lutego 1864 roku Hunley zatopił fregatę jankeską "Housatonic". Zatonięcie Housatonic było pierwszym w historii udanym wdrożeniem okrętu podwodnego. Hunley i jego dziewięcioosobowa załoga pozostali zaginieni po tym pamiętnym wydarzeniu. Dopiero w 1995 roku nurkowie znaleźli wrak i dziewięć szkieletów zamkniętych we wraku. Wrak został podniesiony w 2000 roku i jest obecnie odnawiany w Historycznym Centrum Marynarki Wojennej w Charleston.

Sukces łodzi podwodnej idzie w parze z rozwojem torpedy samobieżnej i napędu podwodnego. Torpedę samobieżną opracował stary austriacki kapitan Giovanni Luppis. Odkąd jego projekt został zatwierdzony przez

K.U.K. Rząd jako zbyt prymitywny, Luppis zwrócił się do Roberta Whiteheada, angielskiego dyrektora fabryki silników okrętowych w Fiume. Wynikiem współpracy była pierwsza, po dwóch latach prób, torpeda Luppisa-Whiteheada w 1867 r. Przenosiła ona urządzenie wybuchowe z 8 kg dynamitu na około 100 m z maszyną pneumatyczną i osiągnęła prędkość 6 węzłów. Rząd austriacki również nie chciał finansować tego przedsięwzięcia. Whitehead zaoferował więc wynalazek innym potęgom, które natychmiast zostały przekonane o możliwościach nowej broni. Od lat 70. XIX wieku torpeda Whitehead rozpoczęła triumfalny pochód dookoła świata.

Kolejnym krokiem w kierunku nowoczesnej łodzi podwodnej była budowa w 1879 roku wielebnego George'a Garretta z Liverpoolu, "Resurgam" Kadłub łodzi miał 13,7 m długości, wnętrze 1,5 m wysokości i oba końce były zaostrzone. Łódka poruszała się po wodzie z mocą pary. Podczas tego ruchu łódź wytworzyła ciśnienie pary, które zapewniało stałe ciepło do ogrzewania wody zawartej w specjalnych zbiornikach. Ten system bezogniowych lokomotyw, które uniemożliwiały palenie w londyńskim metrze, pozwolił Resurgamowi przejechać 18,5 km z prędkością 3 węzłów. Eksperyment z Resurgamem groził niepowodzeniem, gdy łódź została rozbita u wybrzeży Walii. Garrett miał szczęście, że szwedzki wynalazca i przemysłowiec Nordenfeldt został poinformowany o tej łodzi. Nordenfeldt był w tym czasie ważnym dostawcą broni dla świata i był bardziej zainteresowany innowacjami w sektorze broni niż jakikolwiek inny przemysłowiec. Natychmiast przekazał pieniądze, a Garrett zbudował w Sztokholmie 60-tonową łódź wypornościową pod nadzorem Nordenfeldta. Mniej więcej w tym czasie torpeda opracowana przez Whiteheada została również wprowadzona w wielu marynarkach wojennych. Nordenfeldt miał więc swoją łódź podwodną wyposażoną w torpedę. Była to pierwsza łódź podwodna z torpedą samobieżną na pokładzie. Łodzie podwodne Nordenfeldt były niezwykle udanymi hitami eksportowymi. Jedna łódź została sprzedana Greckiej Marynarce Wojennej w 1886 r., dwie większe łodzie w 1887 r., które mogły przenosić dwie torpedy, zostały dostarczone do Turcji w sekcjach, ale tylko jedna z nich została zmontowana w stoczni państwowej przy Złotym Rogu. Druga łódź nigdy nie była skończona. Łodzie Nordenfeldta spełniły już prawie wszystkie wymagania nowoczesnej łodzi podwodnej, ale dwa braki pozostały do rozwiązania. Jeden był napędem, a drugi stabilną podróżą nurkową.

To przecież we Francji Gustave Zede, który w 1888 roku wyposażył w silnik elektryczny dwuosobową łódź podwodną "Gymnote" o wadze trzydziestu ton, a w Hiszpanii Isaac Peral y Caballero, który również wyposażył w silnik elektryczny łódź podwodną. Dziś łódź podwodną można zwiedzać jako zabytek narodowy w Kartagenie, w Hiszpanii. Łódź miała już peryskop, zewnętrzne reflektory, system chemicznego oczyszczania powietrza. Miał rurkę torpedową i mógł przenosić trzy torpedy. Głębokość nurkowania wynosiła 30 m, a po zanurzeniu mogła podróżować z prędkością 3 węzłów.

3.6.2 Okręty podwodne w pierwszej i drugiej wojnie światowej

Wynalazek Perala był dalej rozwijany przez inne narody, tak że na początku pierwszej wojny światowej w 1914 r. przeciwnicy wojenni mieli do dyspozycji prawie 300 łodzi podwodnych, które nadawały się do użycia. Poniżej znajduje się przegląd najbardziej udanych łodzi podwodnych podczas I wojny światowej.

Okręty podwodne Mocarstw Centralnych
Rzesza Niemiecka rozpoczęła wojnę z 24 łodziami podwodnymi. W czasie wojny zbudowano 345, 178 zostało straconych w walce. Okręty podwodne prawie same zdobyły zwycięstwo dla Niemiec. W kulminacyjnym momencie nieograniczonej wojny podwodnej co czwarty okręt niemieckich łodzi podwodnych, który zmierzał do Anglii, został zatopiony. W tym czasie zapasy żywności w Anglii wystarczały tylko na około sześć tygodni. Prawdopodobnie najlepszymi konstrukcjami były podkrętowce. Miały one prawie 100 m długości, ich wyporność nad wodą wynosiła od 1190 do 2160 GRT w zależności od typu, a pod wodą od 1560 do 2760 GRT. Prędkość nad wodą wynosiła 17 węzłów, a pod wodą do 8 węzłów. Załoga liczyła około 50 osób. Uzbrojenie składało się z jednego lub dwóch dział 15 cm i czterech rurek torpedowych w dziobie oraz dwóch rufowych. Łodzie zostały zbudowane w niemieckich stoczniach w Germaniawerft w Kilonii, Blohm&Voss i Vulcan w Hamburgu, Wezerze w Bremie, Schichtau w Gdańsku oraz w stoczniach cesarskich lub królewskich w Gdańsku i Kilonii. W latach 1914-1918 niemieckie okręty podwodne zatopiły 2042 wrogie okręty o pojemności 2 789 910 BRT. Najbardziej utytułowanym dowódcą niemieckiego okrętu podwodnego w I wojnie światowej był kapitan porucznik Lothar von Arnauld de la Periere. Z łodziami podwodnymi U 35 i U 139 zatopił 194 statki o łącznej liczbie 453.716 BRT.

Cesarska *i Królewska Austro-Węgierska Marynarka Wojenna wkroczyła do* wojny z sześcioma łodziami podwodnymi gotowymi do akcji. Ponieważ łodzie te były zbyt małe do eksploatacji na morzu, konieczne było bardzo szybkie pozyskanie łodzi nadających się do żeglugi. W czasie wojny zbudowano 19 łodzi, a francuski okręt podwodny Curie został schwytany i włączony do floty jako U 14. Z wypornością 410 nad wodą i 552 zanurzonymi, prędkością 10 węzłów nad wodą i 4,5 węzła pod wodą, załogą 28-osobową, działem 8,8 cm i siedmioma torpedami, był to największy okręt podwodny w Wielkiej Brytanii. Marynarka wojenna. W czasie wojny zginęło siedem łodzi podwodnych. Najbardziej spektakularna strata dotyczyła U 12, której dowódca, por. Egon Lerch, miał związek z "Czerwoną (= z powodu jej społecznych idei) arcyksiężniczką", zamężną wnuczką cesarza Franciszka Józefa I. Aby zostać wyniesionym do szlachty, starał się wpłynąć łodzią do portu w Wenecji, gdzie udało mu się zatopić statek i tym samym uzyskać Order Rycerski Marii Teresy, co było jednocześnie związane z jego wyniesioną do szlachty. Okręt włoskiej marynarki wojennej odkrył łódź podwodną i zwabił ją do bariery minowej. Łódź zatonęła na płytkiej wodzie 8 sierpnia 1915 r. z całą załogą. Łódź została podniesiona przez Włochów, a załoga została pochowana na cmentarzu San Michele w Wenecji. Kolejną znaczącą stratą była utrata U 20, która została zatopiona przez włoską łódź podwodną w ujściu Tagliamento 6 lipca 1918 roku. W 1962 r. łódź została podniesiona, a wieżę przekazano Muzeum Historii Wojska. Od tego czasu jest to jeden z najważniejszych eksponatów w Sali Marynarki Wojennej tego ważnego muzeum. Najbardziej utytułowanym dowódcą okrętu podwodnego był porucznik lini Zdenko Hudecek o tonażu zatopionego okrętu 47 838 BRT, a następnie Georg Ritter von Trapp, który zatopił 44 595 BRT wrogiej przestrzeni morskiej, w tym francuski krążownik pancerny Leon Gambetta. Inni ważni dowódcy okrętów podwodnych to Hermann Rigele i Rudolf Singule. W sumie 117 okrętów wojennych i handlowych o łącznym tonażu 202.421 BRT zostało zatopionych przez okręty podwodne Wielkiej Brytanii.

Okręty podwodne Ententy

Europejska Ententa stwierdza, że Wielka Brytania, Francja i Rosja przystąpiły do wojny światowej w 1914 r. z 150 łodziami podwodnymi gotowymi do rozmieszczenia. Włochy miały kolejne 18 łodzi. W czasie wojny, do służby weszły następujące narody: Wielka Brytania łodzie, Francja 22 łodzie, Rosja 23 łodzie, Włochy 41 łodzi i USA

Tabela 32: Dane techniczne wybranych łodzi podwodnych w I wojnie światowej

	UB III (D)	Klasa E (GB)	U 5 (Ö.-U.)
Przesiedlenie nad wodą/zanurzony w t	516/651	667/807	240/273

Załoga	34	30	19
Uzbrojenie	5 rurek torpedowyc h 1x8,8cm	5 rurek torpedowych 1 x 7,6 cm	2 rury torpedowe 1 x 3,7 cm
Prędkość nad wodą/ zanurzony w dzianinie	13,6/ 8	15/9	10,7/8,5
	Bary (Rus)	Amfitryna (F)	Balilla (I)
Przesiedlenie nad wodą/zanurzony w t	650/780	414/609	728/875
Załoga	33	29	38
Uzbrojenie	4 rury torpedowe x6,3 cm 1 x 3,7 cm	8 wyrzutni torped 1 x 7,5 cm	4 rury torpedowe 2 x
Prędkość nad wodą/ zanurzony w dzianinie	17/9	10/5	14/9

Quelle: Conways. (Wszystkie statki bojowe na świecie)

Okręty podwodne w okresie międzywojennym

Łodzie podwodne dowiodły swojej wartości bojowej w czasie I wojny światowej. Po zatopieniu około 9 milionów ton przestrzeni morskiej, brytyjska flota handlowa została bardzo mocno uderzona. Nic więc dziwnego, że po podpisaniu zawieszenia broni jednym z głównych warunków było dostarczenie niemieckich łodzi podwodnych. W sumie przekazano 176 łodzi. Niemieckie łodzie zostały podzielone w następujący sposób: Wielka Brytania otrzymała 105 łodzi, 46 Francja, 10 Włoch, 7 Japonia, 6 USA i Belgia 2, które zostały początkowo dostarczone do Wielkiej Brytanii. Było więc jasne, że łodzie łupkowe zostały szczegółowo zbadane, a ich technika oceniona. W okresie międzywojennym wiodące potęgi zbudowały na tym doświadczeniu i opracowały szereg nowych łodzi podwodnych. Szczególne zainteresowanie wzbudziły przede wszystkim duże okręty podwodne, które zostały powielone przez wszystkie zwycięskie siły. Krążowniki podwodne miały wyporność wody do 2900 ton podczas pływania i 4300 ton podczas zanurzenia. Najbardziej niezwykłą konstrukcją był brytyjski H.M.S X1, łódź o promieniu działania 23 000 km, która dzięki dużej pojemności baterii mogła pozostać pod wodą przez prawie dwa dni. Napęd składał się z dwóch generatorów diesla z niemieckich łodzi podwodnych. Uzbrojenie składało się z dwóch dział 14 cm i sześciu rurek torpedowych. Inną niezwykłą konstrukcją był francuski Surcouf. Ta łódź podwodna miała jako główne uzbrojenie dwa działa 20,3 cm i osiem torped. Ponadto łódź podwodna mogłaby przenosić samolot morski.

Okręty podwodne jako przewoźnicy statków powietrznych

Pomysł wykorzystania łodzi podwodnych jako lotniskowców powstał w okresie między dwiema wojnami światowymi. Doświadczenia wojenne pokazały, jak ważne dla okrętów podwodnych było rozpoznanie i wczesne ostrzeganie, zwłaszcza gdy łodzie te były używane z dala od macierzystej bazy na pełnym morzu. Już w 1915 r. Admiralicja Brytyjska uznała - znaczenie wodoszczelnego hangaru dla wykorzystania samolotów morskich na łodziach podwodnych, ale realizacja projektu musiała zostać odłożona do końca wojny. Niemcy eksperymentowali również z użyciem samolotów na okrętach podwodnych, ale eksperymenty te nie były również rozwinięte do dojrzałości wojskowej. Pierwszymi, którzy zbudowali hangar na łodziach podwodnych była Marynarka Wojenna Stanów Zjednoczonych w 1923 roku, która zbudowała rurowy hangar na wieży łodzi podwodnej "S1", w której znajdował się złożony samolot morski typu Martin "Kitten". W 1925 roku poszli za nimi Anglicy. Na potrzeby eksperymentu przebudowali swoje dwie łodzie podwodne klasy M. Usunęli oni działa 30,5 cm i zbudowali przy wieży hangar, w którym mógł się zmieścić parnallowy samolot typu Peto. Łódź podwodna została wyposażona w katapultę do wystrzelenia samolotu. W 1932 roku Japończycy uruchomili okręt podwodny "I 5", który został wyposażony w samolot.

Okręty podwodne w drugiej wojnie światowej

Kiedy we wrześniu 1939 r. wybuchła II wojna światowa, flota okrętów podwodnych przeciwników wojny była skromna liczebnie. Rzesza niemiecka posiadała 57 łodzi, Wielka Brytania 38. Użycie łodzi podwodnych na początku wojny okazało się wielkim sukcesem, na przykład kapitan porucznik Prien zatopił brytyjski pancernik "HMS Royal Oak" z U 47 w porcie brytyjskiej floty Homefleet w Scapa Flow, a U 29 zatopił brytyjski lotniskowiec "HMS Couregeous". Sukcesy te przekonały sceptyków do wojny z okrętami podwodnymi, a Z-Plan dotyczący budowy okrętów wojennych został następnie zmieniony na korzyść budowy okrętów podwodnych. Do zimy 1940/41 łodzie podwodne były bardzo udane, po czym alianci zaczęli używać radaru i namierzania kierunku fal krótkich, co doprowadziło do większych strat dla łodzi podwodnych. Ostatecznie w czerwcu 1941 roku udało się zdekodować klucz morski Niemców. Dzięki dekodowaniu łączności radiowej możliwe było kierowanie konwojów wokół stanowisk niemieckich łodzi podwodnych, a także wycelowanie myśliwców podwodnych w łodzie podwodne. Innym ważnym środkiem było rozpoznanie lotnicze samolotami zwiadowczymi dalekiego zasięgu, które zostały zmuszone od momentu wejścia USA do wojny w grudniu 1941 roku. Alianci ulepszyli także system namierzania do wykrywania wrogich okrętów podwodnych. Znany jako ASDIC (Anti Submarine Detection Investigation Committee), system ten był prekursorem nowoczesnego systemu sonarowego. Pracował z falami dźwiękowymi odbijającymi się od zanurzonych łodzi. Przybliżoną pozycję i głębokość nurkowania łodzi podwodnej można określić na podstawie siły echa i czasu przejścia. Walka z okrętami podwodnymi rozpoznawczymi prowadzona była za pomocą ładunków głębinowych, które były wystrzeliwane za pomocą wyrzutni ładunków głębinowych, aby nie uszkodzić własnego myśliwca, który założył ładunki głębinowe. Ostatnim punktem zwrotnym w Bitwie Atlantyckiej był rok 1943, kiedy to zamknięto ostatni punkt alianckiego - nadzoru przestrzeni powietrznej. W maju 1943 roku samoloty alianckie stacjonowały na Grenlandii i Islandii. Wszystkie dalsze próby niemieckich techników mające na celu uczynienie łodzi podwodnych bezpieczniejszymi od wykrycia nie powiodły się, a także dojrzała technicznie łódź typu U XXI przyszła 1945 r. zbyt późno, aby osiągnąć spektakularne sukcesy. Po stronie niemieckiej w wojnie podwodnej użyto łącznie 863 z 1162 zbudowanych łodzi. Z tych łodzi zginęło 784. Broń U-boota miała wysoką śmiertelność; 30.000 z 40.000 U-bootów zginęło w akcji.

Podczas gdy niemiecka broń podwodna osiągnęła wysokie sukcesy w zatapianiu, przynajmniej w pierwszej fazie wojny, sukcesy włoskiej i japońskiej broni podwodnej były skromne. Japończycy stracili 160 łodzi podwodnych. W czasie wojny niemieckie łodzie podwodne zatopiły około 23,3 mln GRT, japońskie łodzie podwodne zatopiły prawie 1 mln GRT wrogiej przestrzeni żeglugowej, w porównaniu z nowymi budynkami o pojemności 42,5 mln GRT.

Rysunek 31 przedstawia wodowanie niemieckiego okrętu podwodnego XXI

Brytyjczycy używali swoich łodzi podwodnych głównie do zabezpieczania baz morskich. Wraz z kontynuacją wojny otrzymali oni jednak również zadania bojowe na pełnym morzu. Głównymi obszarami działania były Morze Północne i wody wokół Norwegii, aby utrudnić transport surowców z Norwegii do Niemiec, Morze Śródziemne, aby utrudnić dostawy z Włoch do Afryki Północnej oraz Cieśnina Malakka w celu zabezpieczenia szlaków morskich. W czasie wojny, Brytyjczycy stracili 74 U-Bound i mieli 3 142 zabitych.

Marynarka Wojenna Stanów Zjednoczonych używała swoich okrętów podwodnych w kilku rolach. Zakres zadań bojowych sięgał od transportu patroli zwiadowczych i sił sabotażowych po akcje ratunkowe na pełnym morzu i walkę z wrogimi statkami bojowymi i handlowymi. Łodzie podwodne odniosły szczególne sukcesy w walce z japońską żeglugą handlową. Zatonęły one o BRT z przestrzeni żeglugi handlowej, ale zatonęły też niektóre duże statki bojowe, na przykład lotniskowiec Shinano. Stany Zjednoczone straciły 52 okręty podwodne z 3,500 marynarzami.

Tabela 33: Dane techniczne wybranych łodzi podwodnych w okresie II wojny światowej

	XXI (D)	Junsen (J)	Klasa Cagni (I)
Wyporność nad wodą/ zatopiony w t	1621/1819	2135/2791	1708/2190

Załoga	57	100	78
Uzbrojenie	6 rurek torpedowych 4 x 3 cm	6 rurek torpedowych 2 x 14 cm	14 Rury torpedowe 2 x 10 cm 4 x 13, 2 mm
Prędkość nad wodą/ zanurzony w dzianinie	15,5/17,2	18/8	12/8,5
	Klasa T (GB)	Klasa Gato (USA)	P-klasa
Wyporność nad wodą/ zatopiony w t	1330/1585	1825/2410	1200/1670
Załoga	61	80	60
Uzbrojenie	10 rurek torpedowych 1 x 10,2 cm 1 x 2 cm 3 x 7,69 mm	10 rurek torpedowych 1 x 7,6 cm 2 x 12,7 mm	6 rurek torpedowych 2 x 10 cm 1 x 4,5 cm
Prędkość nad wodą/ zanurzony w dzianinie	15,2/9	20,2/8,7	18,8/7,7

Quelle: Conways (All the worlds fighting ships)

3.6.3 Łodzie podwodne w okresie powojennym

Rozwój okrętów podwodnych po II wojnie światowej leżał niemal wyłącznie w rękach USA i Związku Radzieckiego. Rosyjska marynarka wojenna była początkowo zadowolona z replik niemieckiego okrętu podwodnego typu XXI. Chociaż USA również oceniały niemieckie okręty podwodne, to jednak dopiero wtedy rozpoczęły budowę "łodzi podwodnych w kształcie kropli wody". Pierwszym takim typem był "Albacore" w 1951 roku, a następnie seria nowych łodzi podwodnych z ulepszonym napędem dieslowsko-elektrycznym. Mniej więcej w tym samym czasie rozpoczęto prace rozwojowe nad łodziami podwodnymi o napędzie atomowym.

Jądrowe okręty podwodne i łodzie podwodne z rakietami balistycznymi
Wkrótce po zwycięstwie aliantów nad potęgami Osi pojawił się nowy konflikt, który przeszedł do historii jako "zimna wojna". Odnosi się to do kontrastu między mocarstwami zachodnimi a Związkiem Radzieckim, który

trwał do upadku żelaznej kurtyny. W tym czasie ważne było, aby obie strony postawiły na swoim miejscu drugą stronę z najnowszą technologią w sektorze broni. Stany Zjednoczone na krótko wyprzedziły rozwój bomby atomowej. Związek Radziecki wkrótce zdołał zrównoważyć monopol nuklearny. Opanowanie technologii nuklearnej przyniosło ze sobą nieoczekiwane możliwości, takie jak nowa forma napędu dla statków, a być może także dla samolotów i rakiet. Decydującą wadą okrętów podwodnych z napędem dieslowsko-elektrycznym z czasów II wojny światowej było to, że miały one ograniczony zasięg pod wodą, a także zbyt małą prędkość podczas nurkowania.

SSN Nautilus

Odpowiedzialni za to w Waszyngtonie byli przekonani o pomysłach Rickovera, dlatego na początku lat 50-tych XX wieku przyznano kontrakt projektowy dla Electric Boat Division of General Dynamics na budowę okrętu podwodnego *Nautilus* (SSN/StatesShipNuclear-571). Nazwa statku nie została wybrana przypadkowo. Modelem do nazwania był Nautilus kapitana Nemo z powieści Jules'a Verne'a "20.000 lig podmorskich". SSN Nautilus był niezwykle udanym projektem. Nawet prezydent Harry S. Truman był osobiście obecny przy kładzeniu łodzi na stępce. Nazwę statku nadała mu żona prezydenta Eisenhowera. Zaledwie trzy miesiące po oddaniu do użytku Nautilus zdołał pokonać dystans 2.558 km w ciągu zaledwie 90 godzin z prędkością 16 węzłów podczas swojego pierwszego rejsu. Już w 1958 r. istniało wystarczające zaufanie dosystemu napędowego i Nautilus był gotowy do stawienia czoła podwodnej przeprawie przez biegun północny z Pearl Harbor na Hawajach do Portland w Anglii. W dniu 3 sierpnia 1958 r. Nautilus dotarł do geograficznego bieguna północnego. Nautilus przejechał 115 865 km z pierwszym rdzeniem reaktora, 169 132 km z drugim i 150 000 km z trzecim. Łódź została zachowana dla potomności jako statek muzealny w Muzeum Okrętu Podwodnego Marynarki Wojennej USA w Groton, Connecticut.

Leninski Komsomol (Projekt 627A)

3.7.1958 r., około trzy i pół roku później niż Nautilus został zwodowany, sowiecki atomowy okręt podwodny po raz pierwszy opuścił port. Dowódca łodzi został nazwany "Bohaterem Związku Radzieckiego" za swoje zasługi jako pierwszy dowódca atomowego okrętu podwodnego ZSRR. Po przeprowadzeniu niezbędnych testów odbyło się ułożenie stępki łącznie 12 atomowych łodzi podwodnych projektu 627A. W połowie 1962 roku nastąpiło przejście na Biegun Północny łodzią z tej serii. Po powrocie do domu, lider partii Nikita Chruszczow przyjął załogę osobiście po wejściu do portu macierzystego. Rok później miała miejsce całkowita przeprawa przez Arktykę z Morza Barenta na Ocean Spokojny.

H.M.S. Dreadnought

Królewska Marynarka Wojenna stała się drugą flotą, która posiadała atomowe łodzie podwodne. Pierwszym atomowym okrętem podwodnym Królewskiej Marynarki Wojennej był H.M.S. Dreadnought, który został oddany do użytku w 1963 roku. Dzięki doskonałym kontaktom pomiędzy pierwszym Lordem Morskim Królewskiej Marynarki Wojennej, admirałem lordem Louisem Mountbattanem i kontradmirałem Rickoverem, przyspieszono budowę pierwszego brytyjskiego atomowego okrętu podwodnego. USA wyposażyły Brytyjczyków w napęd, reaktor jądrowy Westinghouse. Nazwa łodzi nie została wybrana przypadkowo. Nazwa Dreadnought oznacza niezwykłe wydarzenia w Królewskiej Marynarce Wojennej. Ponad pół wieku wcześniej, pierwszy prawdziwy pancernik na świecie nosił nazwę Dreadnought. W tym czasie stał się on przodkiem nowej generacji pancerników. To samo odnosi się do nowego typu łodzi podwodnej, przynajmniej dla Królewskiej Marynarki Wojennej. Dreadnought świadczyła cenne usługi podczas swojej aktywnej służby we flocie. Mając do dyspozycji szereg statków eskortujących, statek ten musiał wykazać się skutecznością brytyjskiej technologii morskiej na wszystkich oceanach świata, zwłaszcza tam, gdzie Wielka Brytania mogła wciąż nazywać obce dobra własnymi, np. u wybrzeży Falklandów.

Ametysty

Trochę później francuska marynarka wojenna weszła do ekskluzywnego klubu atomowych łodzi podwodnych. Ametyst (Amelioration Tactique Hydrodynamique Silence Transmission Ecoute=), statek typu Rubis, został założony dopiero w 1976 r. i przekazany do floty w 1983 r. W porównaniu z innymi atomowymi łodziami podwodnymi, Rubis jest najmniejszą atomową łodzią podwodną. Francuska marynarka wojenna obsługuje sześć jednostek klasy Rubis z dwoma załogami na każdą łódź. Dzięki temu łodzie są optymalnie wykorzystywane. Podróż patrolowa na morzu trwa zazwyczaj od 45 do 60 dni. Nazwa klasy łodzi została wybrana na pamiątkę okrętu podwodnego "Rubis", który zacumował w brytyjskim porcie w czasie II wojny światowej w 1940 r. i dołączył do wolnej floty francuskiej, gdy niemiecki Wehrmacht zaatakował terytorium Francji. Stał się on wówczas najbardziej udanym francuskim okrętem podwodnym II wojny światowej, zatapiając jeden minowiec, siedem łodzi patrolowych i 15 statków handlowych. Łodzie klasy Rubis są używane we wszystkich ważnych miejscach na świecie. Zostały one rozmieszczone podczas operacji "Trident" w 1999 r., łodzie klasy Rubis chroniły flotę nośną podczas bombardowania Serbii, a w 2002 r. uczestniczyły w grupie zadaniowej 473 na Oceanie Indyjskim w operacji "Herkules", morskiej operacji inwazji na Afganistan.

Klasa Han

Jeszcze zanim Chiny zbudowały swoje pierwsze łodzie podwodne z silnikami diesla i elektrycznymi, rozwój napędu jądrowego miał najwyższy priorytet. Mówi się również, że sam Mao mówił o budowie atomowych łodzi podwodnych. Powiedział, że Chiny muszą zbudować atomowe łodzie podwodne i że powinno to zająć 10 000 lat. W związku z tym już w 1958 roku Biuro Polityczne podjęło decyzję, że należy opracować i zbudować atomowe łodzie podwodne, a także atomowe łodzie podwodne z pociskami balistycznymi na pokładzie. Statek typu Han został zwodowany około 1972 roku i oddany do użytku około 1975 roku. Według raportów wywiadu zachodniego, które zostały upublicznione, typ łodzi podwodnej nie jest zbyt wiarygodny. Niemniej jednak, stanowią one ważny kamień milowy w chińskiej technologii morskiej na drodze do stania się światową potęgą. Nazwa dla klasy łodzi nie została wybrana przypadkowo. The Han Dynastia rządzić Chiny od 206 206 BC 220 REKLAMA. Łodzie klasy Han często pojawiały się w prasie światowej, głównie po tym, jak na Oceanie Spokojnym, na wodach u wybrzeży Japonii, lub podczas eksploracji wód u wybrzeży złóż gazu ziemnego, na które wspólnie powołują się Japonia i Chiny.

Rysunek 34: Dane techniczne pierwszych atomowych łodzi podwodnych

	Nautilus (USA)	Leninski Komsomol (ZSRR)	Dreadnought (GB)
Uruchomienie	22 kwietnia 1955 r.	3 lipca 1958 r.	17 kwietnia 1963 r.
Likwidacja	1980	1991	1980
Wyporność nad wodą / zanurzenie w t	3.500/ 4.000	4.200/ 5.000	3.500/ 4.000
Drive	Jeden reaktor jądrowy - dwa wały napędowe	Dwa reaktory jądrowe - Dwa wały napędowe	Reaktor; wał napędowy
Prędkość nad wodą/zanurzona w dziurce	18/23	20/30	20/28

Załoga	105	86	113
Uzbrojenie	6 x 53,3 Rury torpedowe	8 x 53,3 cm rurki torpedowe	6 x 53,3 cm rury torpedowe
	Ametysty (F)	Han (CHRL)	
Uruchomienie	23 lutego 1983 r.	1975	
Likwidacja	Wciąż w czynnej służbie	Wciąż w czynnej służbie	
Wyporność nad wodą/zanurzona w t	2.600 / 2.400	4500/ 5.500	
Drive	Jeden reaktor, jeden wał napędowy, 48 MW	Jeden reaktor, jeden wał napędowy, 90 MW	
Prędkość nad wodą/zanurzona w dzianinie	25	12/25	
Załoga	70	75	
Uzbrojenie	4 x 53,3 cm rury torpedowe 14 Exocet SM 39 Rakieta naprowadzana	6 x 53,3 cm rury torpedowe Statek / Pocisk prowadzony przez statek	

Quelle: Conways (All the world's fighting Ships)

Rozwój okrętu podwodnego po wojnie nastąpił bardzo szybko. Po wprowadzeniu napędu jądrowego na łodzie podwodne, kolejnym zadaniem było rozwinięcie użycia pocisków z łodzi podwodnych. Niemcy realizowały taki projekt już w czasie wojny. Rakiety napędzane wówczas paliwem płynnym nie nadawały się jednak do użytku na morzu. Dlatego też opracowano rakiety na paliwo stałe, które mogą być używane na morzu. Zdobyte przy tym doświadczenie doprowadziło do wprowadzenia systemu "Polaris". To są rakiety, które mogą być wystrzeliwane pod wodę. Wraz z wprowadzeniem systemu "Polaris" należało również rozwiązać system nawigacji dla pocisków, które miały być wystrzeliwane w morze. Jest to tym bardziej prawdziwe, że atomowe okręty podwodne zazwyczaj nie wydają się określać swojej pozycji. Rozwiązaniem problemu było wprowadzenie systemu Inercyjnej Nawigacji Okrętowej. Mówiąc prościej, jest to metoda, która wykorzystuje akcelerometry i żyroskopy do określenia pozycji statku i jest oceniana przez komputer.

Tabela 35: Dane techniczne wybranych atomowych okrętów podwodnych w chwili obecnej

	Los Angeles (USA)	Gepard (Rus)	405 (CHRL)
Uruchomienie	1976	1999	1974
Wyporność nad wodą/zanurzona w t	6.080/6.927	7.700/9.500	4.100/5.000
Załoga	141	73	75
Uzbrojenie	4 rury torpedowe; Tomahawk, Harpoon, MK 48 TR	4 rury torpedowe; SS-N-15, SS-N-16	6 rurek torpedowyc h C 801
Prędkość nad wodą/zanurzona w dzianinie	21/32	18/30	13/26

Źródło: Kieszonkowa księga floty Weyers

Gdy tylko rakiety Polaris były gotowe do użycia, w krótkim czasie trzeba było zbudować odpowiednią łódź podwodną, aby móc je odebrać i wystrzelić. I znowu to admirał Rickover, dzięki swojemu starannemu planowaniu, miał łódź klasy skipjack-klasy oddzieloną bezpośrednio za wieżą i miał sekcję (około 40m) do przechowywania pocisków Polaris i wszystkie niezbędne urządzenia kontrolne wprowadzone.

USS George Washington

Łódź podwodna została oddana do użytku w 1960 roku i 20 lipca 1960 roku wystrzeliła z powodzeniem dwie rakiety Polaris A1 u przylądka Caneveral na Florydzie. W tym samym roku USS George Washington został sklasyfikowany jako okręt podwodny Floty Pocisków Balistycznych i wysłany na aktywny patrol odstraszający. George Washington został wycofany z aktywnej służby w 1985 roku.

Golf - Klasa

Pierwsze łodzie podwodne Związku Radzieckiego z pociskami balistycznymi na pokładzie nadal posiadały napęd dieslowo-elektryczny. Łodzie weszły w fazę testową już w 1959 roku. Pierwszy pocisk balistyczny został wystrzelony w 1961 roku. Doświadczenie zdobyte przy budowie tych spalinowo-elektrycznych łodzi podwodnych z pociskami balistycznymi na pokładzie było cennym kamieniem milowym w rozwoju jądrowych łodzi podwodnych z pociskami balistycznymi.

Tabela 36: Dane techniczne jądrowych łodzi podwodnych wyposażonych w pociski balistyczne

	USS Louisiana (USA)	TK-20 (Rus)
Uruchomienie	1997	1990
Wyporność nad wodą/zanurzona w t	16.775/18.770	18.500/26.500
Załoga	173	170
Uzbrojenie	24 Trident 4 rury torpedowe	20 SS-N-20 4 rury torpedowe 65 2 rury torpedowe 53,3
Prędkość nad wodą/zanurzona w dzianinie	28/30	12/25
	Le Triomphant (fr.	Vanguard (GB)
Uruchomienie	1997	1993
Wyporność nad wodą/zanurzona w t	12.700/ 14.300	-/15.850
Załoga	111	130
Uzbrojenie	16 M 4.5// 4 Torpedy	16 trójząbków// 4 torpedy
Prędkość nad wodą/zanurzona w dzianinie	-/25	-/25

Źródło: Kieszonkowa księga floty Weyers

Rysunek 32 przedstawia atomowy okręt podwodny z rakietami balistycznymi USS Ohio Hotel Class (Projekt 658)

Rodzaj statku projektu 658 został ustanowiony w Sewerodinsku w październiku 1958 roku i przekazany do floty w listopadzie 1960 roku. Statek miał wyporność 4080 ton nad wodą i 6000 ton zanurzony. Łodzie podwodne klasy hotelowej były uzbrojone w pociski balistyczne, które mogły być wystrzeliwane tylko nad wodą. Ponieważ łodzie podwodne były w tej fazie niezwykle zagrożone, szybko opracowano typ, w którym możliwe było wystrzeliwanie pocisków również pod wodą. Rozmieszczenie klasy hotelowej nie obyło się bez incydentów. Na przykład w 1969 roku doszło do kolizji z okrętem podwodnym Marynarki Wojennej Stanów Zjednoczonych i wielokrotnie dochodziło do problemów z reaktorem jądrowym, co również doprowadziło do ofiar śmiertelnych.

Klasa Yankee (projekt 667)
Klasa Jankeska była pierwszą radziecką atomową łodzią podwodną, która mogła wystrzelić pocisk balistyczny nawet pod wodą. Okręt tego typu został założony w 1964 r. i wprowadzony do aktywnej służby morskiej pod koniec 1967 r. pod nazwą Leninets. Statek był wyposażony w 16 pocisków balistycznych. Łodzie były zawsze rozmieszczone na linii frontu, zwłaszcza w pobliżu wschodniego wybrzeża USA.

Klasa Xia
"Xia" to zachodnie określenie pierwszej klasy chińskich atomowych łodzi podwodnych, które potrafią przenosić i wystrzeliwać pociski balistyczne. Statki te stanowią niezwykłe osiągnięcie narodowe i służą jedynie wyjaśnieniu, że Chińska Republika Ludowa jest skłonna zająć należne jej miejsce wśród światowych potęg. Jeszcze przed podziałem Chin ze Związkiem Radzieckim, Chiny otrzymały plany dla rosyjskiej diesel-

elektrycznej łodzi podwodnej klasy "Golf II", klasy łodzi podwodnych z rakietami balistycznymi na pokładzie. Inżynierowie i technicy w Chinach zmienili plany i stworzyli nową klasę łodzi podwodnej o napędzie atomowym z pociskami balistycznymi. Pierwsze znane wystrzelenie pocisku z okrętu podwodnego klasy Xia miało miejsce w 1982 r., a pierwszy okręt podwodny klasy Xia został stępkowo złożony w 1978 r. w stoczni Huludao. Łódź podwodna ma typowy tył wieloryba, który może pomieścić dwanaście pocisków. Łódź została oddana do użytku w 1988 roku. Należy założyć, że łódź, podobnie jak jej zachodni konkurenci, ma dwie załogi i wykonuje wyprawy misyjne do 60 dni. Między rejsami wymagane są krótkie prace konserwacyjne lub naprawcze, dzięki czemu łódź jest dostępna tylko przez 40% czasu w roku.

Uchwała H.M.S.

Pierwszy brytyjski atomowy okręt podwodny, który mógł być wyposażony w rakiety balistyczne typu Polaris, został ustanowiony w 1964 r. i wszedł do floty w 1967 r. jako rezolucja H.M.S.. Cztery statki klasy Resolution zostały nazwane na cześć znanych pancerników z przeszłości: Resolutin, Repulse, Renown and Revenge. Cztery statki klasy Resolution zostały wyposażone w 16 rakiet Polaris z głowicami do bomb wodorowych. Pociski i system kontroli ognia pochodziły ze Stanów Zjednoczonych. Jednostki klasy rozdzielczości tylko nieznacznie różnią się od amerykańskiej klasy Lafayette. Klasa Lafayette'a była okrętem podwodnym ulepszonego George'a Washingtona. Łodzie klasy Resolution zostały wycofane z aktywnej służby.

Redoutable

Le Redoutable był typem statku o pięciu jednostkach. Stępka została położona w 1964 roku, a statek został oddany do użytku w 1971 roku po intensywnych testach. Był to pierwszy atomowy okręt podwodny we francuskiej flocie, który został wyposażony w pociski balistyczne. Le Redoutable był typem statku z serii 5 statków. Nazwy pozostałych statków były: Le Foudroyant, L'Indomptable, L'inflexible, Le Tonnant i Le Terrible. Łodzie klasy Le Redoutable były początkowo wyposażone w 16 pocisków balistycznych. W latach 80. typ łodzi został zmodernizowany i wyposażony w nowe, bardziej skuteczne rakiety. Redoutable został zlikwidowany w 1991 r. po 20 latach służby i 51 patrolach. Został on zachowany dla potomności i jest eksponowany w Cherbourgu jako statek muzealny.

Konwencjonalne łodzie podwodne - najnowsze trendy rozwojowe
Konwencjonalne łodzie podwodne, tj. łodzie podwodne bez napędu jądrowego, nadal stanowią większość łodzi podwodnych we flotach światowych marynarki wojennej. W związku z tym na ich dalszy rozwój przeznacza się również duże ilości pieniędzy i know-how. Ostatni decydujący przełom w kierunku większej wydajności został osiągnięty dzięki seryjnej gotowości produkcyjnej niezależnego od powietrza systemu napędowego. Podczas gdy łodzie podwodne z napędem dieslowsko-elektrycznym są uzależnione od świeżego powietrza do zasilania generatora diesla, łodzie podwodne wyposażone w niezależny od powietrza system napędowy są, podobnie jak łodzie podwodne z napędem jądrowym, niezależne od powietrza zewnętrznego i dlatego mogą być eksploatowane przez ponad 30 dni bez dopływu powietrza zewnętrznego. Istnieje kilka możliwości realizacji tego napędu. Już w czasie II wojny światowej istniał napęd Waltera, ale okazał się on niebezpieczny i zawodny. Nowsze rozwiązania opierały się na silniku Stirlinga, takim jak szwedzka klasa Gotlandów czy australijska klasa Colins, lub na napędzie z ogniw paliwowych, takim jak niemiecka łódź podwodna klasa 212. Ogniwo paliwowe nie jest źródłem energii, lecz konwerterem. Energia do produkcji energii elektrycznej jest dostarczana do ogniw paliwowych.

Tabela 37: Dane techniczne okrętów podwodnych z napędem konwencjonalnym w chwili obecnej

	Typ 212 (D)	Gotlandia (Sw)
Uruchomienie	2006	1996
Wyporność nad wodą/zanurzona w t	1450/1830	1240/1494
Załoga	27	27
Uzbrojenie	6 rurek torpedowych	4 rury torpedowe 53,3 2 rury torpedowe 40
Prędkość nad wodą/zanurzona w dzianinie	12/17	11/20
	Oyashio (J)	G.F.G.Priaroggia (I)
Uruchomienie	1998	1995

Wyporność nad wodą/zanurzona w t	2700/2900	-/1450
Załoga	71	49
Uzbrojenie	6 rurek torpedowych	6 rurek torpedowych
Prędkość nad Woda/zanurzona w dzianinie	12/20	11/19

Źródło: Kieszonkowa księga floty Weyers

3.7 Uzbrojenie i sprzęt telekomunikacyjny oraz sprzęt elektroniczny na statkach bojowych i pomocniczych

Uzbrojenie

Działka okrętowe i rakiety lub pociski wycieczkowe na statkach są opisane w rozdziałach dotyczących dział okrętowych i rakiet. W związku z tym w niniejszym rozdziale bardziej szczegółowo omówiona zostanie kontrola przeciwpożarowa, wyposażenie telekomunikacyjne oraz elektroniczne wyposażenie statków bojowych i pomocniczych.

Wyposażenie elektroniczne na nowoczesnych statkach bojowych i pomocniczych

Nowoczesne pancerniki są pełne elektroniki do różnych celów. Tutaj w tej książce przyjrzymy się bliżej elektronice do celów rozpoznawczych i kontroli przeciwpożarowej.

Elektronika do celów rozpoznawczych

Tryb pracy, tj. zasada działania techniki radarowej, do dziś zasadniczo nie uległa zmianie. Okrętowe systemy radarowe to zazwyczaj panoramiczne systemy radarowe. Nadajnik o mocy impulsów od 5 do 30 kW emituje w sposób ciągły silnie zogniskowane impulsy o wysokiej częstotliwości za pomocą obrotowej anteny kierunkowej. Proces ten jest powtarzany wielokrotnie co sekundę w postaci częstotliwości powtarzania impulsów. Poprzez refleksję nad celem, niewielka część energii wraca do punktu wyjścia. Odstęp czasowy między emisją impulsu a jego powrotem jest stale mierzony elektronicznie, nawet jeśli jest to tylko jedna milionowa część sekundy. Energia odbita jest ponownie odbierana przez obracającą się antenę, podawana do odbiornika i wyświetlana na ekranie. Równomierny obrót obracającej się anteny pozwala na koliste przeszukiwanie otoczenia pod kątem celów w promieniu ok. 60 nm (ok. 110 km) w zależności od wysokości anteny. Zmienny pierścień pomiarowy lub wiązka łożysk (IS = Inter Scan) umożliwia cyfrowe wyświetlanie wartości odległości i łożysk

azymutalnych zgodnie z wybranymi celami. Ponieważ własny statek, a tym samym również jednostka wyświetlacza radarowego, porusza się zgodnie z własną prędkością, na ekranie pojawiają się pozorne ruchy celów stałych i ruchomych, co utrudnia prawdziwą interpretację celów w pobliżu własnego statku. Pierwsze po II wojnie światowej morskie systemy radarowe miały początkowo tylko tryb RM (ruch względny) "Forward Oriented", tzn. znacznik do przodu jako podświetlana wiązka na tubie Brauna zawsze wskazywała od środka w kierunku do przodu własnego okrętu. Ta stabilizacja obrazu do przodu miała jednak tę wadę, że przy zmianie kursu własnego statku, cele pokazane na ekranie przyjmują inną pozycję i prowadzą do niewyraźnego obrazu. Znacznie korzystniejszy tryb wyświetlania RM "stabilizowany na północ" wymagał jednak podłączenia systemu radarowego do żyrokompasu, a następnie poprawy wyświetlania obrazu, ponieważ zmiany kursu własnego statku mają jedynie znikomy wpływ na wyświetlanie obrazu radarowego. Na wskazanie celu wpływa tylko zmiana prędkości własnego statku lub innych statków. W obu trybach pracy własny statek znajduje się zawsze w centrum wyświetlacza ekranowego.
Po wprowadzeniu trybu "wyświetlania bezwzględnego" TM (True Motion) na początku lat 70-tych XX wieku, znacznik do przodu jest ustawiany na właściwym kursie, a obraz jest zwykle stabilizowany na północ, gdy radar jest podłączony do żyroskopu. Oznacza to, że cele stałe na ekranie pozostają niezmienione, a cele ruchome poruszają się po ekranie z własnymi prędkościami i kursami. Własny statek porusza się na ekranie z dołu do góry lub odwrotnie, lub z lewej do prawej lub odwrotnie i jest automatycznie resetowany po osiągnięciu krawędzi ekranu. Krótki czas trwania ekranu pozwala na interpretację kursu i prędkości wszystkich poruszających się celów, ponieważ podążają one za mniej lub bardziej długim ogonem. Dodatkowo, elektroniczna belka łożyskowa pozwala na bezparalaksacyjne łożyskowanie i pomiar odległości od dowolnego celu. Dokładność wyświetlacza zależy jednak od dokładności prawidłowego wprowadzenia prędkości własnego statku nad ziemią. Ponieważ systemy pomiaru prędkości zazwyczaj wyświetlają prędkość przez wodę, ale nie nad ziemią (wyjątek: Doppler-Speed-Log stosowany do głębokości wody do kilkuset metrów), do tej pory wyświetlanie wartości bezwzględnych było stosowane prawie wyłącznie w pobliżu lądu w obecności stałych celów. Po ostatecznym wprowadzeniu i udostępnieniu Globalnego Systemu Pozycjonowania (GPS) około 1990 roku, korzystanie z tego typu wyświetlaczy jest możliwe również na pełnym morzu, pod warunkiem, że pozycja własnego statku jest stale podawana do jednostki radarowej.

System kontroli przeciwpożarowej AEGIS
W latach siedemdziesiątych XX wieku Stany Zjednoczone opracowały system kontroli przeciwpożarowej AEGIS (z mitologii greckiej: tarcza Zeusa). Rdzeniem Aegis jest fazowy system radarowy, który zapewnia ciągłe monitorowanie przestrzeni powietrznej wokół statku Aegis. Radar może przesuwać się od jednego celu do drugiego w milisekundach. Jeśli wykryto kilka celów jednocześnie, można je śledzić i włączać jednocześnie. Czas pomiędzy pierwszym wykryciem celu a wystrzeleniem rakiety przechwytującej wynosi mniej niż 15 sekund. System Aegis został wprowadzony lub jest w trakcie wprowadzania na statkach Marynarki Wojennej Stanów Zjednoczonych (klasa Ticonderoga, Arleigh-Burke klasa I i II, a także na japońskich okrętach wojennych Kongo oraz norweskich, australijskich, hiszpańskich i południowokoreańskich.

Wyposażenie sonarowe na okręcie bojowym
Sonar (*Sound Navigation And Ranging*) jest urządzeniem do nawigacji i pomiaru położenia stosowanym wżegludze morskiej, którego funkcja opiera się na odbiciu fal dźwiękowych pod wodą - w zasadzie podobnym do sposobu działania radaru z odbiciem fal radiowych. Typowy system sonarowy emituje impulsy ultradźwiękowe przez urządzenie umieszczone w wodzie. Czuły mikrofon, hydrofon, jest używany do lokalizowania ławic, gór lodowych, innych przeszkód lub łodzi podwodnych. Technologia sonaru jest również stosowana w innych dziedzinach. W oceanografii, na przykład, dno morskie i baseny głębinowe mogą być badane za pomocą różnych pomocy akustycznych. Są to sonary aktywne i pasywne; urządzenia aktywne mogą nadawać i odbierać, pasywne tylko odbierać.

3.8 Trendy w rozwoju broni i systemów uzbrojenia marynarki wojennej

Najnowsze osiągnięcia w budowie okrętów wojennych dla bojowników powierzchniowych wykorzystują technologie stealthu. Tak zwane statki typu "stealth" to statki bojowe, w których technologie typu "stealth" są stosowane w celu utrudnienia lub nawet uniemożliwienia wykrywania przez radary lub czujniki podczerwieni. Kluczową cechą tej technologii jest minimalizacja pola przekroju poprzecznego radaru, tj. minimalizacja sygnatury radarowej. Oznacza to, że jak najmniej wiązek radaru powinno być odbijanych z powrotem do nadajnika. Osiąga się to dzięki unikaniu kątów prostych na pokładzie statku oraz dzięki powłokom radarowochłonnym. Kolejne ważne kroki w kamuflażu statków to redukcja sygnatury cieplnej, np. spaliny są chłodzone lub odprowadzane do wody oraz redukcja poziomu hałasu systemów napędowych. Pobudka ma być również

zminimalizowana w przyszłym rozwoju. Kamuflaż optyczny, taki jak malarstwo kamuflażowe, również nadal odgrywa pewną rolę. Najważniejsze statki typu stealth to francuska klasa La Fayette, szwedzka klasa Visby, norweska klasa Skjold oraz amerykański rozwój "Sea Shadow". Sea Shadow posiada specjalny mały, dwupłaszczyznowy kadłub Small Waterplane Area Twin Hull (SWATH), który jest specjalnym kształtem kadłuba statków, który jest szczególnie niewrażliwy na pęcznienie. Pierwsze podróże Cienia *Morskiego odbywały się w* latach 1985 i 1986, w każdym przypadku pod najwyższą tajemnicą. Z tego powodu testy odbywały się tylko w nocy, na wodach wokół wyspy Santa Cruz w Kalifornii. W dniu 22 sierpnia 2006 r. cień *morski* został usunięty z rejestru statków marynarki wojennej, oficjalnego rejestru statków marynarki wojennej USA.
Kolejnym ważnym krokiem milowym w rozwoju okrętów wojennych jest wykorzystanie kadłubów katamaranów w budowie okrętów wojennych. W stoczni Nichols Brothers Boat Builders na wyspie Whidbey ukończono budowę KaTamaran 'Sea Fighter', najszybszego okrętu wojennego w Marynarce Wojennej USA. Sea Fighter" ma 79,85 m długości. Dzięki silnikom o mocy 66.920 KM może osiągać prędkości do 112,7 km/h. Myśliwiec morski" opisuje zmianę w wyposażeniu technicznym marynarki wojennej. W porównaniu z dotychczas używanymi ciężkimi krążownikami, niszczycielami i lotniskowcami, aluminiowy katamaran wydaje się raczej filigranowy.
Najpóźniej od czasu filmu "Jagd auf Roter Oktober (1990)" dysk magnetohydrodynamiczny (napęd MHD) stał się popularny. W tym przypadku wokół łodzi podwodnej lub przez dyszę napędową przykładane jest stale zmieniające się pole magnetyczne. Oddziaływania elektromagnetyczne (siła Lorentza) na przewodzące jony soli w wodzie morskiej wytwarzają strumień wody, który napędza łódź podwodną na zasadzie odrzutu. W praktyce, ta technologia napędowa została użyta w latach 90-tych przez japońską firmę Mitsubishi na nośniku testowym Yamato 1, ale przyniosła rozczarowujące osiągi tylko 8 węzłów (15 km/h). Zgodnie z doniesieniami, w Chinach mają być jednak prowadzone prace nad udoskonaleniem systemu napędowego.

4. Broń i systemy uzbrojenia sił powietrznych

4.1 Rozwój lotnictwa wojskowego

Lotnictwo wojskowe miało swoje korzenie jeszcze przed pierwszym udanym lotem samolotu cięższego od powietrza przez braci Wright w grudniu 1903 roku w USA. Już w 1884 roku utworzono we Włoszech Departament Lotów Armii, a w czasie wojny w Erytrei w latach 1887/88 armia włoska używała balonów do zwiadu. Podczas kampanii w Libii przeciwko Imperium Osmańskiemu Włosi użyli pięciu samolotów i dwóch małych sterowców. Podczas tej wojny, małe bomby zostały zrzucone na oddziały tureckie.

4.2 Lotnictwo wojskowe w okresie I wojny światowej i w okresie międzywojennym

W 1914 r., na początku I wojny światowej, nie zastanawiano się nad taktyką prowadzenia wojny powietrznej. Piloci pierwszych godzin musieli kupić swoje doświadczenie za wysoką cenę. Uzbrojenie pierwszych samolotów myśliwskich I wojny światowej składało się z karabinów, strzelb i granatów ręcznych. Tylko niektóre modele miały mocowania do karabinów maszynowych. W tym czasie nie można było strzelać przez śmigło. Fokkerowi udało się ten wynalazek. Jednak w trakcie rozwoju przyjął instrukcje od Raymonda Sauniera. Francuski producent samolotów Saulnier rozpoczął już na początku 1914 roku prace nad strzelaniem z karabinu maszynowego zsynchronizowanym przez śmigło. Jednak napotkała ona trudności, ponieważ amunicja do karabinu maszynowego Hotchkiss'a miała wiele awarii i dlatego synchronizacja nie była możliwa. W tym celu Saulnier wyposażył łopatki śmigła w metalowe deflektory pocisków. System popadł w zapomnienie. Dowódca eskadry, Capitaine de Vergnette, zapamiętał ten system w 1915 roku i zlecił wyposażenie nowych maszyn Morane-Saulnier typu N w deflektory. Roland Garros osiągnął swój pierwszy sukces z tym systemem, kiedy zestrzelił niemiecki samolot zwiadowczy. Kolejne sukcesy miały miejsce aż do momentu, gdy Garros został zmuszony do lądowania za liniami niemieckimi. Więc sekret został utracony dla Francuzów. System deflektora pocisku został natychmiast skopiowany, ale nie zadziałał, ponieważ niemieckie chromowane pociski wystrzeliwały przez śmigła, podczas gdy francuskie miedziane pociski były odbijane. Dlatego też niemiecki sztab generalny zlecił Anthony'emu Fokkerowi zaprojektowanie systemu do wystrzeliwania przez śmigło. W ciągu 48 godzin Fokkerowi i jego technikom udało się wynaleźć mechanizm synchronizacji do kontrolowanego strzelania przez koło napędowe. Pistolet był wyciągany

bezpośrednio z silnika przez krzywki i wały, gdy przed pyskem karabinu maszynowego nie było ostrza śmigła.
Na budowę samolotów w I wojnie światowej zdecydowany wpływ miały Sopwith, RAF, Spad, Nieuport, Albatros i Fokker. Co francuski Nieuport, Spad i brytyjski RAF, Sopwith oznaczały dla Francuzów, Niemców Albatros i Fokker. Ci czterej projektanci samolotów opracowali i wyprodukowali najbardziej udane maszyny dla swoich sił powietrznych. The Société Anonoyme des Etablissements Nieuport w Issy-les-Moulinaux została założona przez Edouarda de Nieuport i była najważniejszym producentem samolotów we Francji. Najważniejszymi modelami samolotów z warsztatu Nieuport były: jednomiejscowy myśliwiec Model 17 oraz jednomiejscowe myśliwce Modele 27 i 28. Spad wyprodukował Model 13, pojedynczy myśliwiec, z czego wyprodukowano 8.472. Brytyjczycy mieli w RAF-u ważnego konstruktora samolotów; na przykład wyprodukowano 4 077 egzemplarzy typu RAF RE 8. Jednym z najgenialniejszych projektantów samolotów był bez wątpienia T.O.M. Sopwith, założyciel Sopwith Aviation Company. Jego najbardziej udanym projektem był Sopwith Camel, jednomiejscowy myśliwiec, z którego wyprodukowano 5 490 sztuk. Po stronie niemieckiej ważna była fabryka samolotów Albatros. Albatros typu D III był produkowany w dużych ilościach. Drugim ważnym producentem samolotów był Holender Fokker, którego maszyny wyznaczały wyposażenie samolotów niemieckiej armii. Jego najważniejszym projektem był typ D-VII, z którego wyprodukowano 4000 sztuk.
Jak wiele koncepcji nowoczesnego działania wojennego, w czasie I wojny światowej opracowano bombardowania z powietrza. Pierwsze ataki bombowe samolotów ograniczyły się do pola walki. Pierwszy strategiczny atak powietrzny z bombami został przeprowadzony przez Siły Powietrzne Marynarki Wojennej. W październiku 1914 r. wraz z Sopotem z Tabloidem został zniszczony hangar Zeppelin w Düsseldorfie. Nowy Zeppelin Z 9 również został zniszczony. Kilka tygodni później odważny lot dwupłatowcami Avro 504 do Friedrichshafen zakończył się sukcesem. Tam zniszczono Zeppelina i zniszczono gazownię. Sukces tych ataków skłonił sztab generalny do zlecenia budowy dużych samolotów bombowych. Alianci i Niemcy zbudowali wtedy wielkie bombowce wielosilnikowe.
Produkcja samolotów podczas I wojny światowej stała się ważną częścią przemysłu zbrojeniowego. Poszczególne walczące mocarstwa produkowały: Rzesza Niemiecka 47.000, Francja 24.652, Wielka Brytania 54.900, Austro-Węgry 5.431 samolotów.

Tabela 38: Dane techniczne wybranych wojskowych statków powietrznych z pierwszej wojny światowej

	Sopwith Camel (GB)	Fokker DVII F (D)	Nieuport 17 (F)
Długość w m	5,72	6,95	5,96
Wysokość w m	2,59	2,75	2,44
Rozpiętość w m	8,53	8,90	8,20
Max. Masa startowa w kg	659	910	560
Wysokość szczytu w m	5.791	7.000	5.350
Załoga	1	1	1
Uzbrojenie	2 7,7 MG, do 4 bomb 11,3 kg	2 lMG 08/15	1 Vickers lub Lewis MG

Źródło: Badania internetowe

Rysunek 33 przedstawia przeciwników starych: po lewej stronie niemiecki Fokker DVII, a po prawej brytyjski Sopwith Camel.

4.3 Lotnictwo wojskowe w czasie drugiej wojny światowej

Gdy 1 września 1939 r. niemiecki wehrmacht najechał na Polskę, rozpoczęła się nowa era działań wojennych. Blitzkrieg walczył nie tylko na ziemi, ale i w powietrzu nowoczesne myśliwce walczyły o przewagę powietrzną nad gorszym wrogiem. W okresie międzywojennym rozwój techniczny lotnictwa wojskowego zrobił decydujący krok naprzód. Dwupłatowce należały do przeszłości i były skutecznie wykorzystywane tylko przez marynarkę wojenną. Siły powietrzne wielkich mocarstw same posiadały szereg zaawansowanych technicznie bombowców nurkowych, myśliwców i bombowców. Najważniejszymi samolotami po stronie niemieckiej były: myśliwiec Messerschmitt Be 109, bombowiec nurkowy Junkers Ju 87, myśliwiec eskortujący Messerschmitt Me 110 oraz bombowce Heinkel He 111 i Junckers Ju 87. Junckers Ju 52 były używane przez Niemców jako samolot transportowy. Poza Brytyjskimi Królewskimi Siłami Powietrznymi, wrogie siły powietrzne miały raczej gorsze modele niż niemieckie siły powietrzne. Szkielet Brytyjskich Sił Powietrznych tworzyły myśliwce Hawker Hurricane i Supermarine Spitfire, prawdopodobnie najlepsze samoloty swoich czasów. W czasie wojny wróg opracował szereg nowych myśliwców i bombowców, przy czym alianci mieli wyraźną przewagę w rozwoju bombowców. Jeśli chodzi o myśliwce, rozwój niemiecki, zwłaszcza Focke Wulfe FW 190, mógł nadążyć za najlepszymi samolotami myśliwskimi aliantów, Nort American P-51 Mustang i rosyjskim Lawotschkin La-7. W dalekowschodnim teatrze wojny najpierw przeważały myśliwce Mitsubishi Zero, później amerykańskie myśliwce z lotniskowcami zdeterminowały akcję, a wraz z bombowcami Siły Powietrzne USA miały w B-29 bombowiec, przeciwko któremu japońska obrona powietrzna nie była w stanie przeciwdziałać w niezbędnej ilości. Druga wojna światowa rozpoczęła się wraz z początkową przewagą powietrzną niemieckiej Luftwaffe, a zakończyła się całkowitą przewagą powietrzną aliantów, jeśli pominąć sukcesy niemieckiej techniki w napędach odrzutowych.

Poszczególne walczące mocarstwa produkowały w czasie wojny następującą liczbę samolotów: Rzesza Niemiecka 117.881, Wielka Brytania 119.479, USA 273.189, Związek Radziecki 137.271, Włochy 11.500 i Japonia 69.888.

Rysunek 34 przedstawia dwóch przeciwników z przeszłości: po lewej stronie niemiecki Messerschmitt Be 109, a po prawej brytyjski Supermarine Spitfire.

Tabela 39: Dane techniczne wybranych wojskowych statków powietrznych z czasów II wojny światowej

	Messerschmitt Be 109 (D)	Supermarine Spitfire (GB)	Jib Wulf FW 190 (D)	Ameryka Północna P-51 Mustang (USA)
Przeznaczenie	Myśliwi	Myśliwi	Myśliwi	Myśliwi
Prędkość w km/h	7,92	3,9	650	707
Uzbrojenie	7,7	3,8	2 pistolety maszynowe 7,92 mm, 4 pistolety maszynowe 20 mm	4 12.7 Karabiny maszynowe, 2 bomby
Załoga	7,62	3,6	1	1
Zasięg w km			1520	2100
	Mitsubishi Zero (J)	Huragan Hawker (GB)	Junckers Ju 87 (D)	Ławoczkin La-7 (ZSRR)
Przeznaczenie	Myśliwi	Myśliwi	bombowce nurkowe	Myśliwi
Prędkość w km/h	6,5	4,3	5	665
Uzbrojenie	8	3,7	5	3 karabiny maszynowe 20 mm, 6 rakiet lub 2 bomby
Załoga	7,62	4	5	1
Zasięg w km	8			650

Źródło: Munson (samolot z II wojny światowej)

	Junckers Ju 88 (D)	Heinkel He 111 (D)	Avro Lancaster (GB)	Vickers Wellington (GB)
Przeznaczenie	Bombowiec	Bombowiec	Bombowiec	Bombowiec

Waga lotu w kg	13590	11350	31.000	14300
Prędkość w km/h	498	414	460	408
Uzbrojenie	Różne kombinacje 7,92 mm, 13 mm, 20 mm MG i do 1800 kg ładunku bomby	1 x 20 mm MK, 5 x 7,9 mm karabin maszynowy, 2500 kg ładunku bomby	10 x 7,6 mm karabin maszynowy, do 6350 kg ładunku bomby	6 x 7,7 mm karabin maszynowy, do 2720 kg ładunku bomby
Załoga	4	5	7	6
Zasięg w km	3380	2780	2660	2125
	Boenig B-17 Latająca Forteca (USA)	Boeing B-29 Superfortress (USA)	Mitsubishi G4M (J)	Piaggio P.108B (I)
Przeznaczenie	Bombowiec	Bombowiec dalekiego zasięgu	Bombowiec	Bombowiec
Waga lotu w kg	25.000	54.500	12.500	29.400
Prędkość w km/h	480	572	435	432
Załoga	10	10-14	7	7
Uzbrojenie	13 x 12,7 mm karabin maszynowy 7850 kg ładunku bombowego	12 x 12,7 mm karabin maszynowy 13 1 x 20 mm MK 5450 kg bomby	4 x 20 mm MK 1 x 7,7 mm MG 1000 kg ładunku bomby	8 x 12,7 mm karabin maszynowy 3500 kg ładunku bomby

Zasięg w km	2960	5200	3620	2480

4.4 Lotnictwo wojskowe po drugiej wojnie światowej

Podczas II wojny światowej wyprodukowano szereg nowych modeli samolotów. Najciekawszym osiągnięciem był z pewnością samolot odrzutowy, który w ciągu kilku lat zapowiadał koniec samolotu napędzanego śmigłem.

4.4.1 Samoloty odrzutowe

Samoloty śmigłowe osiągnęły maksymalne prędkości około 700 km/h, które mogły być nieznacznie zwiększone przez regulowane śmigła i różne techniki zwiększające osiągi silników. Jednak nie można było lecieć szybciej niż 800 km/h. Dlatego też poszukiwano nowych systemów napędowych, które sprawią, że samolot będzie jeszcze szybszy.

Dlatego też rozważano zastosowanie napędów odrzutowych, ale stały się one rzeczywistością dopiero po wynalezieniu turbiny gazowej. Pierwsza niezależnie działająca turbina gazowa została opracowana przez norweskiego Aegidiusa Allinga w 1903 roku, ale minęło ponad 30 lat, zanim turbina mogła w rzeczywistości zasilać samolot.

Kiedy 15 maja 1941 roku brytyjski Gloster wystartował z ziemi po raz pierwszy z silnikiem odrzutowym Whittle W1, alianci byli przekonani, że wystrzelili pierwszy samolot odrzutowy tej wojny. Dopiero po wojnie okazało się, że Niemcy byli już dwa lata przed nią. Po stronie niemieckiej, rozwój silnika odrzutowego rozpoczął się od Ernsta Heinkela. Heinkel wygrał Hans Joachim Pabst von Ohain (1911 - 1998), który w 1937 roku opracował silnik odrzutowy. Heinkel zbudował mały samolot, He 178, który został wyposażony w ten silnik odrzutowy. W czerwcu 1939 roku He 178 wystartował z powodzeniem i bezpiecznie wylądował. Po początkowym sukcesie, rozpoczęto prace nad masową produkcją silnika odrzutowego. Jednak Messerschmitt Me 262 rozpoczął produkcję seryjną dopiero w 1944 roku. Do końca wojny zbudowano 1400 takich maszyn. W 1947 roku Hans von Ohain przybył do USA w ramach operacji "Overcast". Początkowo pracował dla Sił Powietrznych i wspierał je w rozwoju samolotów odrzutowych. W 1956 r. został dyrektorem Laboratorium Badań Aeronautycznych Sił Powietrznych, a w 1975 r. głównym konstruktorem

Laboratorium Napędów Lotniczych. Po wojnie rozwój silnika odrzutowego nie tylko wpłynął na lotnictwo wojskowe, ale także zrewolucjonizował lotnictwo pasażerskie.

Pierwszy samolot odrzutowy opracowany dla wojska, Heinkel He 178, poleciał w Niemczech 27 sierpnia 1939 roku. Kolejne samoloty odrzutowe pierwszej godziny to włoski Campini Caproni CC.2 z lotem panieńskim 28 sierpnia 1940 r. i brytyjski Gloster E.28/39 15 maja 1941 r. Lot panieński samolotu odrzutowego us, Bell P-59, odbył się 1 października 1942 r. Przed wejściem do poszczególnych typów statków powietrznych należy bardziej szczegółowo zapoznać się z trybem pracy silnika odrzutowego i jego rozwojem.

Rozwój silnika odrzutowego jest ściśle związany z nazwiskami niemieckiego Hansa Joachima Pabsta von Ohain i Anglika Franka Whittle. Obydwaj opracowali silnik odrzutowy oddzielnie. Ohain (1911-1998) w młodym wieku zajmował się wizją silnika odrzutowego. W połowie lat 30. udało mu się przekonać do swojego pomysłu projektanta samolotów Heinkela. W 1938 roku Ohain i jego zespół rozpoczął prace nad silnikiem odrzutowym dla firmy Heinkel, który został zainstalowany jako Heinkel He S3b w Heinkel 178. Lot panieński odbył się 27 sierpnia 1939 roku w Rostocku-Marienehe. Ohain został sprowadzony do Stanów Zjednoczonych Ameryki po drugiej wojnie światowej w ramach operacji Overcast i wspierał USAirforce w rozwoju własnych samolotów odrzutowych. Sir Frank Whittle (1907-1996) uzyskał patenty na swój silnik odrzutowy około 1930 r., ale nie zwrócono na to dalszej uwagi. Dopiero w połowie lat 30. Whittle wznowił pracę nad silnikiem odrzutowym. W tym celu została założona firma Power Jets Ltd. W kwietniu 1937 roku odbyły się pierwsze jazdy próbne. Pomimo pewnych niepowodzeń, Ministerstwo Lotnictwa było przekonane i wspierało projekt. Następnie w 1938 r. przeprowadzono płynny przejazd próbny. Wkrótce po wybuchu II wojny światowej Ministerstwo Lotnictwa zleciło budowę samolotu odrzutowego, którego silnik zasilał Whittle, a płatowiec Gloster. Dziewiczy lot Gloster E.28/39 odbył się 15 maja 1941 r., a Whittle udał się do USA w 1942 r., aby pomóc General Electric w rozwoju własnego silnika odrzutowego. Program ten zaowocował Dzwonem P-59 Airacomet, który jesienią 1942 roku wykonał swój dziewiczy lot. Potem Whittle wrócił do Anglii, by pracować dla Rolls Royce'a.

Jako pierwszy silnik odrzutowy w produkcji seryjnej, Jumo 004 był produkowany w czasie II wojny światowej od 1942 roku do końca wojny. Około 5 000 jednostek zostało wyprodukowanych i wykorzystanych w kilku samolotach odrzutowych niemieckich sił powietrznych, w tym Messerschmitt Me 262 i Arado Ar 234 B Blitz.

Heinkel On 178
Rozwój He 178 rozpoczął się w Heinkel w Rostoku. Marienehe jako czysto prywatny projekt Ernsta Heinkela, który sam miał pasję do rozwoju szybkich samolotów. He 178 był samolotem eksperymentalnym i nie nadawał się do produkcji seryjnej ze względu na swój krótki zasięg. Lot panieński odbył się 27 sierpnia 1939 r., a najważniejsze dane techniczne znajdują się w poniższej tabeli. Oryginalny samolot nie przetrwał wojny. Obecnie istnieje replika, która jest eksponowana w terminalu lotniska Rostock-Laage.

Glosters E.28/39
Gloster E.28/39 został opracowany w zakładach Gloster na zlecenie Ministerstwa Lotnictwa. Lot panieński odbył się 15 maja 1941 r. i zbudowano tylko dwa egzemplarze Gloster E.28/39. Jedna maszyna przetrwała serię testową i znajduje się teraz w British Science Museum w Kensington. Najważniejsze dane techniczne znajdują się w tabeli.

Dzwonek P-59
Pod najściślejszą tajemnicą Bell zbudował celę, a General Electric napęd. Pierwszy lot odbył się 1 października 1942 roku. W sumie wyprodukowano i dostarczono od 1944 roku 20 dzwonów P-59. Odtworzona kopia Dzwonu P-59 istnieje w USA. Dane techniczne można pobrać z tabeli.

Arado Ar 234
Arado Ar 234 był pierwszym działającym bombowcem z napędem odrzutowym. Lot panieński odbył się w grudniu 1943 r. w wersji zwiadowczej, w marcu 1944 r. udał się lot panieński w wersji bombowej, przy czym bomby zostały przymocowane do kadłuba. Pierwszy samolot odrzutowy Arado dołączył do wojska pod koniec 1944 roku. Arado latał już bombardowaniami podczas ofensywy w Ardenach. Jednak z powodu braku paliwa misje musiały zostać zaniechane w kwietniu 1945 roku. Przynajmniej jeden egzemplarz Arado Ar 234 został zachowany i jest eksponowany w National Air and Space Museum w Waszyngtonie. Dane techniczne można pobrać z tabeli.

Nakajima Kikka
Rozwój Kikki rozpoczął się we wrześniu 1944 roku, kiedy to ówczesny attache lotniczy Japonii w Berlinie otrzymał raport o postępach z Messerschmitt Me 262. Marynarka Wojenna zleciła Nakajimie opracowanie

samolotu odrzutowego opartego na Me 262. Samolot został wyposażony w dwie japońskie turbiny Ne-20 oparte na silniku BMW 003. Pierwszy lot odbył się 7 sierpnia 1945 roku. Bliski koniec wojny uniemożliwił użycie samolotu przez wojska. Dane techniczne można pobrać z tabeli.

Rysunek 35 przedstawia pierwszy samolot odrzutowy lecący w większej liczbie jednostek, niemiecki Messerschmitt Me 262

Tabela 40: Dane techniczne pierwszego wojskowego statku powietrznego z silnikami odrzutowymi

	Heinkel On 178	Glosters E.28/39	Dzwonek P-59	Aradao Ar 234	Nakajima
Załoga	1	1	1	1	1
Długość Span	7,48 m 7,2 m	7,72 m 8,84 m	1,63 m 13,88 m	12,64 m 14,41 m	8,125 m 10 m
Masa własna Załadunek	1 620 kg 1,998 kg	1 300 kg 1 700 kg	3 600 kg 5,760 kg	9 850 kg	2 300 kg 3,500 kg
Silnik	On S3B	Agregaty prądotwórcze W 1	2 GE J31-GE-3	2 Jumo 004B-1	2 Ne-20
Max. Prędkość	700 km/h	544 km/h	660 km/h	742 km/h	695 km/h
Sięgnij	200 km	660 km	386 km	1550 km	937 km

Uzbrojenie	Próba-samolot	Próba-samolot	1x 3,7 cm działko 3 12,7 mm MG	2x 20 mm pistolety MG 151 Do 2 2000 kg bomb na stanowiskach postojowych	Tylko bomby 250 kg, 500 kg lub 1000 kg

Źródło: Badania internetowe

Po drugiej wojnie światowej niektóre kraje próbowały szybko nadrobić zaległości. Były to w szczególności Związek Radziecki, Szwecja i Francja.

Pierwszy odrzutowy samolot wojskowy Związku Radzieckiego
Pod koniec wojny Związek Radziecki nie posiadał samolotu odrzutowego. Rosyjscy naukowcy pracowali nad stworzeniem silnika odrzutowego w czasie wojny, ale nie udało im się dokonać przełomu. Dlatego Stalin po wojnie kazał natychmiast zbudować samolot odrzutowy z pomocą byłych niemieckich inżynierów. Prace rozwojowe rozpoczęły się od Mikojana i Gurewicza, Ławoczina, Jakowlewa i Suchoj. Pierwszym samolotem odrzutowym Sowietów był MiG-9, który używał silnika BMW 003 A. I Jak-15. Pierwszy lot MiG-a odbył się 24 kwietnia 1946 roku. Ale tego samego dnia kilka minut później Jak wykonał swój dziewiczy lot. MiG-9 został zbudowany w 610 częściach i był używany jako naziemny samolot bojowy. MiG-9 był również używany przez Siły Powietrzne Chińskiej Republiki Ludowej. Uzbrojenie składało się z jednego działka 37 mm i dwóch dział 23 mm. Jak-15 używał silnika Jumo 004B. Około 280 z Jak-15 zostało zbudowanych. Uzbrojenie składało się z dwóch 23mm działek. Krótko po wojnie Suchoj zbudował Su-9, kopię Messerschmitta Me 262, który 13 listopada 1946 roku wykonał swój dziewiczy lot. Stalin, jak mówią, nie lubił kopii niemieckiego samolotu i dlatego nie zezwolił na produkcję seryjną. W 1946 roku odbył się również dziewiczy lot samolotu odrzutowego z Lavochin, La-150, napędzanego zaawansowanym silnikiem Jumo. Lavochin otrzymał od Rolls-Royce'a silniki do dalszego rozwoju swojego samolotu. W ten sposób La-176 zdołał przełamać barierę dźwiękową 26 grudnia 1948 roku. 500 sztuk tego modelu zostało wyprodukowanych. Największy kapitał z opracowania samolotu odrzutowego wykonało biuro projektowe MiG. Wraz z rozwojem i lotem panieńskim MiG 15 w dniu 30 grudnia 1947 roku MiG osiągnął projekt stulecia.

Pierwszy szwedzki samolot wojskowy z napędem odrzutowym

Szwecja posiada zaawansowanego producenta samolotów w SAAB. Pod koniec lat czterdziestych ubiegłego wieku SAAB wkroczył również w rozwój wojskowych odrzutowców i wykorzystał dwupłatowiec SAAB 21 do opracowania gotowego do produkcji samolotu, który został wyposażony w silnik De Havilland Goblin 3 i odbył swój pierwszy lot 10 marca 1947 roku. Szwedzkie Siły Powietrzne początkowo zamówiły 120 samolotów. Ze względu na braki w projekcie, brak kabiny ciśnieniowej, zamówienie zostało zredukowane do 60 samolotów. Od 1949 roku samolot był używany tylko jako naziemny samolot bojowy. Uzbrojenie składało się z działka 20 mm, ośmiu rakiet 7,9 mm Mg w kontenerze i pięciu rakiet 18 cm. Jeden z samolotów został zachowany i można go zobaczyć w muzeum lotnictwa w Linköping.

Pierwszy samolot wojskowy z napędem odrzutowym we Francji

Po drugiej wojnie światowej Francja zaczęła rozwijać niezależny przemysł zbrojeniowy. Dassault odgrywa ważną rolę w przemyśle lotniczym od początku jego istnienia. To także Dassault zaprojektował pierwszy francuski samolot odrzutowy. Samolot był wyposażony w silnik Rolls-Royce'a Nene Mk 104B. Prototyp leciał 28 lutego 1949 r., produkcyjny samolot leciał w grudniu 1951 r., a Francuskie Siły Powietrzne zamówiły 350 z nich. Statek powietrzny okazał się również nadający się do wywozu. Izrael i Indie kupiły ten samolot. Został on wykorzystany przez Indie w wojnie z Pakistanem oraz przez Izrael w wojnie sześciodniowej jako naziemny samolot bojowy. Uzbrojenie składało się z czterech dział 20 mm i dwóch bomb o wadze 454 kg każda lub 16 sztuk rakiet 10,5 cm lub ośmiu rakiet i dwóch kanistrów z napalmem.

Po wojnie rozwój silnika odrzutowego nie tylko wpłynął na lotnictwo wojskowe, ale także zrewolucjonizował lotnictwo pasażerskie. Dwa samoloty wojskowe okresu powojennego miały decydujący wpływ na wojny od 1960 r. do końca lat 70-tych, Mc Donnell F-4 i Mikojan Gurewitsch MiG-21. Reprezentując wiele innych samolotów tej generacji przedstawiamy w szczególności te dwa typy.

McDonnell F-4 (Phantom II)

Prawie żaden inny samolot nie osiągnął po II wojnie światowej tak wysokiego statusu jak Fantom. Historia myśliwca McDonnell F-4 "Phantom II" zaczyna się na początku lat 50-tych, kiedy samolot McDonnell pracował nad przeprojektowaniem zbudowanego przez siebie myśliwca. Marynarka Wojenna Stanów Zjednoczonych wykazała zainteresowanie tym samolotem i podpisała w 1954 roku kontrakt z McDonnell'em na opracowanie dwumiejscowego samolotu szturmowego. Kontrakt został później zmieniony w celu opracowania długodystansowego kolektora przechwytującego pod nazwą F4H-1 do obrony floty. Pierwszy lot nowego samolotu odbył się 27 maja 1958 roku. Loty próbne doprowadziły do pewnej poprawy aerodynamiki, na przykład opracowano charakterystyczne końcówki skrzydeł, obniżono tylny samolot i podniesiono siedzenie tylnego kokpitu. Już w 1960 r. przeprowadzono pierwsze próby na lotniskowcach z tym nowym samolotem i w tym samym roku Marynarka Wojenna otrzymała swój pierwszy samolot szkoleniowy. Seryjna produkcja Phantom II rozpoczęła się w 1961 roku dla Marynarki Wojennej USA i Korpusu Marynarki Wojennej. Przełomem i ostateczną sławą samolotu był rekord prędkości 2585 km/h ustanowiony przez podpułkownika Boba Robinsona 22 listopada 1961 roku. Od tego czasu samolot uznawany jest za "triumf nad aerodynamiką". W 1962 roku astronauta John Young osiągnął dwa światowe rekordy we wspinaczce z F4H-1 Phantom. Samolot otrzymał ostateczne oznaczenie F-4 dopiero w 1962 r., kiedy to armia, siły powietrzne i marynarka wojenna ujednoliciły oznaczenie. Rekordy świata, imponujące dane dotyczące osiągów i przyjemny wygląd doprowadziły do wprowadzenia Phantom II do wielu sił powietrznych na całym świecie. Poza USA, Egipt używał i nadal używa niektórych z nich (46 F-4E; sztuki będące nadal w czynnej służbie), Australia (24 sztuki F4-E), Niemcy (175 F-4R i 88 RF-4E), Grecja (121 F-4E i 34 RF-4E), Wielka Brytania (15 F4J, 52 F-4K i 116 F-4M), Iran (32 F-4D, 177 F-4E i 16 RF-4E), Izrael (274 F-4E i 12 RF-4E), Japonia (140 F-4EJ i 27 RF-4EJ), Korea Południowa (27 RF-4C, 92 F-4D, 103 F-4E i 18 RF-4E), Hiszpania (40 F-4C i 18 RF-4C) i Turcja (233 F-4E i 46 RF-4E) statki powietrzne w ich siłach powietrznych.

Phantom II zrobił karierę nie tylko w Marynarce Wojennej USA, ale także w Siłach Powietrznych. Było to możliwe dzięki sekretarzowi obrony USA Robertowi McNamarze, który chciał obniżyć koszty poprzez standaryzację floty powietrznej armii, sił powietrznych i marynarki wojennej. Musiał przekonać Siły Powietrzne USA o zaletach Phantom II, tak aby specjalny model F-4C dla wsparcia powietrznego i obrony powietrznej wykonał swój dziewiczy lot w 1963 roku. Produkcja seryjna modelu dla Sił Powietrznych rozpoczęła się w 1963 r. Nie chcąc zagłębiać się w szczegóły, McDonnell F-4E "Phantom II" został wyprodukowany w ponad 16 wersjach o różnych parametrach i zakresie zastosowań, w sumie 5 195 egzemplarzy do 1981 roku. Siły powietrzne USA otrzymały 2.874 sztuki, Marines i Marynarka Wojenna USA 1.264 sztuki, reszta udała się do zaprzyjaźnionych stanów. Phantom II został wyprodukowany poza USA w Japonii na licencji

Mitsubishi. Dane dotyczące wydajności podstawowej wersji F-4E przedstawiono na Rys. 1: Kluczowe dane McDonnella F-4 "Phantom II".

Fantom II brał udział we wszystkich większych wojnach od lat 60. do połowy lat 90. Obejmowały one wojnę w Wietnamie, wojnę Jom Kippur, wojnę między Irakiem a Iranem oraz operację "Zapewnij komfort w Iraku" w 1995 r. Podczas wojny w Wietnamie Siły Powietrzne USA, Marynarka Wojenna USA i Marines straciły łącznie 761 F-4 Phantom. Ostatnimi aktywnymi Widmami Sił Powietrznych USA były F-4G typu F-4G specjalizujące się w misjach Wild Weasel do lokalizacji i zwalczania pozycji rakiet przeciwlotniczych. Zamiast działka deskowego pod radarem, ma radar. F-4G mają antyradarowe pociski kierowane do walki z ich specjalnymi celami. Ostatni raz maszyny te zostały rozmieszczone w Iraku w 1995 roku. Zostały one następnie zlikwidowane i przewiezione na cmentarze lotnicze Stanów Zjednoczonych. Co najmniej 90 z nich zostało przekonwertowanych na bezzałogowy dron do praktyki docelowej i są nadal używane jako wersja QF-4.

Izrael używał Fantomu II podczas wojny Jom Kippur. Fantom II udowodnił swoją wartość w osiąganiu przewagi powietrznej. Jednak straty podczas misji ataku naziemnego były niezwykle wysokie z powodu silnego ognia przeciwlotniczego. W czasie wojny Izrael stracił 56 samolotów. Z kolei fantomowi piloci zestrzelili 116 samolotów wroga.

Rysunek 36 przedstawia "Widmo" powyżej, a MiG 21 poniżej

Mikoyan-Gurevich MiG-21
Na początku lat 50. wojsko radzieckie zażądało nowego samolotu myśliwskiego, który mógłby operować na Machu 2. Mikojan i Suchoj opracowali następnie prototyp, który spełniał te wymagania. Historia sukcesu MiG-21 sięga 1955 roku, kiedy to rosyjski konstruktor samolotów Mikojan wykonał dziewiczy lot prototypu samolotu myśliwskiego ze skrzydłami delta. Ale miały minąć jeszcze trzy lata, kiedy po kilku udoskonaleniach tego prototypu, 20 maja 1955 roku mógł odbyć się lot panieński MiG-21. W kolejnych latach samolot ten osiągnął kilka spektakularnych rekordów, które wcześniej ustanowił Lockheed F-104 "Starfighter". Georgij Mossolow osiągnął rekord prędkości 2.388 km/h, a następnie rekord wysokości 34.714 metrów. Jesienią 1959 roku rozpoczęto produkcję seryjną w fabryce Gorkiego i pierwsze samoloty zostały dostarczone do Sił Powietrznych Związku Radzieckiego. W ciągu następnej dekady produkcja została rozszerzona na kilka lokalizacji w Związku Radzieckim (Tbilisi i Moskwa), a także w krajach bratnich Układu Warszawskiego (WAPA), które posiadały własnych producentów samolotów produkujących MiG-21 na licencji z 1962 r., m.in. w ZSRR i Polsce. Oprócz państw WAPA również Chińska Republika Ludowa i Indie produkowały MiG-21 na licencji z 1966 roku. W połowie lat 80. produkcja

seryjna MiG-21 zakończyła się w Związku Radzieckim i przez licencjobiorców. MiG-21 był niezwykłym sukcesem handlowym. W sumie wyprodukowano i wyeksportowano ponad 10 000 jednostek w ponad 20 głównych i podwariantach, które można podzielić na cztery pokolenia, do prawie 43 państw świata na całym świecie (np. do wszystkich państw członkowskich WAPA, Jugosławii, Chińskiej Republiki Ludowej, Indii, wielu arabskich państw Bliskiego Wschodu, Kuby, Wietnamu i Korei Północnej). W ten sposób MiG-21 stał się najbardziej zbudowanym samolotem odrzutowym na świecie i był latany z pierwszych krajów świata do krajów rozwijających się. Dane dotyczące wydajności MiG-21 przedstawiono na rysunku 1: Główne dane dotyczące McDonnell F-4 "Phantom II" i MiG-21. Szeroka dystrybucja i wykorzystanie MiG-21, zwłaszcza przez siły powietrzne krajów trzeciego świata, spowodowały, że w latach 90. niektórzy producenci samolotów zaoferowali program modernizacji MiG-21. Zamówienia na modernizację starych MiG-21 przyniosą dostawcom znaczne zyski w najbliższych latach, ponieważ słabych finansowo krajów Trzeciego Świata nie stać na nowe i bardzo drogie myśliwce najnowszej generacji i dlatego są one uzależnione od modernizacji swoich flot lotniczych. Główne programy modernizacyjne oferowane są przez rosyjskiego producenta RAC MiG/Sokol, rumuńsko-izraelskiego producenta Aerostar/Elbit oraz Izrael Aircraft Industries (IAI). W 1995 roku zmodernizowane MiG-21 wykonały loty panieńskie jako MiG-21 2000 (IAI), MiG-21 93 (RAC/Sokol) i MiG-21 Lancer (Aerostar/Elbit). W rezultacie zmodernizowany MiG-21 może teraz używać wszystkiego, co może przenosić - kierowanych i niekierowanych pocisków typu powietrze-powietrze i powietrze-ziemia wszystkich zasięgów z Rosji, USA i Izraela. Dlatego też MiG-21 będzie używany jako samolot bojowy przez siły powietrzne niektórych państw świata nawet dłużej niż McDonnell F-4, jego były przeciwnik w licznych bitwach powietrznych.

MiG-21 służył w prawie wszystkich wojnach od lat 60. i spotkał McDonnella F-4 "PhantomII", zwłaszcza w Wietnamie i na Bliskim Wschodzie. W walce powietrznej MiG-21 imponuje swoją zwrotnością i lepszym stosunkiem siły ciągu do masy. W walce w powietrzu bliskim MiG-21 często przewyższał F-4, podczas gdy na dłuższych dystansach Phantom II przewyższał MiG-21 ze względu na lepsze wyposażenie elektroniczne F-4. W czasie wojen na Bliskim Wschodzie MiG-21 pokazał swój potencjał, ale tylko dlatego, że poziom wyszkolenia izraelskich pilotów był wyższy niż arabskich pilotów, MiGi były gorsze od przeciwnika izraelskiego. Wartość bojowa była dodatkowo ograniczona przez mniejszy zasięg i mniej dokładne urządzenia celownicze.

Tabela 41: Dane techniczne urządzeń McDonnell F-4 "Phantom II" i MiG-21

	F-4E	MiG-21MF
Długość	19,20 m	15,76 m
Span	11,77 m	7,15 m
Wysokość	5,02 m	4,12 m
Obszar skrzydła	49,24 m²	23,00 m²
Pusta masa	13 757 kg	6.000 kg
masa startowa	26 300 kg	9 400 kg
Silnik	2 TL General Electric J79-GE-17, każdy 5.280 kp bez i każdy 7.965 kp z dopalaczem	A Tumanski R-13-300 silnik odrzutowy 40,30 kN bez i 60,70 kN z dopalaczem
Najwyższy poziom-Prędkość	2,335 km/h	2 230 km/h
Uzbrojenie	20 mm działko Gatlinga z 639 pociskami, 9 stanowisk z czterema AIM-7 Sparrow i czterema AIM-9 Sidewinder pociskami powietrzno-powietrznymi AGM-65 Maverick pociski powietrzno-powietrzne, AGM-88 HARM rakieta antyradarowa, jeden stojak naziemny pod kadłubem i cztery pylony skrzydeł na bomby niekierowane o masie 5 625 kg	Jedno podwójne działko 23 mm, 4 pociski kierowane powietrze-powietrze R-60 lub 128 pocisków niekierowanych 57 mm lub 2000 kg ładunku wybuchowego
Załoga	dwóch mężczyzn	jeden mężczyzna

Źródło: Badania internetowe

Z długiej listy opracowań dotyczących samolotów myśliwskich, wstępny punkt końcowy zostanie opisany poprzez przedstawienie opracowania

amerykańskiego F-22 Raptora i wspólnego europejskiego projektu Eurofighter "Typhoon".
Już na początku lat osiemdziesiątych, gdy stało się jasne, że ZSRR, z MiG-29 i Su-27, ma w rękach wielkie zagrożenie dla F-15, a także rozwój nowoczesnych SAM-ów, USAF zdecydowało się szukać zamiennika dla F-15. W poszukiwaniu dalszego rozwoju dla F-15 natknęli się na F-15E Strike Eagle. Kiedy jednak okazało się, że jego możliwości jako myśliwca przewagi powietrznej zostały wyczerpane, zdecydowano o rozpoczęciu zawodów ATF (Air Tactical Fighter). Trzy najważniejsze kryteria dla nowego samolotu to: stealth, supercruise i właściwości STOL. Ponadto należy zwiększyć zasięg w porównaniu z F-15. Wyciągnęli oni wnioski z problemów z silnikiem F-15, a teraz wcześnie szukali odpowiedniego silnika do F-22. We wrześniu 1983 r. Pratt&Whitney otrzymał kontrakt na XF119. W tym samym czasie General Electric rozpoczął prace nad swoim XF120. W ciągu następnych dwóch lat Siły Powietrzne wydały kilka zamówień dla przemysłu obronnego i czekały na swoją reakcję, ich największą obawą było zaskoczenie trudnościami technologicznymi. Dopiero bardzo późno w rozwoju USAF zdecydowało się zbudować dwa typy i porównać je ze sobą. Siły powietrzne mogły teraz wybrać swoich dwóch kandydatów spośród siedmiu modeli. Wybrali Lockheed Martin YF-22 i Northrop Grumman YF-23, ponieważ wydawało się, że najlepiej spełniają podane kryteria. Po ustaleniu w październiku 1986 roku, kim byli kandydaci, utworzono zespoły rozwojowe. Więc Lockheed połączył siły z Boeingiem i General Dynamics, a Northrop podpisał kontrakt z McDonnell Douglasem. Konkurs miał być najdroższy w historii, ciągnął się przez cztery lata i kosztował ponad 2 miliardy dolarów. Każdy zespół zbudował dwa prototypy, jeden z silnikiem P&W YF119, a drugi z GE YF120. Lockheed początkowo musiał zmagać się z pewnymi problemami, musieli przeprojektować swoje skrzydło, ponieważ stało się zbyt ciężkie. Odwracanie siły ciągu również musiało zostać zmienione, gdy siły powietrzne zmniejszyły wymagania dotyczące wagi. Kiedy latem 1990 r. odsłonięto prototypy, okazało się, że obie ekipy poszły różnymi drogami, więc Northrop skupił się na charakterystyce straganu, a Lockheed na manewrowości. Wyścig o lot panieński wygrała firma Northrop, swój YF-23 po raz pierwszy dostała w powietrze 27 sierpnia 1990 roku, lot panieński YF-22 odbył się 29 września 1990 roku, a w listopadzie pierwszy prototyp YF-22 osiągnął prędkość 1,58 Macha bez dopalacza. Oba zespoły nie miały żadnych problemów ze spełnieniem specyfikacji. Jednak w kwietniu 1991 roku, YF-22 z Pratt&Whitney F-119 został wybrany jako zwycięzca, ponieważ jego większe możliwości bojowe sprawiły, że bardziej pasował do obrazu myśliwca przewagi powietrznej. Wraz z Raptorem # 4008, 31 maja 2002 r., USAF otrzymała do testowania

ostatni z dziewięciu prototypów (Raptory 4001 do 4009). Program testowy, rozpoczęty we wrześniu 1997 roku, osiągnął na początku czerwca tego samego roku poziom 2000 godzin, co odpowiada około 900 misjom testowym. Od samego początku testy były jednak przyćmione przez opóźnienia i dalszy wzrost kosztów. Złożone oprogramowanie powoduje również pewne problemy, w tym awarie oprogramowania misji. Ponadto podczas testów występowały drgania na stabilizatorach pionowych. Jednak firmie Lockheed udało się również obniżyć koszty produkcji dzięki zastosowaniu innych procesów produkcyjnych. Na przykład, przejście od klejenia do nitowania deski tylnej pozwala zaoszczędzić milion dolarów na jednej maszynie. W dniu 28 lutego przekroczono limit 3000 godzin, a osiem F/A-22s jest obecnie wykorzystywanych do testów na Edwards AFB. Ostatnie misje w programie testowym obejmują tankowanie z powietrza na powietrze (Raptor 4002) oraz próby naziemne z karabinem M61A2 Gatling. Trzeci prototyp (Raptor 4003) został użyty do wystrzeliwania pocisków kierowanych z prędkością naddźwiękową (AIM-9 w dniu 25 lipca i AIM-120 w dniu 28 sierpnia 2002 r.), natomiast Raptor 4004 został przeniesiony do Eglin AFB w 2002 r. do testów w ekstremalnych warunkach pogodowych. Został on wystawiony na działanie temperatur do -20°C, burz śnieżnych i tym podobnych, aby sprawdzić trwałość powłoki ochronnej. Ostatni prototyp 4009, który dotarł do Edwardsa w lutym 2003 roku, był wcześniej używany w Lockheed do testów konserwacyjnych. Przewaga powietrzna jest kamieniem węgielnym doktryny Sił Powietrznych USA. Siły Powietrzne mówią, że po ustaleniu przewagi powietrznej, mogą określić, co się dzieje, kiedy i gdzie w powietrzu. Powstrzymuje to wroga przed ingerowaniem w operacje powietrzne lub naziemne Sił Zbrojnych USA. Od 1979 roku, McDonnell Douglas F-15 Eagle przejął zadanie zabezpieczenia przestrzeni powietrznej dla USAF. Już na początku lat 80-tych, gdy stało się jasne, że ZSRR z MiG-29 i Su-27 mają w rękach wielkie zagrożenie dla F-15, a także postępujący rozwój nowoczesnych SAM-ów, USAF zdecydowało się szukać zamiennika dla F-15. W poszukiwaniu dalszego rozwoju dla F-15 natknęli się na F-15E Strike Eagle. Kiedy jednak okazało się, że jego możliwości jako myśliwca przewagi powietrznej zostały wyczerpane, zdecydowano o rozpoczęciu zawodów ATF (Air Tactical Fighter). Trzy najważniejsze kryteria dla nowego samolotu to: stealth, supercruise i właściwości STOL. Ponadto należy zwiększyć zasięg w porównaniu z F-15. Wyciągnęli oni wnioski z problemów z silnikiem F-15, a teraz wcześnie szukali odpowiedniego silnika do F-22. We wrześniu 1983 r. Pratt&Whitney otrzymał kontrakt na XF119. W tym samym czasie General Electric rozpoczął prace nad swoim XF120. W ciągu następnych dwóch lat Siły Powietrzne wydały kilka zamówień dla przemysłu obronnego i czekały na swoją reakcję, ich największą obawą było zaskoczenie trudnościami technologicznymi. Dopiero bardzo późno w rozwoju USAF zdecydowało się zbudować dwa typy i porównać je ze sobą. Siły powietrzne mogły teraz wybrać swoich dwóch kandydatów spośród siedmiu modeli. Wybrali Lockheed Martin YF-22 i Northrop Grumman YF-23, ponieważ wydawało się, że najlepiej spełniają podane kryteria. Po ustaleniu w październiku 1986 roku, kim byli kandydaci, utworzono zespoły rozwojowe. Więc Lockheed połączył siły z Boeingiem i General Dynamics, a Northrop podpisał kontrakt z McDonnell Douglasem. Konkurs miał być najdroższy w historii, ciągnął się przez cztery lata i kosztował ponad 2 miliardy dolarów. Każdy zespół zbudował dwa prototypy, jeden z silnikiem P&W YF119, a drugi z GE YF120. Lockheed początkowo musiał zmagać się z pewnymi problemami, musieli przeprojektować swoje skrzydło, ponieważ stało się zbyt ciężkie. Odwracanie siły ciągu również musiało zostać zmienione, gdy siły powietrzne zmniejszyły wymagania dotyczące wagi. Kiedy latem 1990 r. odsłonięto prototypy, okazało się, że obie ekipy poszły różnymi drogami, więc Northrop skupił się na charakterystyce straganu, a Lockheed na manewrowości. Wyścig o lot panieński wygrała firma Northrop, swój YF-23 po raz pierwszy dostała w powietrze 27 sierpnia 1990 roku, lot panieński YF-22 odbył się 29 września 1990 roku, a w listopadzie pierwszy prototyp YF-22 osiągnął prędkość 1,58 Macha bez dopalacza. Obie drużyny nie miały żadnych problemów z osiągnięciem celów. W kwietniu 1991 r. na zwycięzcę wybrano jednak YF-22 z Pratt&Whitney F-119, który ze względu na większe możliwości walki z psem bardziej pasował do obrazu myśliwca przewagi powietrznej.

W dniu 31 maja 2002 r. USAF otrzymała do testowania ostatni z dziewięciu prototypów Raptora 4008 (Raptor 4001 do 4009). Program testowy, który został uruchomiony we wrześniu 1997 r., osiągnął na początku czerwca tego samego roku poziom 2000 godzin, co odpowiada około 900 misjom testowym. Od samego początku testy były jednak przyćmione przez opóźnienia i dalszy wzrost kosztów. Złożone oprogramowanie powoduje również pewne problemy, w tym awarie oprogramowania misji. Ponadto podczas testów występowały drgania na stabilizatorach pionowych. Jednak firmie Lockheed udało się również obniżyć koszty produkcji dzięki zastosowaniu innych procesów produkcyjnych. Na przykład, przejście od klejenia do nitowania deski tylnej pozwala zaoszczędzić milion dolarów na jednej maszynie. W dniu 28 lutego przekroczono limit 3000 godzin, a osiem F/A-22s jest obecnie wykorzystywanych do testów na Edwards AFB. Ostatnie misje w programie testowym obejmują tankowanie z powietrza na powietrze (Raptor 4002) oraz próby naziemne z karabinem M61A2 Gatling. Trzeci prototyp (Raptor 4003) został użyty do wystrzeliwania pocisków kierowanych z prędkością naddźwiękową (AIM-9 w dniu 25 lipca i AIM-120 w dniu 28 sierpnia 2002 r.), natomiast Raptor 4004 został przeniesiony do Eglin AFB w 2002 r. do testów w ekstremalnych warunkach pogodowych. Został on wystawiony na działanie temperatur do -20°C, burz śnieżnych i tym podobnych, aby sprawdzić trwałość powłoki ochronnej. Ostatni prototyp 4009, który dotarł do Edwardsa w lutym 2003 roku, był wcześniej używany w Lockheed do testów konserwacyjnych.

W drugiej połowie 2002 r. stało się jasne, że Lockheed Martin pracuje na własny rachunek nad studium dla myśliwca-bombowca F-22 o nazwie FB-22. Ma on otrzymać wydłużony kadłub i skrzydła delta, aby zwiększyć zarówno ładowność broni jak i zasięg. Pod koniec 2002 r. samolot pierwotnie oznaczony jako F-22 został przemianowany na F/A-22 (połączona podstawowa rola: oba myśliwce - F = myśliwiec - i samolot atakujący - A = atak). Tak jak w przypadku Horneta F/A-18, oznaczenie Raptora wskazuje na jego wielozadaniowość. Pierwotnie planowany powietrzny myśliwiec nadwyżkowy w coraz większym stopniu przyjmuje rolę samolotu szturmowego. Dwa YF-22 i dziewięć prototypów do testów jest obecnie testowanych przez osiem kolejnych samolotów, które spełniają już standardy produkcyjne. Od lata 2003 r. będą one używane do prób oddziałowych na Nellis AFB. Pierwszy samolot z tej serii, Raptor 10, wykonał swój dziewiczy lot w Lockheed Martin w Marietta pod koniec 2002 roku.
Zgodnie z obecnymi planami USAF chce pozyskać 331 samolotów. Nawiasem mówiąc, początkowo planowana liczba jednostek wynosiła 750 i początkowo została obniżona do 438, a następnie do 339. Ostateczna decyzja dotycząca produkcji seryjnej została podjęta na początku sierpnia 2001 r., kiedy Departament Obrony USA ogłosił, że wyraża zgodę na nabycie F-22. Na razie jednak zatwierdzono jedynie budowę 295 samolotów, których budowa będzie kosztować około 60 mld dolarów. Jeśli budżet na to pozwoli, według Departamentu Obrony można by kupić więcej po zbudowaniu tych maszyn. Dalsze dodatkowe koszty w programie rozwojowym w wysokości 700 milionów kwestionują obecnie nawet liczbę 295 maszyn. W międzyczasie 197 z nich jest w służbie Sił Powietrznych USA.

Prawie żaden inny samolot bojowy nie jest w stanie spojrzeć wstecz na tak długą historię jak Eurofighter Typhoon. Tylko 12 lat zajęło czterem narodom uzgodnienie wspólnej koncepcji z niezliczonej ilości przedstawionych studiów projektowych. A - możliwe - francuski udział został pozostawiony przy okazji. Wielka" umowa, która nie była wówczas możliwa, jest dziś - 2 dekady później - żałowana przez wszystkie strony. Wszystko zaczęło się w

połowie lat 70-tych od poszukiwań przez Wielką Brytanię myśliwca przewagi powietrznej. Francja i Niemcy przedstawiły swoje przemyślenia na temat taktycznego myśliwca lat 90-tych, a następnie Włochy i Hiszpania. Wymagania stawiane przez wszystkie strony skutkowały ciężkimi i skomplikowanymi projektami - zbyt drogimi dla Niemiec, zbyt dużymi dla Francji z powodu braku potencjału eksportowego. W 1985 r. dobiega końca dalsze wspólne działanie - porozumienie z Francją nie może zostać osiągnięte. Wielka Brytania, Niemcy, Włochy i, nieco później, Hiszpania uzgodniły koncepcję i 1 sierpnia 1985 r. przedstawiły kluczowe dane. Nawet po uzgodnieniu podstawowej koncepcji, siły powietrzne nadal mają różne wymagania wobec statków powietrznych. Niemcy mają tendencję do tańszego myśliwca, podczas gdy Wielka Brytania stawia na wielozadaniowość z naciskiem na przewagę powietrzną. European Fighter Aircraft" (EFA) rośnie z 9,75 tony masy własnej do 10 ton w wariancie myśliwca i - ostatecznie - 11 ton w pełni wyposażonym wariancie wielozadaniowym. Udziały w rozwoju są podzielone między kraje partnerskie - Wielka Brytania i Niemcy po 33%, Włochy 21% i Hiszpania 13%.
Dzięki stałym rozmiarom i wagom, budowa pierwszych typów portów postępuje szybko. Wnętrza" serii są nadal przedmiotem intensywnych negocjacji. Koniec zimnej wojny stawia w centrum uwagi planowaną liczbę jednostek - przewiduje się, że powstanie mniej samolotów niż pierwotnie planowano.
Od 1990 roku Niemcy starają się zrezygnować - kraje partnerskie i niemiecki przemysł mogą temu zapobiec. Ponadto w 1992 r. Niemcy dążą do zmniejszenia kosztów jednostkowych o 20-30%. Przez pewien czas uważa się, że w celu zaoszczędzenia pieniędzy wykorzystuje się sprawdzony system amerykański (myśl o AN/APG-65) zamiast nowego rozwiązania europejskiego. Ponadto Niemcy rezygnują z dużej części systemu samoobrony DASS - również Hiszpania na początku nie chce DASS. Dopiero w październiku 2001 r. Niemcy podpisały umowę o uczestnictwo w DASS. W końcu pomysł z amerykańskim radarem również został odrzucony. Z jednej strony, przedsiębiorstwa europejskie nadal pozostawałyby w tyle w zakresie kluczowych technologii, a z drugiej strony oznaczałoby to, że każda oferta kupna lub sprzedaży Eurofighter wymagałaby zatwierdzenia przez Kongres USA. Redukcja kosztów o 20-30% nie będzie działać. EFA została ustalona w 1992 roku - pomysł dwóch wariantów - myśliwca i myśliwca wielozadaniowego - spada na boczny tor. Zaprojektowany został podstawowy system, wszędzie jednakowy, który można rozszerzyć o kilka dodatkowych modułów. Od 1992 roku samolot ten nosi nazwę "Eurofighter 2000". Kiedy pierwszy i drugi prototyp (DA1 i

DA2) są gotowe do lotu panieńskiego, program jest nagle zatrzymywany. W USA pierwszy prototyp YF-22 rozbił się przy starcie, a w Sztokholmie/Szwecji podczas demonstracji w porcie rozbił się Gripen. Oba wypadki są spowodowane przez źle zaprogramowane oprogramowanie kontroli lotów - gotowe prototypy Eurofighter są przywiązane do ziemi przez 18 miesięcy, a oprogramowanie kontroli lotów jest sprawdzane i ulepszane linia po linii. Rok wysiłków dyplomatycznych ze strony Anglii prowadzi w końcu do obietnicy rozpoczęcia przez Niemcy produkcji seryjnej - niemiecka redukcja kosztów nie zadziała. Na podstawie umowy ramowej na początku 1998 roku, klienci i branża mogą uzgodnić stały program. Branża - naznaczona dotychczasowymi żmudnymi krokami i politycznie spowodowanymi opóźnieniami - chciałaby mieć program możliwy do zaplanowania, bez niespodzianek w terminach i nieplanowanych przerw. Rządy - w obliczu bolesnej inflacji - chcą uzgodnić stałe ceny, aby móc wyraźniej oszacować i zaplanować przyszłe koszty programu. Porozumienie ramowe określa wszystkie te życzenia. Ustalono harmonogram programu, uzgodniono terminy dostaw i świadczenia usług, ustalono koszty wraz z klauzulami o wzroście cen - w zamian rządy obiecują zamówić 620 statków powietrznych w trzech transzach w ustalonych terminach do 2014 roku. Każdy z partnerów programu - cztery rządy i konsorcjum przemysłowe - będzie w przyszłości w pełni odpowiedzialny za zrekompensowanie pozostałym partnerom wszelkich niedogodności lub niedotrzymania terminów. Dostawa Eurofighter Typhoon dla sił powietrznych rozpoczęła się w 2003 r. Ponad 400 europejskich firm z branży high-tech - prowadzonych przez konsorcjum przemysłowe składające się z EADS, BAE SYSTEMS i Alenia Aeronautica - będzie zatrudniać około 120 - 140.000 osób i produkować 52 samoloty rocznie w najsilniejszej fazie produkcji. Eurofighter jest zaawansowanym technologicznie systemem broni składającym się z kilku 100.000 pojedynczych komponentów. W międzyczasie, 565 jednostek zostało dostarczonych do sił powietrznych w 9 stanach.

Rysunek 37 przedstawia Eurofightera po lewej stronie i Raptora po prawej stronie.

Tabela 42: Dane techniczne F-22 i Eurofighter

	F-22	Eurofighter
Długość w m	18,87	15,96
Rozpiętość w m	13,56	10,95
Wysokość w m	5,08	5,28
Max. Masa początkowa w kg	38.000	23.500
Silnik	2 Turbofan Pratt&Whitney	2 Eurojet EJ 200
Prędkość maksymalna	2+ Mach	2+ Mach
Uzbrojenie	Gatling, rakiety powietrze-ziemia, rakiety powietrze-powietrze	działka, pociski powietrze-powietrze i powietrze-ziemia

Źródło: Badania internetowe

4.4.2 Bombowce strategiczne

Już w czasie I wojny światowej doceniono zalety bombowców, które mogły pokonywać większe odległości przy użyciu większych ładunków bomb i mogły walczyć z celami daleko za frontem. Przykłady udanych misji bombowców podczas pierwszej wojny światowej można znaleźć zarówno po stronie Ententy, jak i po stronie Mocarstw Centralnych. Na przykład, rosyjski Sikorski Ilja Mourumetz z powodzeniem zbombardował niemiecką kwaterę główną na Litwie, a 14 niemieckich gootów zdołało spokojnie okrążać Londyn, zanim zrzucili ładunek bombowy, zabijając 162 osoby i raniąc 438. Sukcesy bombowców w II wojnie światowej były kontynuowane przez aliantów w wojnie bombowej o Niemcy i Japonię.

Wraz z rozwojem bomby atomowej, do arsenałów mocarstw weszła nowa broń zniszczenia, która musiała być przechowywana, transportowana i efektywnie wykorzystywana przez wroga. Bezpośrednio po wojnie opracowano koncepcje, które przewidywały transport i rozmieszczenie broni jądrowej, a także konwencjonalnej z bombowców dalekiego zasięgu. Koncepcja ta zasadniczo obowiązywała przez cały okres zimnej wojny, chociaż inne scenariusze rozmieszczenia obejmujące atomowe okręty podwodne nabierały coraz większego znaczenia. Filozofią stojącą za bombowcami strategicznymi był zasięg międzykontynentalny poprzez tankowanie powietrzem. Od samego początku celem operacyjnym bombowców strategicznych była infrastruktura wroga. USA, Związek Radziecki, a także Wielka Brytania opracowały kilka bombowców dalekiego zasięgu. Najbardziej znanymi typami były po stronie USA Convair B-36 "Peacemaker", Boeing B-47 "Stratojet", dziś jeszcze w spisie strategicznych sił powietrznych USA znajdują się Boeing B-52 "Stratofortress", Rockwell B-1 "Lancer" i Northrop B-2 "Spirit". W Związku Radzieckim latały Mjassischtschew M-4 "Bison", Tupolev Tu-16 "Badger", Tupolev Tu-22M "Backfire" i nadal latają Tupolev Tu-95 "Bear" i Tupolev Tu-160 "Blackjack". Wielka Brytania opracowała i używała Handley Page H.P.80 "Victor", Vickers Valiant i Avro Vulcan.

Rysunek 38 przedstawia B-52 na górze, Wolkana na środku i T-95 poniżej.

Tabela 43: Dane techniczne wybranych bombowców strategicznych

	Tupolew Tu-95	Tupolew Tu-160	Boeing B-52H
Pierwszy lot	12 listopada 1952 r.	19 grudnia 1981 r.	15 kwietnia 1952 r.
Uruchomienie	1955	1987	1955
Długość	47,09 m	54,1 m	46,53m
Span	50,05 m	35,6-55,7 m (skrzydło obrotowe)	56,39 m
Wysokość	13,2 m	13,1 m	14,72 m
Masa własna	94 400 kg	110.000 kg	
Maksymalna masa startowa	187 700 kg	275.000 kg	Do 221.000 kg
Prędkość maksymalna	830 km/h	2200 km/h	1010 km/h
Drive	Cztery turbiny śmigłowe o mocy 15.000 PS każda	4 Silniki turbofan 4 x 137,2 kN bez i 4 x 245,7 kN z dopalaczem	8 silników turbo o mocy 75,6 kN każdy
Uzbrojenie	2 pistolety 23 mm 9 000 kg bomb free fall bomby 20.000 kg maksymalnie rakiety kierowane i pociski manewrujące	12 Jądrowe lub konwencjonalne pociski manewrujące	B-52H może przewozić do 31,5 tony broni, w tym jądrowe i konwencjonalne pociski wycieczkowe, w wewnętrznych zatokach broni oraz w dwóch zewnętrznych stanowiskach ładunkowych.
Załoga	7	4	5

Uwagi	W sumie wyprodukowano 250 samolotów.	Wojskowa wersja Tu-144. W sumie wyprodukowano 19 Tu-160.	747 wyprodukowanych sztuk

	Rockwell B-1	Northrop B-2 (latające bombowce skrzydłowe)
Pierwszy lot	23 grudnia 1974 r.	17 lipca 1989 r.
Uruchomienie	1986	1993
Długość	44,5 m	21,03 m
Span	23.85-41.67 m (skrzydło obrotowe)	460 m^2 powierzchni skrzydła
Wysokość	10,24 m	5,18 m
Masa własna	87,090 kg	49 900 kg
Maksymalna masa startowa	216 634 kg	170 550 kg
Prędkość maksymalna	1.2 Mach	1010 km/h
Drive	4 Turbofan o mocy 136,92 kN każdy	4 silniki turbofan o mocy 84,5 kN każdy
Uzbrojenie	B-1 może przenosić do 60 ton broni, w tym nuklearnych i konwencjonalnych pocisków wycieczkowych, w wewnętrznych wykopach na broń oraz na dwóch zewnętrznych stanowiskach ładunkowych.	B-2 może przenosić do 35,8 ton broni, w tym nuklearnych i konwencjonalnych pocisków wycieczkowych, w wewnętrznych zatokach na broń oraz na dwóch zewnętrznych stanowiskach ładunkowych.

Załoga	4	
Uwagi	W sumie wyprodukowano 100 sztuk	Bombowce ukryte. Jak na razie, w sumie 21 wyprodukowanych sztuk

4.4.3 Samolot do startu pionowego

Szczególnie imponującym rozdziałem w historii lotnictwa jest rozwój pionowych samolotów startowych. Zostanie to omówione bardziej szczegółowo poniżej.

Błotniak zbożowy Hawker Siddeley

Rozwój "błotniaka stawowego" sięga 1957 roku, kiedy to firma Bristol poinformowała Sydney Camm, że pracuje nad silnikiem do pionowego startu i lądowania (VTOL). Pierwszy prototyp P.1127 powstał w 1960 r., pierwszy lot pierwszej maszyny z planowanej produkcji seryjnej w 1961 r. P.1127, w ulepszonej wersji zwanej również Kestrel, nigdy nie trafił do produkcji seryjnej. Zbudowano tylko 14 samolotów. Jednak pustułka stała się błotniakiem zbożowym, który w 1966 roku wykonał swój dziewiczy lot. Błotniak zbożowy posiada w kadłubie silnik odrzutowy, którego strumień wydechowy jest kierowany w dół lub w tył przez obracające się dysze oporowe. Pierwotnie błotniak stawowy został zaprojektowany jako bombowiec myśliwski. W czasie wojny na Falklandach, Błotniak Żaglowy służył dobrze i był równy i lepszy od samolotów myśliwskich Argentyńskich Sił Powietrznych. Specjalna wersja błotniaka stawowego została również opracowana dla sił morskich. Błotniak morski został od tego czasu użyty na brytyjskim lotniskowcu. Błotniak stawowy był dalej rozwijany przez British Aerospace i Boeing i od tego czasu jest używany przez Marines USA. Spektakl błotniaka stawowego jest również imponująco udokumentowany w filmie Prawdziwe kłamstwa, kiedy to Agent Tasker, grany przez Arnolda Schwarzeneggera, użył błotniaka stawowego do uratowania porwanej córki z rąk brutalnych terrorystów.

Rysunek 39 pokazuje lądowanie błotniaków zbożowych na lotniskowcu podczas wojny na Falklandach w 1982 r.

Dornier Do 31

Dornier Do 31 to rozkaz rozwoju z 1962 roku, kiedy to Niemieckie Siły Zbrojne zleciły opracowanie transportera strefy walki z Dornier. Zbudowano trzy prototypy. Pierwszy lot prototypu odbył się w 1967 roku, a projekt okazał się całkowitym sukcesem, demonstrując możliwości niemieckiego przemysłu lotniczego. Jednak ze względu na spodziewane wysokie koszty, projekt został przerwany w 1969 roku.

Jakovlev Jak-38

Pod koniec lat 60. radziecki przemysł lotniczy zaczął rozwijać samoloty do startu pionowego. Prototyp Jak-38 latał w 1971 roku, a próby z samolotami do startu pionowego na lotniskowcach rozpoczęto w 1975 roku. Produkcję Jak-38 rozpoczęto w 1975 roku, a Jak-38 stacjonował na czterech lotniskowcach klasy kijowskiej. Wraz z likwidacją lotniskowców w połowie lat dziewięćdziesiątych wycofano z eksploatacji również Jak-38.

Lockheed Martin F-35

F-35 zastąpił błotniaka stawowego. Wielozadaniowy myśliwiec został zaplanowany w Lockheed Martin w 2001 roku. Faza testów gotowości do produkcji rozpoczęła się w 2004 roku. Pierwszy lot F-35 odbył się w 2006 roku. Produkcja seryjna rozpoczęła się w 2011 roku, a cena za samolot wyniesie około 122 mln USD. 500 jednostek zostało już dostarczonych.

Tabela 44: Dane techniczne wybranych statków powietrznych do startu pionowego

	Harrier	Jak 36	JSF/F-35
Pierwszy lot	1966	1963	2006
Długość w m	14,17	16,75	15,67
Rozpiętość w m	7,7	7,4	13,11
Max. Masa startowa w kg	11.800	11.800	27.215
Prędkość maksymalna	1190 km/h	1150 km/h	1.8 Mach
Drive	1 Turbofan RollsRoyce	2 Turbofan R-27-300	1 Turbofan Pratt&Whitney
Uzbrojenie	Do 3 650 kg	Broń, rakiety, bomby	Do 8,165 kg Rakiety, bomby

Źródło: Badania internetowe

4.4.4 Latające łodzie i samoloty amfibijne

W historii lotnictwa rozwój latających łodzi i amfibii zajmuje osobne miejsce. Łódź latająca to typ samolotu przeznaczonego do startu i lądowania na wodzie, którego kadłub jest wyporny. Samoloty amfibijne to samoloty, które mogą startować i lądować zarówno z wody jak i z lądu. W przeciwieństwie do czystych samolotów morskich, mają one chowane podwozie. Bezpośrednio po rozpoczęciu działalności lotniczej, dziedzina ta stała się niezależnym obszarem badań i rozwoju, którego dalszy rozwój zawsze był napędzany względami wykorzystania wojskowego. Tak więc, podczas I wojny światowej, samoloty morskie przeżyły znaczny boom. W tamtych czasach samoloty były jednak nadal czystymi samolotami morskimi. Samoloty te były wyposażone w łódkowe pływaki pod skrzydłami. W okresie międzywojennym samoloty morskie osiągnęły wysoki poziom rozwoju, co wynikało z faktu, że samoloty lądowe nie były jeszcze w stanie pokonywać dużych odległości bez międzylądowania. W tym czasie łodzie latające miały tę zaletę, że mogły lądować na morzu i mogły być tankowane przez tankowce, a następnie kontynuować lot. Ponadto w miejscach przeznaczenia dostępne były rozległe urządzenia portowe, które ułatwiały wyładunek. W rzeczywistości jednak przede wszystkim wzburzone morze utrudniało lądowanie, a podróżowanie statkiem powietrznym nie było tak romantyczne, jak reklamowano w broszurach firm turystycznych i lotniczych. Pod koniec lat 30-tych XX wieku zbudowano w końcu ogromne łodzie latające, które były wykorzystywane do regularnych, regularnych lotów przez oceany. Wraz z wybuchem II wojny światowej łodzie latające służyły głównie do rozpoznania morskiego oraz do lokalizowania i ratowania rozbitków statków. Druga wojna światowa zapowiadała jednak również koniec latania samolotami morskimi, ponieważ w wyniku rozwoju technicznego wyprodukowano samoloty dalekiego zasięgu nadające się do wykorzystania na pełnym morzu, które mogły z łatwością pokonywać duże odległości na różnych kontynentach bez konieczności zatrzymywania się. Niemniej jednak, samoloty morskie i amfibijne nadal istnieją. Poniższy esej przedstawia najważniejsze rodzaje latających łodzi i samolotów amfibii.

W czasie *I wojny światowej, łodzie latające były* używane przez wszystkie główne siły. Szczególną uwagę należy zwrócić na latające łodzie Lohnera, które były używane przez k.u.k. Kriegsmarine niezwykle skutecznie przeciwdziała celom lądowym i morskim. Zainteresowanie samolotami morskimi obudziło się w Wielkiej Brytanii. Dwa lata później w pobliżu portu morskiego Pola powstało centrum testów lotniczych. W 1911 roku kontrakt deweloperski został przyznany projektantom Micklowi, Warchalowskiemu i Lohnerowi. To głównie inżynierowie Lohnera, w oparciu o swoje doświadczenie z francuskimi samolotami, skonstruowali w 1913 r. prototyp samolotu o wybitnych właściwościach lotnych, który można uznać za podstawę do późniejszych opracowań. Prawdopodobnie najsłynniejszymi latającymi łodziami wojennymi były Lohner typu T z numerem seryjnym L-47, Lohner typu M z numerem seryjnym L-16, OEFFAG typu H z numerem seryjnym A-11 oraz Hansa Brandenburg typu CC A-24. Wszystkie te latające łodzie były pilotowane przez porucznika Gottfrieda von Banfielda. Banfield był jedynym pilotem, który otrzymał Krzyż Marii Theresienritter. Została mu ona przedstawiona osobiście w 1917 roku przez cesarza Karola. Dane dotyczące osiągów łodzi latających Lohner są przedstawione na typie T: Wymiary (rozpiętość skrzydeł 16,20/10 m, długość 10,85 m, wysokość 3,5 m), masa własna 895 kg, masa startowa: 1325 kg, zapas paliwa: 230 kg, czas lotu 6,5 godz., zasięg: 650 km, czas wznoszenia do 1000 m: 15 min, prędkość maksymalna: 105 km/h, silnik (1 x 150 KM 6-cylindrowy silnik rzędowy Hiero z chłodzeniem wodnym, sztywne 2-łopatkowe śmigło drewniane), załoga: 1 pilot i 1 obserwator.

W latach 1919-1938 doświadczenia z latającymi łodziami zaowocowały kilkoma udanymi cywilnymi i wojskowymi wersjami latających łodzi i samolotów amfibii. Najwybitniejszymi osiągnięciami były niemiecki Dornier-X i Blohm and Voss BV 238, amerykański skonsolidowany PBY "Catalina", brytyjski Short Sunderland Mk. 1 i prawdopodobnie najlepsza łódź latająca tamtych czasów japoński Kawanishi H8K2. Bazując na swoim doświadczeniu z łodzią latającą "Super-Wal", niemiecki konstruktor samolotów Claudius Dornier zbudował latającego giganta, który jako Dornier Do-X zajmuje mocne miejsce w historii lotnictwa. Latająca łódź miała swoją premierę w 1929 roku, miała rozpiętość 48 metrów, długość 40,9 m, wysokość 10,1 m i była napędzana 12 silnikami Siemens Jupiter o mocy 525 KM każdy w układzie tandemowym. Samolot został zaprojektowany do przewozu 66 pasażerów. Załoga składała się z 14 osób. Chociaż loty próbne zakończyły się całkowitym sukcesem, samolot nie miał żadnego komercyjnego zastosowania.

W czasie *II wojny światowej* wszystkie główne walczące potęgi obsługiwały łodzie latające, a także rozwinęły giganty, z których większość nie wyszła poza fazę prototypu. Poniżej znajdują się niektóre z najważniejszych łodzi latających.

W czasie II wojny światowej firma Blohm and Voss zbudowała w Niemczech szereg łodzi latających, w tym gigantyczny, latający samolot o nazwie BV 238. Samolot BV 238 wykonał swój dziewiczy lot w 1944 r. Miał rozpiętość skrzydeł 60,15 m, długość 43,5 m, wysokość 13,4 m i był napędzany sześcioma silnikami o mocy 1730 KM. Kariera maszyny ograniczała się tylko do lotów testowych. Został zniszczony przez amerykańskie Mustangi.

W czasie II wojny światowej USA miały potężne łodzie latające. Najbardziej znanym modelem był Consolidated PBY-6 "Catalina". Prototyp Cataliny poleciała po raz pierwszy w 1935 roku i została wyprodukowana w liczbie 3400 sztuk, co czyni ją najczęściej budowaną łodzią latającą.

Brytyjski krótki "Sunderland" miał rozpiętość 43,35 m, długość 26 m, wysokość i był napędzany czterema silnikami o mocy 1010 KM. Siedmioosobowa załoga mogła mieć pewien komfort, ponieważ na pokładzie znajdowało się sześć koi, kuchnia i apteka. Przy ofensywnym uzbrojeniu maszyna może przenosić bomby o wadze 900 kg lub miny podwodne. Uzbrojenie obronne składało się z ośmiu karabinów maszynowych 7,7 mm. To skłoniło Niemców do nadania mu oznaczenia "Latający jeżozwierz". Latające łodzie były używane od początku wojny. W sumie wybudowano 90 Sunderlands.
Prawdopodobnie najlepsza łódź latająca drugiej wojny światowej pochodzi od japońskiego producenta samolotów Kawanishi. Łódź latająca o oznaczeniu "H8K2" została zbudowana w latach 1941/42. Łódź latająca

miała rozpiętość 38 m, długość 28,13 m i była napędzana czterema silnikami o mocy 1530 KM każdy. Łącznie zbudowano 167 latających łodzi tego typu. Na początku wojny samoloty musiały wypełniać zadania bojowe, pod koniec wojny były coraz częściej wykorzystywane do ewakuacji personelu z walczących wysp Pacyfiku. Podczas jednego z lotów H8K, amerykański oficer towarzyszący podobno powiedział japońskiemu pilotowi Japonia przegrała wojnę, ale H8K jest najlepszym samolotem morskim na świecie.

Bezpośrednio *po drugiej wojnie światowej* wiele linii lotniczych stosowało przerobione wersje wojennych łodzi latających, na przykład Short "Sunderlands" były używane przez Ansett Australia. Oprócz tego powstały udane nowe konstrukcje, takie jak Saro (Saunders Roe) "Princess". Ale nie odniosła ona sukcesu, ponieważ nieporozumienia polityczne uniemożliwiły masową produkcję. Trzy istniejące łodzie latające zostały zmotoryzowane, aby być dostępne dla dowództwa transportu lotniczego w czasach kryzysu. Latające łodzie nie były używane w żadnym kryzysie, nawet w czasie kryzysu sueskiego. Kolejnym niezwykłym prototypem była gigantyczna łódź latająca Hughes H-4 ekscentrycznego miliardera Howarda Hughesa. Miał on długość prawie 67 m i maksymalną wagę lotu 181 ton. Motoryzacja składała się z ośmiu silników. Pozwolono jej na wykonanie tylko jednego lotu.

W czasie zimnej wojny rozwój latających łodzi miał miejsce również na wschodzie. Radziecki producent samolotów Beriev zajmował się głównie budową latających łodzi. Beriev opracował szereg nowoczesnych łodzi latających, na przykład Be-6, która została wyprodukowana w 1949 roku. Następcą był model Be-12, który był produkowany w dużych seriach od połowy lat 60. i stał się standardowym samolotem sił powietrznych radzieckiej marynarki wojennej. Największy na świecie samolot amfibijny to typ Be-42 o rozpiętości 42,5 m, długości 45,7 m i wysokości 11 m. Samolot jest napędzany czterema silnikami odrzutowymi. Dzięki temu możliwe są prędkości rzędu 800 km/h. Ten samolot jest przeznaczony do działań poszukiwawczych i ratowniczych na morzu. Jest to latający szpital do leczenia pacjentów hipotermalnych. Beriev Be-42 stał się mniejszym Be-200, który jest produkowany seryjnie.

Na zachodzie warto wspomnieć o dwóch latających łodziach. Japońska firma Shin Meiwa kontynuuje tradycję Kawanishi i buduje amfibiowy samolot PS-1, potężny samolot z czterema silnikami; został on zaprojektowany specjalnie do akcji ratowniczych na morzu i podtrzymuje tradycję starych latających łodzi. Rozpiętość skrzydeł wynosi 33,15 m, długość 33,46 m.

Samolot jest napędzany czterema silnikami turboodrzutowymi. Waga lotu wynosi około 45 000 kg przy maksymalnej prędkości 430 km/h.

Prawdopodobnie najsłynniejszy amfibijny samolot dzisiejszych czasów ma stanowić zakończenie prezentacji. CL-215 z Canadair został specjalnie zaprojektowany do zwalczania pożarów lasów. Może pomieścić do 5600 litrów wody. Rozpiętość skrzydeł wynosi 28,6 m, a długość 19,82 m. Samolot jest napędzany dwoma silnikami radialnymi. Waga lotu wynosi około 19 900 kg przy prędkości 350 km/h. Do tej pory zbudowano 137 samolotów CL-215.

Rysunek 40 przedstawia japońską łódź latającą PS-1

4.5 Sterowce

Pomysł powieszenia statku z kuli, która została wypompowana z powietrza, pochodzi z XVII wieku. Jednak projekt ten nigdy nie został zrealizowany, ani też nie był projektem z 1785 roku, który zawierał już wszystkie elementy, takie jak zespół napędowy z podwieszoną pod spodem gondolą, ster i trzy śmigła napędzane silnikami mięśniowymi do napędu. Pierwszym sterowcem, który naprawdę wykonał swój dziewiczy lot 24 września 1852 roku był "Giffard I", konstrukcja Henri'ego Giffarda. Statek powietrzny był napędzany silnikiem parowym o mocy 3 KM. Podróż odbyła się na wysokości 1800 m z prędkością 9 km/h z Paryża na odległość 27 km do Trappes. Długi balon, w którym zainstalowano silnik parowy, miał długość 44 m i objętość 2500 metrów sześciennych. Pod balonem była gondola z silnikiem. Sterowiec był sterowany przez żagiel. W 1857 roku miał być wykonany drugi lot. Podczas tego lotu sterowce zostały jednak zniszczone.

Kolejnym kamieniem milowym w rozwoju sterowców był wynalazek niemieckiego inżyniera Paula Haenleina w Brnie, który w 1872 r. osiągnął prędkość 18 km/h z 50-metrowym sterowcem. Jednak jego eksperymenty zostały zaniechane z powodu braku pieniędzy.

W następnych dziesięcioleciach przeprowadzono szereg obiecujących eksperymentów z sterowcami, zwłaszcza we Francji i w Niemczech. We Francji to najpierw kapitanowie Charles Renard i Arthur C. Krebs zbudowali elektryczny sterowiec zasilany baterią. Podróż statkiem powietrznym "La France" trwała około 20 minut, w czasie której przebyli dystans prawie 8 kilometrów. Podczas tych podróży osiągnęły one prędkość prawie 23 km/h na wysokości około 300 m. W sąsiednich Niemczech to przede wszystkim dwóch pionierów lotnictwa miało decydujący wpływ na historię rozwoju niemieckiego sterowca. Z jednej strony był to lipski księgarz Friedrich Hermann Wölfert, który wzbudził duże zainteresowanie pruskim działem sterowców z silnikiem Daimlera. Pierwszy sztywny sterowiec został zbudowany w 1895 roku przez Davida Schwarza w Berlinie. Statek powietrzny składał się już z aluminiowej ramy i był pokryty blachą aluminiową. Schwarz nie doczekał się jednak dziewiczego lotu swojego sterowca, gdyż wkrótce potem zmarł. Statek powietrzny został poważnie uszkodzony podczas lądowania, tak że naprawa nie była już warta zachodu. Przekrętem losu było jednak to, że wśród obserwatorów wypadku znalazł się oficer kawalerii Badenii-Wirtembergii Ferdinand von Zeppelin, który nabył patenty i wzory i w 1898 roku złożył wniosek o patent na wzór "samolotu sterowniczego".
Ferdinand Graf Zeppelin był oficerem kawalerii, który w wieku 52 lat przeszedł na wcześniejszą emeryturę w 1890 roku, a następnie zwrócił się w kierunku rozwoju sterowców. Jego patent z 1898 roku nosił nazwę "Sterowany sterowiec z kilkoma organami pomocniczymi ułożonymi jeden za drugim". Najważniejsze cechy sterowca to smukły szkielet wykonany z aluminium, komora gazowa, system sterowania za pomocą podnośnika i sterów, dwie gondole mocno przytwierdzone do szkieletu i napęd za pomocą śrub na wysokości największego oporu powietrza. Ponieważ nie znalazł zainteresowania ze strony oficjalnych władz, założył stowarzyszenie promujące sterowce, aby zrealizować swój plan. W hali pływającej nad Jeziorem Bodeńskim w pobliżu Friedrichshafen rozpoczęto montaż pierwszego zeppelina. Hala może być zamieniona w wiatr dla trudnej procedury startowej. Pierwszym prototypem zeppelina był LZ 1 o długości 128 m i średnicy 11,65 m. Napęd składał się z dwóch silników Daimlera o mocy 14,2 KM każdy. 11 300 metrów sześciennych wodoru zapewniło niezbędny skok. Pierwsze wejście do prototypu miało miejsce 2 lipca 1900

roku. Lot trwał tylko 18 minut, potem zerwała się wyciągarka do wagi balastowej i Zeppelin musiał wykonać lądowanie awaryjne. Pierwsza próba zbudowania przemysłu sterowców nie powiodła się, ponieważ Graf Zeppelin nie miał wystarczających środków finansowych i nie udało się znaleźć inwestora. Projekt mógł być kontynuowany tylko dzięki darowiznom od miłośników lotnictwa. Zeppelin zbudował typy LZ 2 i LZ 3. Szczególnie LZ 3 wzbudził zainteresowanie wojska sterowcami i wojsko kupiło LZ 3. Do 1913 r. sterowiec LZ 3 służył wojsku jako sterowiec szkolny pod nazwą Z 1. Podczas I wojny światowej Niemcy w większym stopniu wykorzystywali wojskowe okręty powietrzne dla wojska i marynarki wojennej do prowadzenia wojny powietrznej na lądzie i morzu. Inne narody używały swoich sterowców głównie w marynarce wojennej. W okresie międzywojennym rozwinął się tętniący życiem przemysł sterowców komercyjnych. Brytyjski sterowiec zdołał po raz pierwszy przepłynąć Atlantyk w 1919 r. Następnie utworzono regularny serwis. Koniec wielkich sterowców w służbie cywilnej przypieczętowała niszczycielska katastrofa Hindenburga, gdy wielki sterowiec Hindenburg stanął w płomieniach podczas lądowania w Lakehurst/USA, zabijając 36 osób. Podczas II wojny światowej statki powietrzne były bardzo skutecznie wykorzystywane przez aliantów do ochrony konwojów. Ponad 100 sterowców służyło na Atlantyku i Pacyfiku. Po drugiej wojnie światowej sterowce nadal służyły w armii amerykańskiej. Jednak rozwój potężnych samolotów patrolowych doprowadził do zastąpienia sterowców w latach 60-tych. Dopiero w ostatnich latach odkryto na nowo sterowce jako platformę do zadań związanych z nadzorem.

Rysunek 41 przedstawia Zeppelina "Niemcy

4.6 Rozwój helikopterów

4.6.1 Helikoptery do końca drugiej wojny światowej

Śmigłowiec to samolot, który jest napędzany przez jeden lub więcej poziomych wirników i może startować i lądować w pionie oraz latać w dowolnym kierunku. Słowo "helikopter" pochodzi od greckiego heliko (spirala) i pteron (skrzydło). Początek rozwoju helikoptera znajduje się w Chinach. Tam, około 400 roku p.n.e., wynaleziono chiński "flight spinning top", który składał się z kija ze śmigłem przymocowanym do końca. Kij został szybko obrócony w ręku, a następnie wypuszczony w powietrze. Dzisiejsze zabawkowe blaty obrotowe są bardzo podobne do chińskich latających blatów, ale zazwyczaj są ustawiane w rotacji za pomocą sznurka. Pod koniec XV wieku Leonardo da Vinci naszkicował maszynę, która miała latać pionowo za pomocą śmigła w kształcie śruby. W ciągu XVIII wieku zarówno rosyjski Michaił V. Lomonosov, a także Francuzi Launoy i Bienvenu oraz Anglik Sir George Cayley zaprojektowali różne modele helikopterów, m.in. z napędami w postaci skręconych gumowych linek i dwóch wirników, które obracają się w przeciwnych kierunkach. Pod koniec XIX wieku ponownie przeprowadzono eksperymenty z lotem helikopterem. Dużym problemem było znalezienie napędu, który ważyłby tak mało, że mógłby unieść ze sobą własny ciężar. Podejmowano różne próby budowy helikoptera napędzanego parą, na przykład przez Anglika W.H. Phillipsa, który w 1842 r. zbudował model ważący 10 kg. Francuz Viscomte de Ponton d'Amecourt również zbudował mały model w 1863 roku. Nadał jej nazwę "Helikopter". Włoski Enrico Forlanini zbudował w 1878 roku model, który ważył tylko 3,5 kilograma i mógł latać. Thomas Edison również eksperymentował z modelami helikopterów, ale doszedł do wniosku, że nie da się zbudować działającego śmigłowca, dopóki nie znajdziemy lżejszego i bardziej stabilnego systemu napędowego niż silnik parowy. Na przełomie wieków wynaleziono silnik spalinowy. Otworzyło to zupełnie nowe perspektywy dla lotnictwa. W 1904 roku Francuz Renard zbudował helikopter z dwoma wirnikami umieszczonymi obok siebie. W 1907 roku Breguet i Richet's "Żyroplan 1" leciały z pasażerem przez jedną minutę na wysokości jednego metra. Był zakotwiczony w ziemi, miał cztery wirniki - każdy z czterema podwójnymi łopatkami wirnika - i 45 KM silnik gaźnika. Mniej więcej w tym samym czasie inny Francuz o nazwisku Cornu zbudował helikopter z dwoma łopatami z płótna na wirnik i silnikiem 24 KM. Model leciał 20 sekund na wysokości 30 cm, niósł pilota i nie był zakotwiczony do ziemi. W 1909 roku amerykańscy bracia Emile i Henry Berliner zbudowali dwusilnikowy helikopter, który przewoził pilota i nie był zakotwiczony do ziemi. W 1910 r. rosyjski Igor Sikorsky skonstruował śmigłowiec, który mógł unieść 180 kg, ale poza własnym ciężarem nie mógł już przenosić ciężaru pilota. Po pewnym czasie pracy nad nim Sikorsky porzucił projekt i rozpoczął budowę samolotów w Rosji i USA. W tym czasie Borys N. Juriew budował już w Rosji helikopter z dużym wirnikiem głównym i mniejszym ogonowym, aby zneutralizować moment obrotowy (dziś dominujący model), ale nigdy nie latał. Juriew później został szefem rozwoju radzieckich helikopterów. Wreszcie w Austrii Petroczy i von Kármán zdołali zbudować helikopter obserwacyjny, który wzniósł się na wysokość 50 metrów, w pełni załadowany i zakotwiczony do ziemi. Podczas I wojny światowej i zaraz po niej opracowano lepsze i lżejsze silniki benzynowe. Przesunęło to problem dla projektantów helikopterów. Nie chodziło już o to, jak nakłonić helikopter do startu z ziemi. Teraz chodziło o to, by znaleźć sposób na faktyczną kontrolę jego lotu. W 1922 roku George de Bothezat zbudował w USA helikopter z czterema wirnikami, po jednym na każdym "rogu". Model był kontrolowany poprzez zmianę skoku zbiorczego każdego z wirników oddzielnie. Leciał kilka razy z pasażerami, osiągając wysokość do 6 metrów. Armia amerykańska planowała jego produkcję, ale później zrezygnowała z tego planu z powodu zbyt wysokich kosztów.

W Hiszpanii markiz Raul Pateras Pescara opracował helikopter z dwoma współosiowymi wirnikami, które biegły w przeciwnych kierunkach (współosiowy = zamontowany na jednej osi; konstrukcja ta jest stosowana w najnowszych rosyjskich śmigłowcach bojowych i jest również testowana w modelach państw zachodnich). Jako pierwszy zastosował cykliczną kontrolę skoku do sterowania śmigłowcem (patrz sekcja. Śmigłowiec ustanowił rekord lotu na wysokości 736 metrów, ale był bardzo niestabilny. W latach 1924-29 Holender von Baumhauer opracował helikopter z głównym wirnikiem i pionowym wirnikiem ogonowym w celu neutralizacji momentu obrotowego. Model ten miał oddzielne silniki dla obu wirników. To jednak bardzo utrudniło kontrolę nad śmigłowcem. Synchronizacja obu silników była skomplikowana, a po poważnym zderzeniu projekt został porzucony. Modele zostały również opracowane we Włoszech, Rosji i USA. Jednak pomimo wszystkich poczynionych postępów, problemy z kontrolą i stabilnością nadal stanowiły poważną przeszkodę. Śmigłowce w rzeczywistości nadawały się tylko do lotów pionowych. W tym czasie wynaleziono autogiro. Pierwsze modele w latach dwudziestych XX wieku zostały wykonane przez Hiszpana Juana de la Cierva. Pomysł polegał na zastosowaniu podnośnika automatycznego obracania - to znaczy, że wirnik obraca się ze względu na opór powietrza - i po prostu zastąpieniu normalnego skrzydła lekko pochylonym wirnikiem bez napędu silnikowego. Kiedy autogiro zostało przesunięte do przodu za pomocą normalnego silnika śmigłowego, wirnik zaczął się obracać i maszyna wystartowała. W rezultacie powstał sterowany samolot - wciąż problem z ówczesnymi śmigłowcami - który mógł ślizgać się nawet przy bardzo małych prędkościach. Pierwsze modele miały tendencję do "jąkania się" w locie, ponieważ powietrze przepływało przez wirnik asymetrycznie. Problem został rozwiązany poprzez zamocowanie łopatek wirnika w taki sposób, aby łatwo dostosowywały się one do przepływu powietrza. Wyprodukowano ponad 500 modeli Cierva C6, z których wiele zostało wyprodukowanych przez licencjonowane firmy w Wielkiej Brytanii, Francji, Niemczech, Rosji i USA. W przeciwieństwie do zwykłych samolotów, autogrom był w stanie kontynuować loty z bardzo niskimi prędkościami. Ale nie mógł zawisnąć i wystartować ani wylądować w pionie jak helikopter.

Podczas gdy autogyro znajdowało się w rozkwicie, rozwój helikoptera kontynuowano gdzie indziej. W 1935 r. Breguet i Dorand zbudowali helikopter z dwoma współosiowymi wirnikami i wirującymi łopatami, sterowanymi cyklicznym skokiem łopat i różnym momentem obrotowym obu wirników. Ta maszyna mogła latać z prędkością 45 kilometrów na godzinę na wysokości 158 metrów przez ponad godzinę. W 1936 r. Heinrich Focke skonstruował helikopter z dwoma sąsiednimi wirnikami, który był sterowany za pomocą cyklicznej i zbiorczej kontroli nachylenia łopat. Osiągnął nowe rekordy prędkości (122,5 km na godzinę), wysokości lotu (2440 metrów) i czasu trwania lotu (1 godzina 21 minut). Podczas drugiej wojny światowej Focke i Achgelis wykorzystali go do opracowania modelu Fa-223, który był gotowy do użycia w 1941 roku. Potrafił wspiąć się na wysokość 5000 metrów, miał prędkość przelotową 120 kilometrów na godzinę i mógł przewieźć sześć osób oraz 900 kilogramów ładunku na odległość do 300 kilometrów.

Rysunek 42 przedstawia helikopter Focke Achgelis Fa-223.

4.6.2 Helikoptery po drugiej wojnie światowej

W 1938 r. Igor Sikorsky ponownie zaczął projektować helikoptery w Ameryce, tym razem z większym sukcesem. W 1939 r. założył firmę Sikorsky Aircraft Co., a w 1941 r. ukończył opracowywanie swojego modelu VS-300. Jego helikopter, podobnie jak większość nowoczesnych modeli, został wyposażony w duży wirnik główny z trzema łopatami i małym wirnikiem ogonowym do kontroli momentu obrotowego i kierunku jazdy. W przeciwieństwie do modelu Baumhauera, który miał oddzielny silnik dla każdego wirnika, VS-300 miał tylko jeden silnik dla obu wirników. Dzięki temu konstrukcja jest znacznie bardziej stabilna. System sterowania był podobny do tego, który jest używany dzisiaj: Drążek kontrolny, pedały i uchwyt do kontroli wspólnego skoku i dopływu paliwa do silnika (jednak w nowoczesnym helikopterze dopływ paliwa jest kontrolowany automatycznie, dzięki czemu liczba obrotów na minutę pozostaje stała). W 1942 r. ulepszony następca VS-300, R-4, był gotowy do służby; setki z nich zostało zbudowanych w czasie wojny. Sikorsky eksperymentował również z konstrukcją z dwoma łopatami wirnika, ale uznał ją za zbyt niebezpieczną. Sikorsky R-4 jest powszechnie uważany za pierwszy w pełni funkcjonalny helikopter. Był bardzo prosty w budowie, łatwy w obsłudze i produkowany w dużych ilościach. Właściwie Focke wyprzedzał swojego helikoptera Sikorsky'ego, ale z powodu wojny na początku lat 40. nie mógł kontynuować swojego projektu.

Po sukcesie Sikorsky'ego Lawrence Bell (Bell Helicopter Company) opracował dwupłatowy śmigłowiec Bell Model 47, który otrzymał swój pierwszy regularny certyfikat lotów w USA. W 1947 roku Frank N. Piasecki opracował PV-3 z dwoma tandemowymi wirnikami trójłopatkowymi. Firma Piaseckiego stała się firmą Boeing Vertol, która do dziś produkuje śmigłowce według tej zasady. We Francji Breguet zbudował funkcjonalny model współosiowy w 1946 r., G-II E. W Rosji Kamov zbudował współosiowy śmigłowiec Ka-15. Następnym krokiem naprzód był rozwój silników z turbodoładowaniem na początku lat 50 - silników o korzystniejszym stosunku masy do mocy. Sam helikopter można uznać za w pełni rozwinięty od połowy lat 50-tych. Dalszy rozwój w tej dziedzinie był w większości przypadków tylko ulepszeniem "klasycznych typów", tj. od 1). Sikorskys R-4 z więcej niż dwoma ostrzami, 2) Dzwoneczek dwułopatkowy model 47, 3) Model tandemowy Piaseckiego z dwoma trójłopatkowymi wirnikami i wreszcie 4) współosiowy z dwoma wirnikami obracającymi się w przeciwnych kierunkach, np. Bregueta G-II E i Kamova Ka-15. Wraz z rosnącym wykorzystaniem śmigłowca, jego dalszy rozwój również postępuje szybko. Wymagania dotyczące sprzętu i wydajności są coraz większe. Przez lata sprzedaż na rynku amerykańskim była słaba, głównie z powodu dużej podaży helikopterów ze starych zapasów wojskowych, ale w międzyczasie producenci coraz bardziej optymistycznie patrzą w przyszłość. Połączenie dwóch największych producentów, Boeing Co. i McDonnell Douglas Co., wzmocni również marketing ich produktów. W Azji, wraz z szybkim wzrostem gospodarczym, rozwinął się dość nowy i atrakcyjny rynek. W związku z tym zapotrzebowanie na helikoptery również tutaj prawdopodobnie wzrośnie.

Helikoptery po drugiej wojnie światowej miały pewne problemy z zębami. Jedną z tych chorób był silnik. Silniki tłokowe były bardzo duże i bardzo podatne, co doprowadziło do niestabilnej charakterystyki lotu. Tylko dzięki wprowadzeniu silników turbo można było rozwiązać te problemy. Pionierami tej technologii byli francuscy konstruktorzy helikopterów. Potem sprawy potoczyły się jeden po drugim, ponieważ strategowie wojen z lat 60. włączyli także helikopter jako ważny element transportowy i bojowy. W USA Bell opracował UH-1, która wraz z helikopterami transportowymi Sikorsky'ego stała się ważnym filarem USA w wojnie z Wietnamem. Za żelazną kurtyną Mil opracował śmigłowce na potrzeby sił zbrojnych, takie jak Mi-4, a później Mi-8. Ale Mil opracował i wyprodukował również śmigłowce gigantycznych rozmiarów, takie jak mi-6 i Mi-10. Wraz z rozwojem śmigłowców bojowych powstała zupełnie nowa era. W USA Bell opracował bojowy helikopter AH-1 HueyCobra, który był używany jeszcze pod koniec wojny w Wietnamie. W ZSRR Mil opracował bojowy helikopter Mi-24, który był używany również w Afganistanie. Najważniejszym zadaniem bojowym takich helikopterów była obrona przeciwczołgowa. Po zakończeniu zimnej wojny i zakończeniu klasycznego zagrożenia ze strony armii czołgów, helikoptery bojowe otrzymały nowe zadania. Na razie ostatnią stacją w rozwoju śmigłowców bojowych jest amerykańsko-amerykański AH-64 Apache i Eurocopter. Oba mają wysoką wydajność.

Tabela 45: Dane techniczne wybranych helikopterów

	Alouette III (F)	AB-206/OH-58 (USA/I)	Kamov Ka-60 (Rus)
Typ helikoptera	Lekki helikopter wielozadaniowy	Lekki helikopter wielozadaniowy	Śmigłowiec uniwersalny
Max. Masa startowa w kg	2250	1360	6750
Długość kadłuba w m	10,03	8,74	13,46
Średnica wirnika w m	11,02	10,16	13,50

Uzbrojenie	Żadnego; Jako podnośnik przeciwczołgo wy... wkrętak: PAL W wersji morskiej: Torpeda	Żadnego; W wersji: OH-58 Pistolet Gatlinga	MG i rakiety
Załoga	1 pilot i 6 pasażerów	1 pilot i	2 + 16
Pancerze	żaden	żaden	żaden
Zasięg w km	605	650	650
Prędkość w km/h	197	204	300

	AH-64 "Apache" (USA)	Eurocopter(F/D)	Mil-28 (Havoc)
Typ helikoptera	Atakować helikopter	Atakować helikopter	Atakować helikopter
Max. Masa startowa w t	9,5	6	12,1
Długość kadłuba w m	14,97	14,08	17,01
Średnica wirnika w m	14,63	15,8	17,2
Uzbrojenie	MK, pociski, PAL	MK, pociski, PAL	MK, rakiety, PAL i granatniki
Załoga	2	2	2
Pancerze	Zabezpieczony przed pociskami do 12,7 mm	Zabezpieczony przed pociskami do 12,7 mm	Zabezpieczony przed pociskami do 12,7 mm
Zasięg w km	422	800	407
Prędkość w km/h	365	315	305
	Super Puma (F)	Chinook (USA)	Mi-17 (Rus)
Typ helikoptera	Transport	Transport	Transport

Max. Masa startowa w t	9,3	12,7	13
Uzbrojenie	żaden	MG	Możliwe: pociski, PAL
Załoga i załadunek	2+ 24 lub 29 żołnierzy Max. ładowność 4 140 kg	3+ 33 do 55 żołnierzy	2 + 32 żołnierzy Ładowność do 4.000 kg
Długość w m	16,29	30,1	18,4
Średnica wirnika w m	15,6	18,3	21,3
Prędkość w km/h	278	315	250
Zasięg w km	831	741	950

Źródło: Badania internetowe

Rysunek 43 przedstawia Kamow-25 Hormone na pokładzie śmigłowca Moskva na dużym zdjęciu, a amerykański śmigłowiec AH-64 Apache na małym.

4.7 Uzbrojenie i sprzęt elektroniczny samolotów wojskowych

Uzbrojenie samolotów wojskowych

Na początku XX wieku przestrzeń powietrzna została odkryta w celu prowadzenia działań wojennych. Na początku wojny światowej lotnicy często używali latających strzał, tj. żelaznych igieł o długości od 10 do 20 cm, grubości od 1 do 8 mm, wadze od 1 do 22 g, które były skierowane z przodu i miały z tyłu spiralny lub poprzeczny przekrój w około $^{2/3}$ długości do stabilizacji. Mogły być używane tylko w przypadku łatwych do zranienia i łatwych do trafienia celów masowych z małych wysokości i były porzucane, gdy loty musiały być wykonywane na większych wysokościach. Samoloty zwiadowcze były początkowo uzbrojone w pistolety wielokrotnego załadunku lub karabinki, ale później były także wyposażone w karabiny maszynowe do obrony. Samoloty myśliwskie były uzbrojone w karabiny maszynowe, granaty ręczne, bomby ręczne, a czasem również w pistolety małego kalibru. Uzbrojenie w pistolety większego kalibru (powyżej 3,7 cm) zakłóca równowagę samolotu podczas wystrzału i znacznie obciąża skrzydła i lekkie elementy. W 1916 roku amerykańska firma zaproponowała całkowicie bezodrzutowy pistolet kalibru 7,6 cm z 5,5-kilogramowym ciężarem pocisku do uzbrajania samolotów, który, ważąc tylko 95 kg, byłby w stanie strzelać z wysokości 1500 m w zasięgu 5000-6000 m w pozycji poziomej. Zniszczenie odrzutu jest anulowane przez fakt, że gładka lufa jest połączona z tylną częścią lufy, która otrzymuje ładunek strzału, który jest wystrzeliwany do tyłu przez ładunek materiału pędnego pocisku podczas strzelania. Wniosek ten nie wydaje się zbyt przydatny w praktyce. Bombardiery, początkowo wyposażone w lekkie bomby ręczne, pod koniec wojny światowej przenosiły bomby o masie do 50 kg lub większej, a mianowicie bomby burzące, bomby zapalające i gazowe z zapalnikami udarowymi i opóźnionym zapłonem.

W okresie międzywojennym i w czasie II wojny światowej głównym uzbrojeniem samolotów wojskowych były karabiny maszynowe, armaty automatyczne i bomby. Po wojnie uzbrojenie samolotów odrzutowych nie zmieniło się w porównaniu do myśliwców z silnikami tłokowymi. W warunkach wizualnych (przezroczysta atmosfera) możliwe było użycie armat i pocisków niekierowanych. Dzięki radarowi i odpowiednim pociskom kierowanym możliwe stało się zwalczanie innych samolotów poza polem widzenia pilota.

Sprzęt elektroniczny dla wojskowych statków powietrznych
Wyposażenie elektroniczne statku powietrznego można zasadniczo podzielić na kontrolę lotów i awionikę (składającą się z lotnictwa i elektroniki). Nowoczesne *komputery sterowania lotem* umożliwiają pilotowi utrzymanie myśliwca w powietrzu w ogóle, nawet podczas trudnych manewrów lotniczych. Tylko przy użyciu systemu sterowania lotem, którego komputer reaguje natychmiast na nawet najmniejszą zmianę położenia, możliwe jest utrzymanie takiego samolotu w powietrzu w ogóle. Jednocześnie elektronika zapewnia optymalne zachowanie parametrów eksploatacyjnych lotu, dzięki czemu pilot może w pełni skoncentrować się na swoim zadaniu. System sterowania lotem jest zaprojektowany z wielokrotną redundancją. Wejścia sterujące pilota wykonywane są za pomocą centralnie umieszczonych miniaturowych elementów sterujących, pedałów i dźwigni mocy i przekazywane są do tego komputera sterującego. Komputer ten uzyskuje dodatkowe informacje na temat wartości położenia w locie i przyspieszenia z czujników. Sygnały komputerowe są następnie przekazywane do serwomotorów, które sterują wszystkimi powierzchniami sterowania. Obsługa listew i hamulców pneumatycznych oraz kontrola mocy silnika.

Sercem *awioniki myśliwca* jest wielofunkcyjny, impulsowy radar dopplerowski, służący do poszukiwania i akwizycji celów z możliwością podglądania i zestrzeliwania (zdolność do angażowania celów na niższych wysokościach i tym samym wykrywania na tle powierzchni ziemi lub wody). Wszystkie dane radarowe muszą być zdolne do zapisu lub transmisji poprzez łącze danych (automatyczna radiowa transmisja danych) bezpośrednio do stacji naziemnych, statków powietrznych wczesnego ostrzegania lub latających stanowisk dowodzenia lub do innych odrzutowców bojowych. Radar ma możliwość śledzenia wielu celów o różnych priorytetach i jednoczesnego wyszukiwania dodatkowych celów. W przypadku wyświetlania obrazu termicznego, pojemnik FLIR jest zwykle przewożony wzdłuż (czujnik podczerwieni Forward Looking Infrared - czujnik podczerwieni ustawiony w kierunku lotu).

Ponadto nowoczesne myśliwce posiadają systemy nawigacji laserowej i urządzenia radiowe VHF/UHF.

4.8 Rakiety bezzałogowe

Bezzałogowe statki powietrzne (UAV) to każdy rodzaj powiększonego modelu statku powietrznego lub modelu śmigłowca, który jest w stanie operować nad obszarem zwiadu przez dłuższy okres czasu z ładunkiem jednego lub więcej czujników, takich jak kamery, kamery telewizyjne na podczerwień lub systemy obrazowania termicznego, i albo niezwłocznie przekazuje uzyskane dane drogą radiową, albo przekazuje je do oceny dopiero po lądowaniu. Przejście od bezzałogowych statków powietrznych do robotów jest płynne i nie może być dokładnie zdefiniowane. Najważniejsze bezzałogowe statki powietrzne to drony, które są wykorzystywane głównie przez artylerię do zwiadów. Rozmiary samolotów bezzałogowych są różne i wahają się od 2 do 35 metrów. Najważniejsze drony to obecnie my Hunter (masa startowa ok. 727 kg), Predator (masa startowa ok. 4 540 kg) oraz Global Hawk.

4.9 Tendencje rozwojowe w zakresie broni i systemów uzbrojenia sił powietrznych

W dziedzinie *samolotów stałopłatowych* trwają już prace nad rozwojem samolotów stealth, podobnie jak nad rozwojem samolotów bezzałogowych. Jednym z samolotów myśliwskich, który może być umieszczony w tej kategorii jest Barracuda. Przy długości ośmiu metrów, rozpiętości skrzydeł siedmiu metrów i masie prawie trzech ton, obiekt latający jest znacznie mniejszy niż załogowy samolot bojowy. Bezzałogowy bojowy pojazd powietrzny (UCAV) leci całkowicie niezależnie. System radarowy w nosie stale określa profil terenu i porównuje te dane z zapisaną mapą. Barracuda jest wyposażona w bardzo czułe kamery termowizyjne i skanery radarowe. Jego siła w porównaniu z dronami polega na dużej prędkości. UCAV-y latają szybciej niż drony, potrafią samodzielnie wykrywać zagrożenia i mogą ich unikać. Jednocześnie, te UCAV-y dostarczają obrazy o podobnej dokładności jak drony.

W rozwoju *helikopterów coraz częściej wykorzystuje* się węgiel, który pozwala zaoszczędzić na wadze. Śmigłowce będą również coraz częściej wyposażane w sprzęt elektroniczny w kokpicie, szczególnie w zakresie sterowania (autopilot itp.).

Ważnym krokiem w kierunku *połączenia możliwości samolotu stałopłatowego i śmigłowca* było opracowanie samolotu wiropłatowego Bell-Boenig V-22 "Osprey". Pierwszy lot prototypu odbył się w 1989 roku. Rozwojowi gotowości do produkcji seryjnej towarzyszyło wiele wypadków śmiertelnych. Został on wprowadzony do US Marine Corps w 2005 r., a we wrześniu 2007 r. pierwsza jednostka wyposażona w Ospreys została przeniesiona do Iraku. Główną cechą konstrukcyjną tego samolotu wiropłatowego są dwa wirniki, które znajdują się na końcach głównych skrzydeł i mogą być obracane. W pozycji pionowej samolot może startować i lądować jak helikopter, a w pozycji poziomej może latać poziomo jak samolot o stałym skrzydle. Maksymalna prędkość wynosi około 500 km/h. Samolot typu tiltrotor może przewieźć od 24 do 32 żołnierzy.

5. Rakiety i pociski wycieczkowe

5.1 Rozwój rakiety

Istotną cechę rakiety, która napędzała rakiety, można historycznie prześledzić już od około 100 roku p.n.e., kiedy to grecki filozof, Heron z Aleksandrii, eksperymentalnie zweryfikował ten rodzaj napędu swoją kulą aeoliańską. Pierwszy zachowany raport o rakietach znajduje się w chińskiej książce, poza tym, że bizantyjczycy podobno użyli w jednym przypadku pocisku przypominającego rakietę już w VII wieku n.e.. Opisuje on oblężenie miasta Kai-Fung-Fu w 1232 roku i donosi, że uwięzieni ludzie bronili swojego miasta strzałami latającego ognia. Opis ten pozwala jedynie stwierdzić, że musiały to być pociski. Inny opis użycia rakiety również pochodzi z Chin. W 1500 r. n.e. Mandaryn o imieniu Wan-Hu mówi się, że miał pomysł użycia silnika rakietowego do latania. Podaje się, że 47 służba zapaliła 47 rakiet prochowych, które Wan-Hu zamontował pod smoczym pojazdem, w którego siodle sam siedział. Od momentu odpalenia tych rakiet nie było żadnego śladu Wan-Hu. Tylko potężna chmura dymu ogłosiła, że Wan-Hu najwyraźniej przecenił siłę napędową swoich rakiet, ale nie docenił ich wybuchowego działania. Napęd rakiet jest ściśle związany z zasadą recoilu. Już w XVII wieku Isaac Newton sformułował tę zasadę, która jest tak ważna dla podróży kosmicznych i która leży u podstaw rakiety. Pół wieku po opublikowaniu "zasady" Newtona, rakieta zaczyna odgrywać rolę broni. Był on używany przeciwko Brytyjczykom w wojnach kolonialnych w Indiach w latach 1780-1784, a Indianie założyli nawet korpus rakietowy, który ostatecznie składał się z 5000 ludzi. W wyniku tego w większości krajów europejskich powstały pułki rakietowe. Dalszymi kamieniami milowymi w rozwoju rakiety były prace Tsiolkovskiego w latach 1895-1898, Obertha w 1923 r. i Goddarda w 1919 r. Goddard był pierwszym naukowcem, który eksperymentował z rakietami ciekłymi. 16 marca 1926 roku wystrzelono pierwszą rakietę z napędem na ciecz. Podczas gdy w Ameryce Goddard przeprowadzał swoje eksperymenty, w Europie tylko bardzo nieśmiało zajmowano się książką Obertha "Rakieta w przestrzeń kosmiczną". Ostatecznie w 1927 roku we Wrocławiu powstało Towarzystwo Żeglugi Kosmicznej, do którego Wernher von Braun dołączył w 1930 roku. W tym czasie również Biuro Broni Niemieckiej Wehrmachtu zaczęło interesować się rakietami. Od 1932 r. na stanowisku badawczym w Kummersdorfie powstały urządzenia rozwojowe do rakiet płynnych. Od pierwszych eksperymentów z rakietą o długości 1,4 m i grubości 30 cm, zwaną A-1, powstał projekt A-4, w którym uczestniczyły setki naukowców. Wynikiem tych wysiłków była A-4 (V- 2/ broń odwetowa 2). Jednak Niemcy opracowały również szereg rakiet przeciwlotniczych, takich jak "Rheintochter", "Wasserfall" i "Enzian", a także pocisk przeciwpancerny

"Rotkäppchen". Po drugiej wojnie światowej, seria rakiet A-4 została przywieziona do USA i w ramach projektu Bumper, który osiągnął rekordową wysokość 402 kilometrów w 1949 r., na terenie testowym w White Sands w Nowym Meksyku opracowano dwustopniową rakietę. Rakiety A-4 były również oceniane w Związku Radzieckim. W tym celu przechwycono rakiety A-4 i w 1946 roku przywieziono w pobliże Moskwy część niemieckich naukowców. Podczas gdy Sowieci byli przede wszystkim zainteresowani zdobyciem niemieckiego know-how, USA włączyły niemieckich naukowców do krajowego programu rakietowego i kosmicznego. Po zatwierdzeniu przez Stalina repliki A-4, pierwsze uruchomienie R-1 miało miejsce w 1948 roku na stanowisku badawczym Kapustin Jar po pierwszych próbach. Z R-1 radzieccy technicy opracowali serię rakiet średniego zasięgu, z których najbardziej znaną jest R-11 (oznaczenie NATO "SCUD"). Podczas gdy rakiety Scud miały szczególne znaczenie w ramach WAPA, rakiety Honest John były odpowiednikiem w NATO.

Rysunek 44 przedstawia wystrzelenie rakiety V-2

Obecnie za rakiety uważa się rakiety, które nie są wystrzeliwane z rur, ale są samobieżne. Ostatnim etapem rozwoju rakiet są rakiety *międzykontynentalne.* Do tej pory w tę broń wyposażone były siły zbrojne Rosji, USA i Chin. Zasięg pocisku międzykontynentalnego wynosi około 15.000 km. W zależności od charakteru zadania, które ma być wykonane, są to w zasadzie strategiczne bronie rakietowe. Pod względem konstrukcyjnym są to zawsze rakiety wielostopniowe. Są one wyposażone w głowicę jądrową, która jest wielokrotnie potężniejsza od bomby z Hiroszimy.

Tabela 46: Dane techniczne wybranych rakiet

	V-2 (D)	SCUD(ROSYJSKI)	Pershing II (USA)
Długość/średnica w m	14/1,6	12,2/0,8	10,6/1
Waga w t	12,9	6,5	7,4
Głowica w t	1	Nuklearny: 5- 70 KT Konwencjonalny:1	Nuklearny: 5- 70 KT Konwencjonalny : 1
Zasięg w km	Do 400	300	1770

Źródło: Badania internetowe

Rysunek 45 przedstawia wystrzelenie amerykańskiego pocisku międzykontynentalnego

5.2 Rozwój pocisku wycieczkowego

Pierwszym pociskiem wycieczkowym używanym w większych ilościach była niemiecka broń odwetowa V-1, będąca konstrukcją fabryki uzbrojenia Fieselera. Pierwszy V-1 poleciał do Anglii 13 czerwca 1944 roku.

Uruchomiono w sumie 20 880 V-1s. V-1 napędzany był pulsacyjnym silnikiem odrzutowym, wyposażony był w system nawigacji inercyjnej oraz głowicę z ok. 850 kg materiałów wybuchowych. USA opracowały pocisk wycieczkowy z głowicą nuklearną z V-1. Na początku lat 50. "Matador" rozpoczął produkcję seryjną. Następnie marynarka wojenna opracowała własne pociski wycieczkowe, które mogły być wystrzeliwane z łodzi podwodnych. Pociski wycieczkowe były stale udoskonalane i rozwijane. Po sukcesach w wojnie w Zatoce Perskiej, a także w Kosowie, modele zostały jeszcze bardziej udoskonalone. Najważniejszym pociskiem wycieczkowym jest "Tomahawk" wyprodukowany przez nas grupę zbrojeniową Raytheon. Składa się z ogniwa aluminiowego o długości 6,25 m i średnicy 51,8 cm oraz masie ok. 1.360 kg. W środku znajdują się zbiornik paliwa i skrzydła o rozpiętości 2,67 m, które przed startem są składane w celi. Po rozłożeniu, otwory są zamykane przez pokrywy, aby uzyskać aerodynamicznie doskonałą powierzchnię. Rakieta startowa o mocy 300 kp przyspiesza pocisk do 0,5 Macha w 12 sekund. Zakres jest określony przez obciążenie użytkowe. Z ładunkiem wybuchowym o wadze 454 kg Tomahawk może przelecieć do 1300 km. Dzięki dodatkowo zainstalowanemu zbiornikowi paliwa Tomahawk może latać z urządzeniem do wybuchu jądrowego na odległość do 2.775 km. Poza USA (Tomahawk, JASSM AGM-158A), Rosją (Kh-31A "Zvezda") oraz Wielką Brytanią i Francją (CASOM) opracowały rakiety rejsowe.

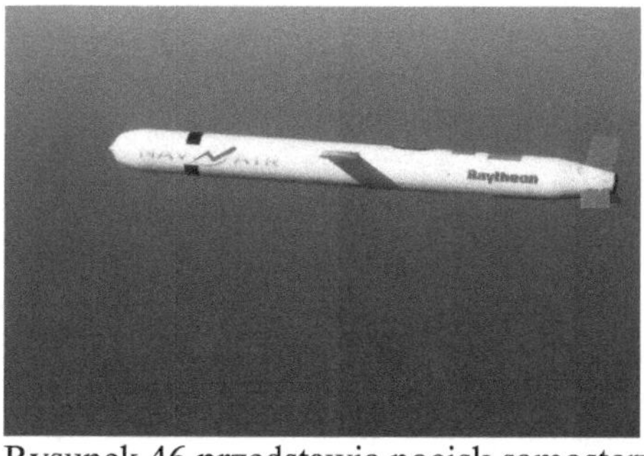

Rysunek 46 przedstawia pocisk samosterujący Tomahawk

Tabela 47: Dane techniczne wybranych pocisków wycieczkowych

	Tomahawk	AGM-158A	Zvezda
Masa w kg	1.425	1.020	600
Długość w m	4,27	6,25	5,2
Zasięg w km	do 2500	370	70
Głowica bojowa	Atomowy: 5-200 Kt W przeciwnym razie: 454 kg	450	90

Źródło: Badania internetowe

6. Broń jądrowa

6.1 Historia rozwoju broni jądrowej

Rozwój i wykorzystanie broni jądrowej, zwanej również bronią jądrową lub głowicami atomowymi, jest ściśle związane z nazwiskami Roberta Oppenheimera i Edwarda Tellera, którzy kierowali Laboratorium Badawczym Los Alamos w amerykańskim stanie Nowy Meksyk w ramach "Projektu Manhattan" i opracowywali tam bombę atomową od 1942 roku. Pierwszy test odbył się 16 lipca 1945 r. nad ziemią w Alamogordo przy użyciu bomby atomowej o sile wybuchu 21 kiloton równoważnika trotylu. Przed Projektem Manhattan inni fizycy mieli już pomysł na skonstruowanie bomby atomowej. Poza USA, naukowcy w Rzeszy Niemieckiej pracowali również nad stworzeniem bomby atomowej. Te wydarzenia są ściśle związane z nazwiskami Wernera Heissenberga, Carla Friedricha von Weiszäckera i Otto Hahna. W ramach tak zwanego "projektu uranowego" miała zostać zbudowana bomba atomowa. Rozwój bomby atomowej zakończył się bez konkretnych rezultatów.

Rozwój bomby atomowej skrócił również wojnę na Pacyfiku. 6 sierpnia 1945 roku bombowiec Enola Gay zrzucił pierwszą bombę atomową nad Hiroszimą. 9 sierpnia 1945 roku druga bomba atomowa została zrzucona na Nagasaki. Ofiary dwóch zrzuconych bomb atomowych były niszczycielskie. W Hiroszimie zaraz po wybuchu zginęło 90.000 osób, a kolejne 50.000 zginęło w wyniku radioaktywności. W Nagasaki zaraz po wybuchu zginęło 36.000 osób, a 40.000 zginęło w wyniku zrzucenia bomb.

Jedyne posiadanie bomby atomowej po wojnie doprowadziło początkowo do powstania monopolu USA. W 1948 roku Stany Zjednoczone miały już 50 działających bomb atomowych. Związek Radziecki posiadał broń jądrową dopiero w 1949 roku. To był początek równowagi terroru. Ostatecznie Wielka Brytania poszła za nią w 1952 r., Francja w 1960 r., a Chiny w 1964 r. Dziś Pakistan i Indie oprócz tych potęg posiadają również broń jądrową. Eksperci uważają również, że Izrael posiada broń jądrową. To, czy Korea Północna posiada broń jądrową, nie jest jeszcze jasne nawet wśród ekspertów.

Po opracowaniu pierwszej broni jądrowej rozpoczął się wyścig o mocniejszą broń jądrową. Doprowadziło to do powstania bomby wodorowej. Pierwszy zapłon bomby wodorowej nastąpił w 1952 roku w USA. Siła wybuchu tej bomby była 800 razy większa niż bomby Hiroszimy. Rok później ZSRR zdetonował również bombę wodorową. Wielka Brytania, Francja, a także Chińska Republika Ludowa miały wkrótce dołączyć do nich.

Rysunek 47 przedstawia chmurę grzybów po zrzuceniu bomby atomowej

6.2 Arsenał broni jądrowej

Po zakończeniu zimnej wojny, nadzieje na radykalne rozbrojenie broni jądrowej zostały rozczarowane. 20.000 głowic w oficjalnych arsenałach mocarstw nuklearnych stanowi siłę wybuchową 5 miliardów ton trotylu, czyli około jednej tony materiału wybuchowego na każdego człowieka. Start II nie został jeszcze ratyfikowany przez rosyjską Dumę z powodu planów ekspansji NATO na wschód. Jednak nawet gdyby w końcu wynegocjowano, a następnie wdrożono dalszą redukcję, poziom broni jądrowej powróciłby dopiero do poziomu z 1970 roku. NATO nie jest przygotowane na rezygnację ze wstępnego rozmieszczenia broni jądrowej w swojej strategii. Ale również armia rosyjska, ze względu na swoją rosnącą niższość w dziedzinie broni konwencjonalnej, polega na użyciu taktycznej broni jądrowej w przypadku kryzysu. Wszystkie te arsenały należy uznać za nielegalne zgodnie z sensacyjną (ale jak dotąd mało znaną) opinią Międzynarodowego Trybunału Sprawiedliwości (MTS) w Hadze z 1996 roku. W odpowiedzi na dochodzenie przeprowadzone przez Zgromadzenie Ogólne ONZ, MTS orzekł, że użycie i zagrożenie użyciem broni jądrowej jest "ogólnie sprzeczne z prawem międzynarodowym". Teraz należy popchnąć mocarstwa jądrowe w kierunku konwencji o broni jądrowej, której celem jest ograniczenie do zera.

7. Broń biologiczna

Broń biologiczna to broń masowego rażenia oparta na patogenach takich jak bakterie, wirusy, grzyby lub naturalne toksyny. Użycie takiej broni nie jest niczym nowym w historii. Już Persowie, Grecy i Rzymianie zatruwali swoich wrogów trupami. W czasach nowożytnych broń biologiczna była używana w wojnie Anglików z Indianami. Wełniane koce skażone ospą zostały rozdane Indianom. To, czy Indianie rzeczywiście zachorowali z powodu koców skażonych ospą, nie jest już zrozumiałe. Inny przypadek użycia broni biologicznej miał miejsce podczas drugiej wojny chińsko-japońskiej 1937-1945 w północno-wschodnich Chinach. Japończycy rzekomo używali bakterii dżumy, a także przeprowadzali testy z bakteriami wąglika.

Programy dotyczące broni biologicznej

Pod wrażeniem niemieckiego programu broni biologicznej z I wojny światowej, wszystkie największe potęgi podjęły badania w dziedzinie broni biologicznej. Po dojściu Hitlera do władzy, w końcu rozpoczął się wyścig zbrojeń w rozwoju i produkcji broni biologicznej. Szczególnie ważną instytucją badawczą była japońska grupa badawcza z jednostki 731, która zajmowała się badaniami i wykorzystaniem broni biologicznej w północnych Chinach. W tym celu przeprowadzano również szeroko zakrojone eksperymenty z jeńcami wojennymi. Szef jednostki, Shiro Ishii, został przywieziony do USA po wojnie i wspierał Amerykanów w budowaniu ich badań. W czasie II wojny światowej jednostka ta nie używała broni biologicznej z uwagi na możliwość narażenia na niebezpieczeństwo własnych oddziałów. Być może były jednak pewne próby, na przykład w Stalingradzie, kiedy przed bitwą pod Stalingradem wojska niemieckie zachorowały na tularemię. W czasie zimnej wojny supermocarstwa weszły w posiadanie japońskich i niemieckich programów broni biologicznej. Raz po raz miały miejsce poważne wypadki w obiektach badawczych, na przykład w Swierdłowsku w Rosji, kiedy w 1979 r. uwolniono zarazki wąglika.

Obecnie produkcja i posiadanie broni biologicznej jest zabronione na mocy konwencji o broni biologicznej, która została ratyfikowana przez 155 państw i weszła w życie w 1975 roku. Jednakże badania nad środkami zaradczymi są dozwolone. W tym celu jednak poszczególne instytucje badawcze potrzebują patogenów, które muszą być hodowane w tym celu. Więc jest zaplanowane tylne drzwi w tej konwencji.

8. Broń chemiczna

Broń chemiczna to sztucznie wytwarzane toksyny, które są używane do celowego zabijania lub ranienia wroga. Broń chemiczna składa się z wyposażenia wybuchowego, które dostarcza do celu i do rzeczywistego bojowego środka chemicznego jako wypełnienie wyposażenia wybuchowego. Najważniejszymi chemicznymi środkami bojowymi są środki do walki z płucami, środki do walki z krwią, środki do walki ze skórą, środki do walki z nerwami i psychoaktywne środki bojowe. Podobnie jak w przypadku broni biologicznej, użycie broni chemicznej zostało udokumentowane w historii przez Greków. Już w czasie wojny peloponeskiej, na przykład, Spartanie używali urządzeń zapalających o wysokim stężeniu dwutlenku siarki. Nowoczesne chemiczne środki bojowe doświadczyły ich użycia w czasie I wojny światowej. W tym czasie, duże ilości chloru i fosgenu. Chemiczny środek bojowy został wystrzelony z trujących granatów, które można było rozpoznać po kolorowych krzyżach. Rozróżnia się niebieski krzyż, żółty krzyż, zielony krzyż i biały krzyż. Na froncie zachodnim coraz częściej stosowano Żółty Krzyż. Jedna z największych operacji związanych z bronią chemiczną miała miejsce w bitwie pod Flitsch-Tolmein 24 października 1917 roku. Ponieważ włoscy żołnierze nie mieli wystarczającej ilości odzieży ochronnej lub nie mieli jej wcale, ponad 5000 Włochów zginęło w pierwszym ataku gazowym. To ułatwiło przełom. Poza śmiertelnym efektem, efekt psychologiczny był ogromny. Wielu Włochów poddało się i spadło morale walki. Broń chemiczna spowodowała w pierwszej wojnie światowej około 100 000 ofiar śmiertelnych i ponad 1,2 mln rannych.

Rysunek 48 przedstawia niszczycielski pożar na włoskich pozycjach podczas przełomowej bitwy pod Flitsch-Tolmein w czasie I wojny światowej

Programy Broni Chemicznej
Chociaż stosowanie zatrutej broni zostało już przed pierwszą wojną światową zakazane przez haską konwencję o działaniach wojennych na ziemi, to jednak sformułowanie to pozostawiało wystarczająco dużo miejsca na interpretację, aby stosowanie trującego gazu było kontrowersyjne, ale nie zostało wyraźnie zakazane. Ze względu na niszczycielskie skutki stosowania gazów trujących podczas pierwszej wojny światowej, stosowanie gazów trujących zostało wyraźnie zakazane w Protokole genewskim z 1925 r. o zakazie stosowania gazów trujących i metod bakteriologicznych. Stany Zjednoczone przystąpiły do tego traktatu dopiero w 1974 roku.

W okresie międzywojennym wszystkie największe potęgi badały i rozwijały broń chemiczną. Rzesza Niemiecka utrzymywała kilka zakładów produkujących broń chemiczną. To był jedyny kraj na świecie Broń chemiczna nie była używana w czasie II wojny światowej ze względu na niebezpieczeństwo eskalacji, z wyjątkiem kilku możliwych do zweryfikowania przypadków, na przykład 8 września 1939 r. w Polsce, kiedy to polskie wojska użyły igłowych bomb gazowych do wysadzenia mostu, oraz kiedy w grudniu 1943 r. niemieckie siły powietrzne zbombardowały amerykański frachtowiec w porcie Bari, który przewoził bomby gazowe, powodując, że ładunek wbiegł do wody i został wypuszczony w powietrze przez wybuchy.

Po II wojnie światowej broń chemiczna była używana głównie przez USA w wojnie w Wietnamie oraz przez stany na Bliskim i Środkowym Wschodzie. W wojnie wietnamskiej, oprócz konwencjonalnych bomb napalmowych, od 1961 roku systematycznie stosowano także broń chemiczną przeciwko Wietnamowi Północnemu. Szczególnie dobrze znany stał się Defolant Agent Orange, który był właściwie bronią chemiczną w najszerszym znaczeniu. Chemiczne środki bojowe były szczególnie intensywnie wykorzystywane podczas wojny między Irakiem a Iranem. Ale Irak użył również chemicznych środków bojowych w kraju przeciwko Kurdom w marcu 1988 roku w mieście Halabja. Podobno zginęło 5.000 osób.

W latach osiemdziesiątych XX wieku USA opracowały broń binarną. Ta broń ułatwiła i zwiększyła bezpieczeństwo przechowywania chemicznych środków bojowych. Wewnątrz granatów poszczególne substancje były przechowywane oddzielnie, a reakcja chemiczna została uruchomiona dopiero w momencie wybuchu. Ten rozwój dał USA przewagę technologiczną nad ZSRR i umożliwił wymuszenie negocjacji rozbrojeniowych w zakresie broni chemicznej.

Po zakończeniu zimnej wojny supermocarstwa zaczęły demontować swoje arsenały broni chemicznej i prawidłowo utylizować zapasy broni chemicznej. Niszczenie broni chemicznej odbywa się w specjalnych obiektach. Na przykład, Niemcy współfinansowały zakład w Rosji, w którym do 2008 roku zniszczono ponad 3000 ton chemicznych środków bojowych. Mówi się, że zniszczenie tych agentów wojennych kosztowało około 270 milionów euro. Niemniej jednak w Rosji nadal składowane są duże ilości chemicznych środków bojowych, szacowane na około 40 000 ton.

9. Wsparcie dla poleceń

Konflikty wojskowe we wczesnym okresie charakteryzowały się walką wręcz. Informacje do tej walki uzyskiwane były wyłącznie przez organy zmysłowe, a także przekazywanie informacji odbywało się w sposób prymitywny. Wraz z postępem technicznym opracowano również środki techniczne, które przyspieszyły pozyskiwanie i przekazywanie informacji. Dzisiejsze operacje wojskowe cechuje duża dynamika w ich przebiegu. Obsługę polecenia zapewniają tzw. systemy wspomagania poleceń. Te systemy wspomagania dowodzenia znane są jako C4I. System C4I" jest ogólnym systemem wspierającym wszystkie obszary wojskowej pętli kontrolnej przy użyciu technologii informacyjnych i komunikacyjnych (ICT). C4I obejmuje Inteligencję, Komunikację, Dowodzenie i Kontrolę oraz Komputery. W celu osiągnięcia jak największego efektu, TIK obejmują wszystkie środki i systemy z dziedziny technologii informacyjnych (IT), elektronicznego przetwarzania danych (EDP), technologii komunikacyjnych (KT) oraz klasycznych usług telekomunikacyjnych (FM). Aby nie wykraczać poza zakres tej książki, niniejsze opracowanie będzie jedynie przeglądem rozwoju sprzętu telekomunikacyjnego i wykorzystania Internetu do celów wojskowych.

9.1 Rozwój sprzętu telekomunikacyjnego

Od niepamiętnych czasów znane są środki komunikacji, choć w prymitywnej formie. Przykładem może być biegacz Maratonu, sygnały bębenkowe rdzennych mieszkańców, sygnały dymne Indian czy dmuchawy rogów Teutonów. Przywódcy wcześniejszych wieków zawsze uważali, że proste środki przekazu są wystarczające. Rozwój technicznych środków komunikacji od połowy XIX wieku otworzył nowe możliwości, które w ciągu stulecia stały się nieodzowną częścią każdej nowoczesnej armii.

Istnieje wiele sposobów łączenia, które mogą być optyczne, akustyczne, biologiczno-ludzkie, elektromagnetyczne. Najważniejszymi przykładami optycznych środków łączności są sygnały dymne pochodzące od Indian, pożary w średniowieczu, telegraf optyczny i sygnały błyskowe w marynarce wojennej. Najważniejszymi akustycznymi środkami komunikacji zawsze były rogi i trąbki. Wśród biologiczno-ludzkich środków łączności, najbardziej znani są biegacze maratonów, dyspozytorzy, posłańcy rowerowi i oczywiście gołębie pocztowe. Ustalenia Gaussa, Webera, Samuela Morse'a i innych badaczy, takich jak Marconi i Siemens, są nierozerwalnie związane z rozwojem złączy elektromagnetycznych. Nie wdając się w szczegóły, rozwój telegrafii dokonał decydującego postępu począwszy od drugiej połowy XIX wieku. Od 1878 r. podejmowano pierwsze próby użycia telefonu w walce. W 1886 r. Heinrich Hertz odkrył zjawisko oscylacji fal, a gdy w 1894 r. stało się ono rzeczywistością, Marconi dokonał przełomu w środkach telekomunikacji dla celów wojskowych. Telefony polowe były następnie używane w wojnie rosyjsko-japońskiej 1904/05. Już w czasie I wojny światowej było rzeczą oczywistą, że walczące strony miały telekomunikację i łączność radiową. W okresie międzywojennym i w czasie II wojny światowej warunki techniczne stawały się coraz lepsze, a także technologia częstotliwości nośnych i telegrafia prądu zmiennego otwierały nowe możliwości. Po II wojnie światowej rozwój wojskowych i cywilnych środków komunikacji szedł w parze. Wiodące firmy w sektorze technologii komunikacyjnych dysponują silnymi działami rozwoju, które opracowują rozwiązania dostosowane w szczególności do potrzeb użytkowników wojskowych. Żołnierz na początku XXI wieku może zatem polegać na technologii komunikacyjnej, która opanowuje również komunikację w cywilnym życiu biznesowym. Wideokonferencje, połączenia za pomocą telefonów komórkowych ze słuchawkami są obecnie tak samo standardowym elementem wyposażenia nowoczesnych sił zbrojnych jak cała infrastruktura komputerowa.

9.2 Tendencje rozwojowe w zakresie sprzętu telekomunikacyjnego

Na początku XXI wieku staje się jasne, że dzięki zastosowaniu nowoczesnych technologii komunikacyjnych siły telekomunikacyjne staną się jedną z najbardziej zaawansowanych technologicznie gałęzi sił zbrojnych. W technice przełączania i transmisji coraz większego znaczenia nabierają systemy cyfrowe o rozbudowanej automatyce. Wezwanie do większej mobilności stanie się również głośniejsze w sektorze radiowym. Konsekwencją tego może być zwiększone uzależnienie od radia połączone z możliwością przejścia na sieci przewodowe.

Rysunek 49 przedstawia dwa stanowiska dowodzenia wyposażone w sprzęt telekomunikacyjny

9.3 Korzystanie z komputerów i Internetu przez siły zbrojne

Historia rozwoju komputera nie będzie tu szczegółowo omawiana. Planiści strategiczni i wojskowi bardzo wcześnie odkryli zalety komputera do planowania. Siły zbrojne można zatem uznać za jednego z pionierów tego nowoczesnego osiągnięcia technicznego. Zostanie to pokrótce zilustrowane na przykładzie Internetu. W 1958 roku na zlecenie Departamentu Obrony USA została założona firma "ARPA". Ta firma badawcza zajmowała się nowymi technologiami, wizjami i szalonymi pomysłami. Następnie zawarto umowy z uniwersytetami i gospodarką. Jednym z pomysłów było umożliwienie niezawodnej wymiany danych pomiędzy różnymi systemami komputerowymi. Powstała koncepcja pakietowej transmisji danych. Urodziny Internetu (ARPA-Net) uważa się dziś za 10 grudnia 1969 roku. W tym dniu pierwsi "internauci", 4 uniwersytety w USA, wymienili między sobą pakiety danych. Do 1971 roku połączono ponad 30 centrów komputerowych, a wkrótce połączono również instytucje w Europie. Do 1971 roku połączono ponad 30 centrów komputerowych, a wkrótce połączono również instytucje w Europie. Przez 20 lat ten ARPA lub Internet był połączeniem pomiędzy drogimi i wypełniającymi pomieszczenie mainframeami. Tylko naukowcy i eksperci komputerowi, którzy komunikowali się z kolegami z innych uniwersytetów lub instytucji badawczych, mogliby na tym skorzystać. Wymiana ta była zorientowana na linię poleceń za pomocą specjalnych usług i poleceń podobnych do okna wejściowego MS-DOS. Tutaj przyjęto nazwę "Internet" zamiast ARPA-Net. W tym czasie w europejskim ośrodku badań jądrowych CERN w Genewie Anglik Tim Berners-Lee opracował kamienie węgielne pod opartą na hipertekście sieć World Wide Web. To sprawiło, że strona internetowa znalazła zastosowanie również dla osób nie będących ekspertami. Od tego czasu, boom internetowy nie zna granic. Liczba użytkowników rośnie z roku na rok w zapierającym dech w piersiach tempie.

Siły zbrojne wykorzystują zalety Internetu na różne sposoby w codziennych operacjach pokojowych, ale Internet, który jest dostosowany do konkretnych potrzeb w zakresie bezpieczeństwa, zapewnia również cenne usługi w operacjach. Tworzenie sieci w ramach sił zbrojnych w celu realizacji zadań w czasie pokoju i w czasie operacji już od pewnego czasu zyskało nową nazwę. Na całym świecie, termin "Net-work-centric-warfare".

10. Cyber-obrona

Dziś cyberprzestrzeń to przestrzeń wirtualna stworzona przez połączenie komputerów w sieć. Obecnie prawie pięć miliardów ludzi i około 20 miliardów urządzeń jest już częścią tej cyberprzestrzeni. Kraje wysoko rozwinięte są bardziej niż kiedykolwiek uzależnione od cyberprzestrzeni pod względem rozwoju technicznego, gospodarczego, społecznego, kulturalnego, naukowego i politycznego. Wiele obszarów jest obecnie uzależnionych od dostępności, poufności i integralności infrastruktury cybernetycznej.

Zagrożenie atakami w cyberprzestrzeni wzrosło w ostatnich latach tak bardzo, że wiele państw poczuło się zmuszonych do reagowania za pomocą koncepcji na poziomie strategicznym.

Cyberobrona definiowana jest obecnie jako "suma wszystkich środków podejmowanych w celu obrony cyberprzestrzeni za pomocą środków wojskowych i specjalnie zaprojektowanych do osiągnięcia wojskowych celów strategicznych". Cyber-ochrona jest systemem zintegrowanym i polega w całości na wdrażaniu środków na rzecz bezpieczeństwa TIK i bezpieczeństwa informacji.

Botnety, złośliwe oprogramowanie wyrządzające szkody, wprowadzanie wadliwego sprzętu oraz metody zakłócania lub paraliżowania TIK nadają się do przeprowadzania złożonych cyberataków. Zaletą napastnika jest to, że środki są niedrogie, prawdopodobieństwo wykrycia jest małe, ściganie sądowe jest praktycznie niemożliwe, a ataki są niezależne od czasu i miejsca. Rozwój i testowanie broni cybernetycznej może odbywać się w zamkniętych laboratoriach. Środki służące do wykrywania potencjalnych celów nie różnią się od metod stosowanych przez hakerów kryminalnych. Umieszczanie złośliwego oprogramowania na systemach docelowych może być dobrze zakamuflowane. Skoncentrowany atak może być wywołany i kontynuowany z dużą prędkością przez całą dobę bez ostrzeżenia. Cele ataku mogłyby zostać osiągnięte w bardzo krótkim czasie, a stopień fizycznego zniszczenia zaatakowanej osoby mógłby być ograniczony w związku z możliwym późniejszym przeznaczeniem. Ponieważ techniczne przygotowania do cyberataku są trudne lub nawet niemożliwe do wykrycia na wczesnym etapie, ataki mogą rozpocząć się niespodziewanie bez ostrzeżenia.

W celu zwiększenia solidności systemów łączności i informacji chroniących interesy państwa w zakresie obrony i bezpieczeństwa, rozwój zdolności w zakresie cyberobrony powinien koncentrować się na wykrywaniu złożonych zagrożeń cybernetycznych, reagowaniu na nie i odzyskiwaniu systemów.

Aby zagwarantować bezpieczną komunikację przez Internet, w każdym państwie tworzone są oddziały obrony cybernetycznej.

11. Systemy elektroniczne i radarowe

Ogólne pojęcie optroniki ugruntowało się w literaturze dotyczącej systemów elektroniczno-optycznych. Jest on używany jako ogólny termin dla urządzeń na podczerwień, wzmacniających światło i termowizyjnych.

11.1 Urządzenia noktowizyjne

Najstarszym zastosowaniem elektroniki jest technika noktowizyjna wykorzystująca światło podczerwone. Chociaż badania w dziedzinie noktowizorów były prowadzone już w czasie I wojny światowej, dopiero w latach 30. ubiegłego wieku zaczęły pojawiać się sukcesy. Urządzenia noktowizyjne umożliwiają lub poprawiają percepcję wzrokową w ciemności lub o zmierzchu. Istnieją dwie grupy *urządzeń noktowizyjnych, konwerterów obrazu* i *wzmacniaczy światła resztkowego* oraz *urządzeń termowizyjnych.*

Przetwornik obrazu i wzmacniacz światła resztkowego
Rdzeniem urządzeń noktowizyjnych są lampy konwertujące obraz w bliskiej podczerwieni lub wzmacniacz światła resztkowego, który wzmacnia promienie padające po stronie wejściowej i wytwarza obraz na ekranie fluorescencyjnym.

Pierwsza generacja przetworników obrazu była już używana w czasie II wojny światowej, na przykład na pojazdach bojowych i broni. Urządzenia pierwszej generacji zostały udoskonalone po wojnie, ale miały tę wadę, że musiały emitować światło podczerwone, aby oświetlić niewidoczne dla oka otoczenie. Dzięki temu urządzenia te były łatwe do wykrycia i zlokalizowania. Jako środek zaradczy wynaleziono odpowiednie urządzenia ostrzegające w podczerwieni, np. hełmowe urządzenia ostrzegające przed promieniowaniem podczerwonym.

Około początku lat 50. ubiegłego wieku w USA, Europie i Związku Radzieckim rozpoczęto badania nad lampami wzmacniającymi światło. Dla tych urządzeń musi być dostępna minimalna ilość światła (księżyc lub gwiazda). Ciemność nie może być wzmacniana. Technologia wzmacniacza światła szczątkowego wymaga skomplikowanego zasilania, ponieważ do funkcjonowania lamp potrzebne jest wysokie napięcie - około 15 000 woltów na lampę. Pod koniec tego samego dziesięciolecia uzyskuje się pierwsze użyteczne wyniki. Pierwsza generacja wzmacniaczy światła szczątkowego była urządzeniem nieporęcznym, ale miała tę zaletę, że nie można było ich umieścić. W międzyczasie w użyciu jest już trzecia generacja wzmacniaczy światła resztkowego, które pozwalają na 100.000-krotne wzmocnienie światła resztkowego. Zwiększyły się również możliwości zastosowania. Obecnie w użyciu są tzw. okulary noktowizyjne, noktowizory intensyfikujące i noktowizory kierowcy.

Urządzenia do obrazowania termicznego
Każdy obiekt o temperaturze powyżej zera absolutnego emituje promieniowanie cieplne. Jest to wykorzystywane przez technologię do wyświetlania ludzi, zwierząt i przedmiotów za pomocą kamery termowizyjnej. Kamery termowizyjne są urządzeniami obrazującymi, które mogą odbierać promieniowanie podczerwone. Proces, w którym kamera termowizyjna wytwarza obrazy, nazywany jest termografią. Termografia jest procesem, który sprawia, że promieniowanie cieplne obiektu lub ciała, niewidoczne dla ludzkiego oka, jest widoczne. W porównaniu z urządzeniami noktowizyjnymi, urządzenia termowizyjne mają tę zaletę, że nie potrzebują światła resztkowego ani promienników podczerwieni. Co więcej, obiekty, które są dobrze zakamuflowane w ciągu dnia, mogą być wykryte tylko przez promieniowanie cieplne. Limity użytkowania są podczas silnego deszczu, mgły lub jazdy po śniegu.

Urządzenia termowizyjne zostały pierwotnie opracowane podczas wojny koreańskiej i od tego czasu są wykorzystywane nie tylko w zastosowaniach cywilnych, ale także wojskowych, na przykład w termografii budowlanej do sprawdzania izolacji domów i pęknięć w rurociągach oraz przez straż pożarną do lokalizacji punktów zapalnych.

W sektorze wojskowym sprzęt termowizyjny wykorzystywany jest do obserwacji i rozpoznawania w ciemnościach i przy słabej widoczności. Urządzenia termowizyjne nie mogą być zwiadowcze, ponieważ nie emitują światła.

11.2 Laserowy dalmierz laserowy

Laser jest skrótem angielskiego terminu Light Amplification by Stimulated Emission of Radiation. Pierwszy funkcjonalny laser został zbudowany w 1960 roku przez Theodore'a Harolda Maimana w USA. Laser składa się zasadniczo z pręta laserowego, źródła światła, rezonatora optycznego i złącza wyjściowego. Rdzeniem systemu jest komponent, który emituje fotony w momencie przyłożenia energii. Laser półprzewodnikowy to okrągły pręt wykonany z rubinu lub neodymu-YAG (granatu irylowo-aluminiowego lub kryształu neodymowo-szklanego, o wielkości małego ołówka. Rezonator optyczny, który jest utworzony przez częściowo przezroczyste lustro na końcu pręta zwrócone do celu i szybko obracający się szklany pryzmat na drugim końcu pręta, służy do wzmocnienia światła lasera. Fotony są kilkakrotnie wyrzucane tam i z powrotem pomiędzy te dwie części, wywołując reakcję łańcuchową, w której energia świetlna wprowadzona do pręta jest wzmacniana milion razy, aż do momentu opuszczenia kryształu w postaci krótkiego ostrego impulsu przez półprzezroczyste lustro. Zasada działania lasera jest wykorzystywana do pomiaru odległości. Ponieważ wiązka laserowa ma prędkość światła, pomiar odległości jest bardzo szybki. Zasadniczo, pomiar odległości za pomocą lasera działa w następujący sposób: Wiązka lasera uderza w obiekt i jest odbijana. Wiązka odbita jest odbierana przez układ soczewek i zamieniana na sygnał elektryczny.

11.3 Radar

Podstawy teoretyczne dla radaru zostały stworzone już w XIX wieku. To przede wszystkim niemiecki naukowiec Heinrich Hertz, który w 1887 r. poprzez swoje praktyczne eksperymenty dostarczył decydujących impulsów. Jednak dopiero w latach trzydziestych XX wieku możliwe stało się wojskowe wykorzystanie tych teoretycznych ustaleń. W połowie lat trzydziestych XX wieku wszystkie większe mocarstwa pracowały niezależnie od siebie nad budową wojskowych urządzeń radarowych. W Niemczech naukowcy opracowali radiowe urządzenie pomiarowe "Seetakt" o długości fali 50 cm dla Kriegsmarine. ES był radarem impulsowym, który mógł lokalizować statki do 10 km dalej z dokładnością do 50 cm. Wystarczająco dokładny, aby skutecznie rozmieszczać artylerię morską. Inne urządzenie, tzw. "Freya" o długości fali 1.2 m, początkowo lokalizowało samoloty w zasięgu do około 90 km. Do obrony przeciwlotniczej wykorzystano urządzenie "Würzburg", które mogło mierzyć odległość i wysokość. Urządzenie "Würzburg" było standardową jednostką kontroli przeciwpożarowej 8,8 cm jednostki przeciwlotniczej. Około 4.000 jednostek urządzenia z Würzburga zostało rozmieszczonych. Od 1942 roku niemieckie myśliwce nocne zostały wyposażone w urządzenie "Lichtenstein". Urządzenie Lichtenstein potrafiło zlokalizować bombowce wroga na odległość 7 do 8 km. W Wielkiej Brytanii, po udanych próbach zlokalizowania samolotu na wybrzeżu w kierunku Kanału La Manche, utworzono sieć stacji radarowych, których zasięg wynosił 120 km.

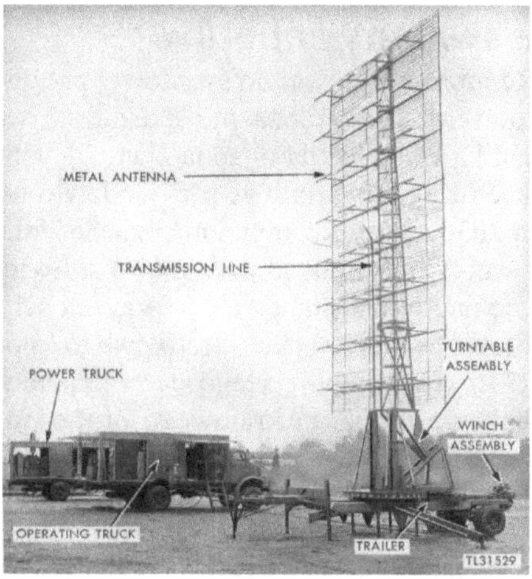

Rysunek 50 przedstawia ruchomą instalację radarową w Pearl Harbor

Po rozpoczęciu wojny, Brytyjczycy przekazali USA całą swoją wiedzę naukową za pośrednictwem radaru. W wyniku tego powstało wiele różnych radiowych urządzeń pomiarowych dla wszystkich gałęzi sił zbrojnych. Wraz z rozwojem radaru opracowane zostały również środki zaradcze. Prostą metodą było zrzucanie pasków folii aluminiowej, których długość dopasowywano do długości fal urządzeń radarowych przeciwlotniczych i skutecznie eliminowano efekt dział przeciwlotniczych, ponieważ każdy pasek symulował samolot w procesie pomiaru radiowego. Alianci po raz pierwszy zastosowali tę metodę podczas ataku na Hamburg w 1943 roku. Pod koniec wojny siły zbrojne USA zrzuciły nad Europą około 5.000 ton taśm aluminiowych. Dopiero po zakończeniu II wojny światowej radar został udostępniony do użytku cywilnego.

12. Sztuczna inteligencja/systemy robotów

Doniesienia o roszczeniu Chińskiej Republiki Ludowej do światowej potęgi stały się już rutyną, ale jeden z raportów, który niedawno ukazał się w mediach, jest groźny: "Chińska Republika Ludowa, jako jedna z wiodących światowych potęg gospodarczych, chce osiągnąć światowe przywództwo w rozwoju sztucznej inteligencji (AI) do 2030 r., czyli w mniej niż dziesięć lat. Prowokuje to do myślenia, ponieważ Chiny jak dotąd nie piskliwie egzekwowały swoją wolę i nie będą się nad tym zastanawiać w przyszłości. Najpóźniej od czasu szybkiego wzrostu Królestwa Środkowego po rozpoczęciu zwrotu około roku 1978/79 z kraju rozwijającego się z udziałem nieco poniżej jednego procenta globalnego produktu krajowego brutto do wiodącego narodu gospodarczego w 2020 r. z udziałem nieco ponad 10 procent globalnego produktu krajowego brutto, prawie nikt nie ma wątpliwości co do intencji Chińskiej Republiki Ludowej. Ta zapowiedź ze strony rządzących w Pekinie jest dla nas, Europejczyków, prawdziwie groźnym gestem, któremu nie możemy nic lub niewiele możemy zrobić, by mu przeciwdziałać. I władcy w USA również stały się bardziej przemyślane, ponieważ z Chińską Republiką Ludową na światowej scenie pojawił się przeciwnik, który nie jest tak szybki, aby pokazać swoje karty i który nie chce poddać się aż do decydującego meczu finałowego.

Tak jak Chiny, ludzie w Rosji myślą tak samo. Już w 2017 roku prezydent Putin powiedział: "Kto jest liderem w dziedzinie sztucznej inteligencji, ten będzie władcą świata". Mniej więcej w tym samym czasie w USA ówczesny Sekretarz Obrony Jim Mattis mocno ostrzegał prezydenta Trumpa, że jeśli USA nie opracują natychmiast narodowej strategii walki z AI, to wkrótce okaże się, że USA zaczęły za późno.
Sztuczna inteligencja jest obecnie uważana za czwartą rewolucję przemysłową. Na długo przed pojawieniem się potężnych komputerów, brytyjski matematyk Alan Turing w Wielkiej Brytanii w 1936 roku zajmował się kwestią, czy możliwe jest przeprowadzanie procesów poznawczych poprzez operacje arytmetyczne. Doszedł on do wniosku, że jest to możliwe pod warunkiem, że można je podzielić na kilka pojedynczych kroków i przedstawić za pomocą algorytmu. Maszyna, która może to zrobić, jest od tego czasu nazywana "maszyną Turinga". Tym oświadczeniem położył podwaliny pod dziedzinę nauki, która dziś zajmuje się sztuczną inteligencją. W 1949 roku Claude E. Shanon przedstawił w Nowym Jorku swoje badania nad programowaniem komputera do gry w szachy. Shanon, który często nazywany jest "ojcem ery informacyjnej", mówił już o "mechanicznym myśleniu", które powinno być wykorzystywane do podejmowania strategicznych decyzji w uproszczonych operacjach

wojskowych. Dziś nie można sobie wyobrazić wojska bez komputerów, ale decyzje strategiczne, operacyjne i taktyczne w wojsku nadal są podejmowane przez ludzi.

Prawie 20 lat po odkryciach Turinga, w 1956 roku naukowcy spotkali się w Dartmouth College w Hampshire, USA i wyrazili pogląd, że aspekty uczenia się i inne cechy ludzkiej inteligencji mogą być symulowane przez maszyny. To programista John McCarthy zasugerował termin "sztuczna inteligencja". Podczas konferencji został również napisany pierwszy program AI. Kolejna dekada później, w 1966 roku, niemiecko-amerykański informatyk Joseph Weizenbaum stworzył program, który komunikował się z ludźmi. Dwadzieścia lat później komputer otrzymał głos, a w 1997 r. komputer pokonał mistrza świata w szachach Garry'ego Kasparova, ale dopiero komputery stały się potężniejsze, że AI dotarła do codziennego życia człowieka, na przykład asystenci mowy stali się bardzo popularni. Za rok 1997 uważa się również rok, w którym wraz z prezentacją wyników badań Seppa Hochreitera i Jürgena Schmidhubera na temat pamięci krótkotrwałej (LSTM), nastąpił kolejny kamień milowy w badaniach nad SI. Przełom w technologii LSTM nastąpił około 2015 roku, kiedy komputery stały się potężniejsze, a duże ilości danych mogły być wykorzystywane do szkoleń. Bez wchodzenia w szczegóły, należy tutaj wspomnieć o zaletach LSTM; LSTM zapewnia, że wielowarstwowe sieci neuronowe, które są niezwykle zdolne do uczenia się, mogą dobrze funkcjonować.

Pomimo tych wielkich sukcesów, rozwój SI jest wciąż w powijakach, ponieważ systemy SI wciąż nie są wystarczająco niezawodne i nie są bezpieczne przed manipulacją. Najnowsze badania na całym świecie zmierzają w kierunku tego, aby systemy SI stały się systemami uczenia się, które wyjaśniają ich decyzje, tak aby ludzie mogli je zrozumieć i lepiej zrozumieć sposób myślenia SI. Jednakże, jeśli wierzyć niektórym z głównych naukowców zaangażowanych w rozwój SI, takich jak Max Erik Tegmark czy Toby Walsh, naukowcy ci zgadzają się, że miną dziesięciolecia zanim podobne roboty zostaną stworzone w ludzkich zachowaniach. W jednej ze swoich książek Toby Walsh wspomina na przykład rok 2062. Młodsi czytelnicy będą prawdopodobnie w stanie ustalić za życia, czy Walsh miał rację ze swoim proroctwem.

Najbardziej spektakularne wykorzystanie SI ma miejsce w wojsku. Zaawansowane technologicznie siły zbrojne już teraz używają autonomicznych systemów uzbrojenia, takich jak drony, lub wykorzystują SI w ocenie sytuacji. Naukowcy zajmujący się sztuczną inteligencją w świecie zachodnim zgadzają się, że należy odrzucić wykorzystywanie systemów sztucznej inteligencji w kontekście wojskowym. Niemniej jednak, naukowcy są świadomi, że to, co już jest obecne w systemach broni SI, jest nieodwracalne. Opowiadają się oni jednak za tym, by istniały międzynarodowe regulacje dotyczące tego, która forma grypy ptaków może być nadal stosowana w etycznie uzasadnionym kontekście wojskowym. Jak dotąd tylko 26 państw zgodziło się na zakaz stosowania autonomicznych systemów broni. Chińska Republika Ludowa, USA, Rosja, Izrael i Indie są przeciwne takiemu zakazowi, tzn. państwa, które mają duże możliwości badawcze w zakresie grypy ptaków i osiągnęły wielki sukces w dalszym rozwoju tej choroby.

Sztuczna inteligencja nie jest sama w sobie systemem uzbrojenia, ale raczej rodzajem technologii wspomagającej (= oznacza technologie, które same w sobie lub w połączeniu z innymi technologiami generują znaczne skoki wydajności i możliwości użytkownika), takie jak wytwarzanie ognia, drukowanie listów, silnik spalinowy, które mogą być stosowane w różnych urządzeniach cywilnych i wojskowych. AI, jeśli jest stosowana strategicznie i operacyjnie, może prowadzić do poważnych zmian w układzie sił. To właśnie ten efekt są świadome dzisiejsze wielkie potęgi i dlatego zrobią wszystko, co w ich mocy, aby uzyskać przewagę pod względem użytecznej SI. Nowy wyścig zbrojeń ze "sztuczną inteligencją" jest więc wysoce prawdopodobny. Patrząc na dotychczasowe osiągnięcia krajów europejskich w dziedzinie badań nad SI, należy się obawiać, że Europa będzie w tym wyścigu odgrywać jedynie rolę widza.

Zgodnie z definicją Robot Institute of America z 1979 roku, robot jest przeprogramowywalnym, wielofunkcyjnym manipulatorem *przeznaczonym do przemieszczania materiałów, części, narzędzi lub specjalistycznych urządzeń poprzez różne zaprogramowane ruchy w celu wykonania różnych zadań.* Marzenie o automatyzacji procesów pracy za pomocą robotów sięga ponad dwóch tysięcy lat wstecz i znajduje już odzwierciedlenie w cytacie Arystotelesa, w którym filozofuje on o narzędziach, które wykonują swoją pracę bez ludzkiej pomocy: "Gdyby każde narzędzie mogło wykonywać swoją pracę na rozkaz, a nawet przewidywać ją, ... nie byłoby potrzeby ani dla pana asystentów, ani dla pana niewolników". Jednak robotyka i pojęcie robotyki stały się naprawdę popularne w latach czterdziestych XX wieku za sprawą autora science fiction, Issaca Asimova, który zajmował się tym tematem w kilku opowiadaniach, opracowując trzy prawa robotów (Runabout, 1942) i wreszcie dodając prawo zerowe. Choć roboty stają się integralną częścią fikcyjnych światów, w rzeczywistości są wykorzystywane dopiero około dwudziestu lat później. Początki przemysłu robotów sięgają końca lat 60-tych, a już w latach 70-tych opracowano wiele praktycznych zastosowań. Rok 1980 jest postrzegany jako początek marketingu robotów high-tech. Na koniec 2004 r. w Japonii było używanych 356 500 robotów przemysłowych, co stanowi największą liczbę na świecie. USA zajęły drugie miejsce z 122.000 jednostek. Poza szeroko rozpowszechnionymi robotami przemysłowymi, bardzo ważne są również roboty usługowe i roboty w lotnictwie, energetyce jądrowej, rozrywce, żegludze, badaniu gleby, ochronie zdrowia oraz rolnictwie i hodowli zwierząt. Roboty serwisowe różnią się pod wieloma względami od swoich przemysłowych "kolegów". Są bardzo mobilne, rzadko używane do powtarzalnych zadań i coraz bardziej obecne w codziennym życiu. W przypadku robotów, które wchodzą w interakcję z ludźmi, bezpieczeństwo jest kluczowym aspektem. Sekwencje ruchowe, takie jak wchodzenie po schodach, które są bardzo łatwe dla ludzi, stanowią duże wyzwanie dla technologii robotów. Mocne strony kanap robotów w powtarzających się sekwencjach, z drugiej strony, zdolność robotów do oceny jest ograniczona, jeśli różne zadania mają być wykonywane w dowolnej kolejności. Japonia jest światowym liderem w rozwoju robotów humanoidalnych. Jednym z przykładów jest "Asimo" z Honda Motor Corporation. Chociaż "Asimo" i inne roboty są bardzo imponujące, ich konkretne zastosowanie pozostaje niejasne. Jeśli kwestia ta nie zostanie odpowiednio rozwiązana, trudno będzie stworzyć popyt na takie produkty. Niektóre japońskie firmy są już bardzo aktywne w dziedzinie robotów marketingowych. W niektórych obszarach przemysłu robotów usługowych, Japonia ma przewagę nad innymi krajami uprzemysłowionymi. Japoński "Raport - W stronę nowej struktury przemysłowej" definiuje przemysł robotyki jako przemysł połączony pionowo z systemami integrującymi maszyny, elektronikę, komunikację informacyjną, materiały i inne technologie. Dzięki wysoko rozwiniętym gałęziom przemysłu zajmującym się częściami i komponentami elektronicznymi, Japonia znajduje się w dobrej pozycji wyjściowej dla tych procesów integracyjnych, np. jeśli chodzi o zmniejszanie i lżejsze lub ulepszanie komponentów. Japońskie technologie i wiedza fachowa w dziedzinie robotów przemysłowych mogą być zatem wykorzystane w rozwoju robotów usługowych. Kiedy ludzie mówią o robotyce, zazwyczaj mówią o technologii medycznej, technologii ratunkowej lub słodkich psach Sony. Ale roboty są też używane w wojsku. Przynajmniej w Europie nie ma jeszcze planów, aby roboty strzelały ostro - ale nie wszędzie tak jest.

Wojna jest ojcem wszystkiego, według greckiego filozofa Heraklita, i tak pozostało do dziś, zwłaszcza w badaniach technicznych i rozwoju. Jest to szczególnie prawdziwe w USA, gdzie DARPA, oddział Pentagonu zajmujący się zaawansowanymi technologiami, organizuje Grand Challenge od 2004 roku. Tutaj autonomicznie działające pojazdy muszą zmierzyć się z konkurencją, muszą przeżyć ponad 200 km bez uszkodzeń, co cztery pojazdy zdołały zrobić po raz pierwszy w 2005 roku. DARPA regularnie testuje również bezzałogowe pojazdy bojowe, które muszą poruszać się po wyjątkowo trudnym terenie. Celem jest uniknięcie ryzykowania kolejnych ludzkich żyć na bardzo niebezpiecznych misjach zwiadowczych.

Przynajmniej w Europie wojsko nie potrzebuje jeszcze ofensywnych, tak zwanych "systemów efektowych", zwłaszcza że wymagania dotyczące niezawodności są tu bardzo wysokie. Awarie w urządzeniu pod napięciem mogą mieć dosłownie śmiertelne konsekwencje. Jest to również widoczne w białej księdze, która podsumowuje wyniki warsztatów NATO we wrześniu 2004 r. i stanowi jeden z fundamentów ELROB. Najważniejsze obszary wsparcia dla robotów zostały określone jako obejmujące rozpoznanie i nadzór, rozminowywanie i zadania logistyczne. Koszmary w postaci maszyn do dzikiego strzelania zostały powstrzymane przez białą księgę: "Samodzielne strzelanie nie jest akceptowane przez wojsko. Nadal istnieje zasadnicza różnica między systemami, które są naprawdę autonomiczne, a tymi, które są zdalnie sterowane. To ostatnie wymaga znacznie potężniejszego mózgu komputerowego, tym bardziej, że należy również przechowywać obszerne informacje o terenie, który ma być zbadany. Stan techniki w tym kraju wyznacza robot taki jak OFRO firmy Robowatch, urządzenie mobilne, które może być stosowane przede wszystkim w monitoringu zewnętrznym. Elektryczny stróż nocny powinien nawet patrolować wzdłuż krawędzi boiska podczas mistrzostw świata w piłce nożnej i sztucznie obserwować potencjalnych motorowerzystów. Ponadto, urządzenie może wykrywać substancje NBC i służyć jako pomocna obrona przed ewentualnymi działaniami terrorystycznymi.

Nadzór i rozpoznanie jest również zadaniem systemów latających takich jak AirRobot, rodzaj czteroramiennego mini śmigłowca, który może być wykorzystywany do monitorowania, inspekcji i dokumentacji z powietrza i nadaje się zarówno do użytku wojskowego jak i cywilnego. Sonda wideo powinna być wyjątkowo łatwa w obsłudze i, według producenta, "może być używana bez wcześniejszego doświadczenia pilota". Daleki Wschód już myśli naprzód. Korea Południowa bada obecnie, w jakim stopniu roboty nadają się do użytku policyjnego i wojskowego. Studium wykonalności ma na celu zbadanie planów, które przewidują nie tylko robota patrolowego, ale również model bojowy, który może poruszać się na sześciu lub ośmiu kołach, zdalnie lub niezależnie. Aby zapobiec wzrostowi kosztów produkcji, większość przetwarzania danych nie będzie odbywać się na pokładzie, ale za pomocą zewnętrznego sprzętu i oprogramowania w szybkim, bezprzewodowym połączeniu z robotem.

Amerykańskie wojsko testuje obecnie kolejną możliwość użycia robotów ofensywnie z "Mieczem Pazurkowym". W tym przypadku inżynierowie przyjmują proste podejście, przyjmując za podstawę istniejącą platformę robota zwiadowczego lub detekcyjnego i montując zamiast kamery i technologii zwiadowczej karabin maszynowy lub nawet małą wyrzutnię rakietową. Nadal jednak nie jest jasne, kiedy system zostanie wdrożony.

Dodatkowe zadanie stawia technikom pewne trudności: W przypadku systemów zdalnie sterowanych interfejs człowiek-maszyna musi być zaprojektowany tak prosto, jak to możliwe. Interfejs powinien być również w stanie być szybko obsługiwany przez niewyszkolonych żołnierzy, nawet w trudniejszych warunkach, na przykład podczas walki.

To, co również komplikuje dalszy rozwój w Europie, to fakt, że standaryzacja jest nadal bardzo nieadekwatna w porównaniu z rynkiem amerykańskim. Ale być może grzechotanie szabelką po prostu nie jest już we krwi Europejczyków.

Od połowy lat 80. wiedeńska firma Schiebel Elektronische Geräte GmbH jest znana z rozwoju i produkcji najnowocześniejszych detektorów górniczych. W połowie lat 90-tych firma po raz pierwszy rozpoczęła budowę małego bezzałogowego śmigłowca. Początkowo planuje się produkować jeden S-100 tygodniowo, a w perspektywie średnioterminowej wzrost do dwóch S-100 tygodniowo. Czas dostawy systemu wyniesie około sześciu do nowych miesięcy. Camcopter S-100 opiera się na strukturze monokomórkowej z włókna węglowego i dynamicznych części wykonanych z kutego tytanu (z używanym tutaj styryjskim specjalistą od kucia tytanu "Pankl"), połączenie, które gwarantuje ogromną wytrzymałość przy najniższej możliwej wadze. Źródłem zasilania jest silnik lotniczy o mocy 55 KM (40kW) w technologii Wankela. W pełni automatyczne procedury startu i lądowania, w pełni autonomiczna stabilizacja położenia w locie, w pełni automatyczna nawigacja w punktach trasy poprzez redundantny INS i GPS lub opcjonalne wprowadzanie kierunku lotu przez operatora za pomocą joysticka, a także redundantne sterowanie lotem. Prędkość lotu wynosi 55 kt (ok. 100 km/h) przy maksymalnym czasie trwania lotu. Możliwa jest maksymalna prędkość 120kt (220 km/h). Zdolność wznoszenia wynosi 10m/s, a maksymalna wysokość lotu to 18.000 stóp (5.487m). Masa własna drona wynosi 97 kg, maksymalna masa startowa 200 kg. Maksymalne obciążenie użytkowe wynosi 50 kg, przy 25 kg obciążenia użytkowego możliwe jest do sześciu godzin pracy. Pojemność zbiornika paliwa wynosi 58 litrów i może być zwiększona za pomocą opcjonalnego zbiornika zewnętrznego. Przy typowym zapotrzebowaniu na paliwo wynoszącym ok. 10 litrów na godzinę lotu, oznacza to do 6 godzin lotu bez dodatkowego zbiornika oraz zwykłe promienie robocze - w zależności od zasięgu radiowej transmisji danych - do 180 km.

Rysunek 51 przedstawia dwa roboty: po lewej stronie Camcopter od Schiebla, a po prawej Warrior X700 od iRobota.

Na statku powietrznym przewidziano cztery punkty za zamocowanie ładunku użytecznego. Główny punkt montażu dla ładunków użytkowych znajduje się bezpośrednio pod masztem głównego wirnika i przenosi maks. 50 kg. Dwa boczne punkty montażowe są w stanie unieść 10 kg obciążenia użytkowego każdy. Ponadto w części przedniej drona znajduje się dodatkowe pomieszczenie ładunkowe, które może pomieścić do 10 kg masy. Zasilanie elektryczne każdego obciążenia czujnika gwarantowane jest standardowo przez generator o mocy 650W. Większe zapotrzebowanie na moc można zaspokoić poprzez dołączenie opcjonalnego generatora, dla którego dostępny jest wolny kołnierz montażowy na głównej przekładni. Schiebel oferuje jako standardowe obciążenie czujnika ESOP™ (Electronically Stablized Observer Payload), który zawiera kamerę światła dziennego, kamerę na podczerwień w paśmie 3-5 mikronów oraz dalmierz laserowy w elektronicznie stabilizowanym, obrotowym i uchylnym kardanie czujnika.

Komunikacja z i do drona odbywa się za pomocą dwóch niezależnych, używanych jednocześnie łączy danych o zasięgu do 200 km. Do monitorowania lotu i jako pomoc w ewentualnym aktywnym sterowaniu przez pilota dostępny jest obraz z kolorowej kamery wideo o wysokiej rozdzielczości, który jest przesyłany w paśmie C w czasie rzeczywistym do stacji naziemnej. Dalsze dwukierunkowe łącze danych w paśmie C transmituje dane o obciążeniu czujnika. System został zaprojektowany tak, aby umożliwić jednoczesne rozmieszczenie wielu zagrożeń w samodzielnej sieci, jak również integrację z istniejącymi taktycznymi sieciami danych. Stosowany protokół danych może być dowolnie wybrany przez klienta.

Inną ciekawą ścieżką rozwoju robotów do zastosowań wojskowych jest połączenie robota i systemu uzbrojenia. Firma iRobot opracowała "Warrior X700", który został wyposażony w system broni Firestorm. System broni składa się z kilku luf, w których umieszczone są jedna za drugą naboje, co sprawia, że magazynek i przeładunek nie jest konieczny.

Ekskurs: Logistyka w siłach zbrojnych
Logistyka jest rozumiana przez niemieckojęzycznych ekonomistów jako nauka o koordynowaniu aktywnych i pasywnych elementów przedsiębiorstwa lub przedsiębiorstwa organizacji publicznych i prywatnych przy możliwie najniższych kosztach czasowych w celu poprawy elastyczności i zdolności adaptacyjnych przedsiębiorstwa lub przedsiębiorstwa do zmieniających się warunków. Zakupy elementów, transport, usługi wewnętrzne, gospodarka magazynowa i materiałowa, dystrybucja, kontakty z klientami i utylizacja odpadów są realizowane w sposób specyficzny dla danej firmy.

W krajach niemieckojęzycznych logistyka przechodziła kilka etapów. W latach 70. logistyka była postrzegana jako zło konieczne, w latach 80. jako zadanie racjonalizatorskie, w latach 90. jako przewaga konkurencyjna, a w końcu około 2000 r. jako centralny program korporacyjny. Jedno jest jednak pewne: empirycznie rzecz biorąc, logistyka sprawia, że przedsiębiorstwa odnoszą sukcesy. W ostatnich latach wiele dużych i średnich przedsiębiorstw wykorzystało możliwości gospodarcze związane z logistyką. W rezultacie przedsiębiorstwa te były w stanie znacznie poprawić swoje możliwości rynkowe, a także znacznie zmniejszyć swoje obciążenie kosztami.

Pod względem instytucjonalnym, logistyka *w siłach zbrojnych/logistyka wojskowa wyróżnia się na* tle innych sektorów logistyki w kręgach zawodowych. W dziedzinie wojskowości logistyka rozumiana jest jako badanie planowania, dostarczania i rozmieszczania środków i usług sił zbrojnych wymaganych do celów wojskowych i/lub stosowania tego badania. W logistyce rozróżnia się dwa obszary: po pierwsze, zapewnienie logistyki (producenckiej), takiej jak rozwój i zaopatrzenie w materiały, świadczenie usług lub wykonanie prac przez przemysł, a po drugie, logistyka konsumencka, np. wszelkie działania w zakresie produkcji i konserwacji broni i sprzętu w fazie użytkowania.

Termin "logistyka" ma długą tradycję, gdyż o problemach logistycznych dyskutowali Persowie, Grecy, Rzymianie, a przede wszystkim bizantyjski cesarz Leontos VI. W średniowieczu i na początku czasów nowożytnych, państwa i dowódcy odnosili ogromne sukcesy w wojnach, jeśli zwracali szczególną uwagę na własny przemysł zbrojeniowy, magazynowanie i transport. Pod koniec XIX wieku generał Jomini umieścił logistykę na pierwszym planie nauki o wojskowości. Jego książka Abriss der Kriegskunst (Berlin 1881) składa się z elementów strategii, taktyki i logistyki. Termin ten został później zapomniany i tylko Amerykanie przywrócili mu terminologię wojskową. Angloamerykańska teoria zarządzania zapożyczyła termin "logistyka" z terminologii wojskowej, oznaczając tym samym wszystkie procesy transportu, magazynowania i przeładunku w sektorze dóbr rzeczywistych w firmach lub przedsiębiorstwach organizacji państwowych i prywatnych oraz pomiędzy nimi, w celu optymalizacji przepływu materiałów, towarów i energii. Nie wszystkie rozwiązania militarne mogłyby zostać wykorzystane bezpośrednio przez gospodarkę. Te dwa obszary znacznie się od siebie różnią. Gospodarczy przepływ towarów jest ściśle związany z rynkiem, podczas gdy inne kryteria mają zastosowanie do wojskowego przepływu towarów. Pod względem struktury problemy nie różnią się jednak znacząco, dlatego też sensowne jest badanie i analizowanie najnowszych osiągnięć w sektorze logistyki i generowanie rozwiązań specyficznych dla sił zbrojnych.

Im Rahmen der NATO wird Logistik verstanden als: "Nauka o planowaniu i przeprowadzaniu ruchu i utrzymaniu sił". W najbardziej kompleksowym sensie, aspekty operacji wojskowych, które zajmują się projektowaniem i rozwojem, pozyskiwaniem, przechowywaniem, transportem, dystrybucją, utrzymaniem, ewakuacją i dysponowaniem materiałami; transportem personelu; pozyskiwaniem lub budową, utrzymaniem, eksploatacją i dysponowaniem obiektami; pozyskiwaniem lub dostarczaniem usług; oraz wsparciem medycznym i zdrowotnym".

Skutkuje to następującymi zadaniami dla logistyki wojskowej:
- Potrzeby
- Świadczenie usług wojskowych i cywilnych

- Zaopatrzenie personelu
- Optymalizacja infrastruktury
- pomoc medyczna
- Współpraca ze środowiskiem biznesowym i administracją cywilną.

Logistyka ma wpływ na prawie wszystkie obszary działalności wojskowej. Zaczyna się od procesów planowania i rozwoju, obejmuje aspekty produkcji i zaopatrzenia, zaopatrzenia, magazynowania i dystrybucji, naprawy i konserwacji, a kończy na utylizacji dóbr i usług wojskowych, także w warunkach operacyjnych. Celem jest zapewnienie żołnierzom optymalnego wsparcia w zarządzaniu kryzysami i misjami. Siły zbrojne potrzebują elastycznej i dynamicznej, ale także stabilnej i niezawodnej koncepcji logistycznej.

Logistyka wojskowa stała się dobrym biznesem dla prywatnych firm, jak pokazują ostatnie wojny. Ze względu na brak personelu wojskowego, firmy te mają szczytowy sezon i zarabiają miliardy dolarów amerykańskich na kontraktach rządowych.

13. Utrzymanie pokoju w przestrzeni kosmicznej - wykorzystanie przestrzeni kosmicznej do celów wojskowych

Poza popularnymi programami kinowymi i telewizyjnymi, takimi jak Gwiezdne Wojny czy Statek Gwiezdny Enterprise, utrzymanie pokoju w przestrzeni kosmicznej jest ściśle związane z naszą Strategiczną Inicjatywą Obronną/SDI oraz programami Narodowej Inicjatywy Rakietowej/NMD.

Inicjatywa na rzecz obrony strategicznej
SDI została zainicjowana przez ówczesnego prezydenta USA Ronalda Reagana w okresie szczytowej fazy zimnej wojny. SDI przewidywała obronę wrogich rakiet międzykontynentalnych za pomocą broni naziemnej i satelitarnej. Począwszy od 1983 roku USA chciały stworzyć parasol obronny przed pociskami międzykontynentalnymi. Do 1988 roku rząd USA inwestował w ten program około 29 miliardów dolarów. Ponieważ program SDI nie spełnił oczekiwań, budżet na dalszy rozwój SDI został obcięty w 1993 r. przez prezydenta Clintona, a SDI została przeniesiona do następnego projektu - Ballistic Missile Project. Nowy projekt odchodził od kosmicznej broni energetycznej i skupiał się bardziej na rakietach antyrakietowych.

Narodowa Obrona Rakietowa
NMD to program ustanowiony za czasów prezydenta George'a W. Busha, którego celem jest wystrzeliwanie nadlatujących pocisków międzykontynentalnych za pomocą rakiet lub laserów, zanim dotrą one na własne terytorium. Amerykańskie firmy zbrojeniowe widzą wielką szansę na rozszerzenie swoich obszarów działalności i posiadanie pełnych portfeli zamówień nawet w XXI wieku, jeśli program zostanie wdrożony. Gospodarka amerykańska jest zatem bardzo zainteresowana realizacją programu i wykorzystuje wszystkie możliwości pozytywnego oddziaływania, w tym oddziaływania na politykę. Poniższy rysunek daje przybliżony wgląd w działanie systemu.

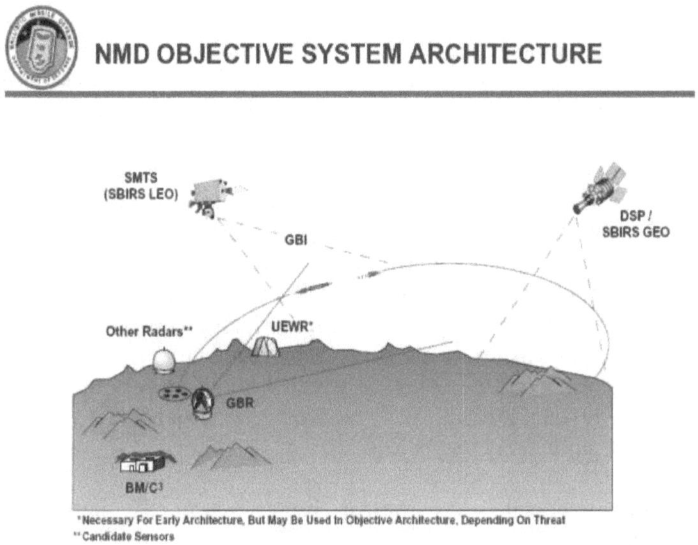

Rysunek 52 przedstawia sposób działania skrótu NMD na rysunku :

GBR Radar naziemny/radarowy naziemny GBI Naziemny kolektor przechwytujący/naziemny kolektor przechwytujący; DSP/SBIRS GEO Program Wsparcia Obrony - Kosmiczny system na podczerwień/ System Wsparcia Obrony - Kosmiczny system na podczerwień; SMTS (SBIRS LEO) System śledzenia przestrzeni kosmicznej i rakiet - Dolna orbita ziemska/ Kosmiczny system obserwacji i śledzenia pocisków w przestrzeni bliskiej Ziemi; UEWR Unowocześniony radar wczesnego ostrzegania/ Ulepszony radar wczesnego ostrzegania

Satelity szpiegowskie

Ważnym aspektem utrzymania pokoju w przestrzeni kosmicznej jest stacjonowanie satelitów szpiegowskich. Te satelity służą do zbierania informacji wojskowych o wrogu. W tym celu cywilna gospodarka przyjaciół i wrogów jest coraz bardziej zaangażowana w szpiegostwo. Wszystkie główne siły mają takie satelity. Działają one głównie optycznie lub za pomocą radaru.

14. Streszczenie uwag

Podróż w czasie w odniesieniu do rozwoju i produkcji broni, systemów uzbrojenia, pojazdów, systemów wspomagania dowodzenia oraz elektroniki sił zbrojnych w czasach nowożytnych rozpoczęła się od historycznego wprowadzenia, które świadomie obejmuje okres przed narodzeniem Chrystusa; w tamtych czasach narody walczyły o zwycięstwo, władzę i ekspansję terytorialną za pomocą prostych środków; dziś, na początku XXI wieku, rozwój technologiczny otworzył niewymarzone granice dla działań wojennych i sprawił, że wojna gwiazd, która w komputerowo animowanej rzeczywistości filmowej pod koniec XX wieku wypełniła kufry producentów filmowych, stała się niemal rzeczywistością. Wraz z pozornie pokojowym podbojem kosmosu, ale także z wdrożeniem systemu obrony przeciwrakietowej na orbicie ziemskiej, pierwsze kroki zostały podjęte przez ludzkiego ducha wynalazczości, aby ta wojna z gwiazdami stała się rzeczywistością w najbliższej przyszłości.

Obecne badanie wykazało, że rozwój broni, systemów uzbrojenia, pojazdów, systemów wspomagania dowodzenia i elektroniki dla sił zbrojnych był ważnym motorem rozwoju technologicznego i, nie trzeba dodawać, że będzie nim nadal w przyszłości. Rozwój całej tej technologii spowodował ogromne zniszczenia i nieopisane cierpienia w czasie wojen, ale miał również znaczący wpływ na dalszy rozwój przemysłu dóbr cywilnych. Wystarczy pomyśleć o bezpieczeństwie lotnictwa cywilnego i związanych z nim wymogach dotyczących prawidłowego funkcjonowania nawigacji satelitarnej, monitorowania radarowego przestrzeni powietrznej i przestrzeni bliskiej Ziemi wokół lotnisk i na ich terenie, czy też pokojowego wykorzystania energii jądrowej do wytwarzania energii elektrycznej.

W swojej skondensowanej formie opracowanie to nie miało na celu odpowiedzi na pytanie, jaki wpływ na dostępne na świecie zasoby materialne mają rozwój i produkcja broni, systemów uzbrojenia, pojazdów, systemów wspomagania dowodzenia i elektroniki. Jest to ekscytujące pytanie, gdy aspekt ten jest związany z ekonomiczną koncepcją kosztów utraconych korzyści, która zasadniczo zakłada, że zasoby mogą być wykorzystane w procesie produkcyjnym tylko raz. Na przykład w średniowieczu i w czasach nowożytnych duże lasy musiały być wycinane w trakcie nadmiernej eksploatacji przyrody, aby móc budować okręty wojenne. Ta nadmierna eksploatacja pozostawiła wielkie ślady w niektórych krajach europejskich, takich jak Grecja czy Hiszpania. Innym przykładowym obszarem jest ogromne zapotrzebowanie energetyczne sił zbrojnych w czasie wielkich wojen XX wieku. Działania Marynarki Wojennej USA w wojnie na Pacyfiku były wykonalne tylko dlatego, że USA miały dostęp do pozornie nieograniczonych rezerw ropy. Co jeszcze można było osiągnąć w społeczeństwie z tym całym paliwem spalanym w lotniskowcach i silnikach samolotów myśliwskich, inne użyteczne rzeczy. Wszystkie te powiązania mają zostać wyjaśnione w ramach dalszego dochodzenia.

Bibliografia

Technologia Broni - Generał
Felberbauer F.: Waffentechnik I, tom 1, Troop Service Paperback, AV+Asoria, Wiedeń 2006
Felberbauer F.: Waffentechnik I, Tom 2, Troop Service Paperback, AV+Astoria, Wiedeń 2007
Johnson B.: Top Secret Science and Technology in the Second
Wojna światowa, Pietsch Verlag, Stuttgart bez roku
Rheinmetall: Kieszonkowa broń, Rheinmetall,
Düsseldorf 1980

Ogólne działania wojenne
Służba wojskowa AG: Siły Zbrojne Państw Układu Warszawskiego Część B
Broń i sprzęt, Herold, Wiedeń 1989
AG Truppendienst: Armie Narodów NATO, Herold, Wien 1986
AG Troop Service: Zagraniczne Armie - Armie Neutralne i
Państwa Europy niebędące członkami UE, Carl Ueberreuter, Wiedeń 1985 r.
Fuchs T.: Historia europejskich działań wojennych Część 1,
Papier do służby wojskowej, Ueberreuter, Wiedeń 1972
Fuchs T.: Historia europejskich działań wojennych Część 2,
Referat służby wojskowej, Ueberreuter, Wiedeń 1974
Fuchs T.: Historia europejskich działań wojennych Część 3,
Bernard & Graede, Monachium 1977

Literatura dotycząca danego kraju
Hahn F.: Broń i tajna broń armii niemieckiej 1933-1945,
Bernard&Graefe, Bonn 1998

Technologia w ogóle
Schwartz Cowan R.: A Social History of American Technology, Oxford
Prasa uniwersytecka, Oxford 1997

Piechota
Cadiou Y, Richard A.: The Modern Small Arms, BLV Verlagsgesellschaft, Monachium1976 r.
Keller J..: Straszny cud pana Gatlinga: Pistolet, który wszystko zmienił.
i niezrozumiany Geniusz, który go wynalazł, Wiking 2008.
Swenson G.W.P.: The Rifle, Motorbuchverlag, Stuttgart 1973.

Król J.B., Batchelor I: Piechota w II wojnie światowej, Heyne, Monachium 1975

Korpus Pancerny Czołgów
Chant C..: World Encyclopedia of the Tank, Patrick Stephens Ltd., Somerset 1994
Chant C..: Pojazdy pancerne XX wieku, Tiger Books, Londyn 1996.
Ford R.: czołgi od 1916 r. do dnia dzisiejszego, Karl Müller Verlag, Erlangen bez
Specyfikacja roku

Artyleria
Batchelor J., Hogg I: The History of Artillery, Heyne, Monachium 1977
Kosar F.: Paperback of Artillery Volume 1, Light Field Guns, J.F.Lehmanns Verlag, Monachium 1971
Kosar F.: Paperback of Artillery Volume 2, Medium Field Guns, J.F.Lehmanns Verlag, Monachium 1973
Kosar F.: Paperback of Artillery Band 3, Heavy Guns and
Działa kolejowe, Bernard&Graefe Verlag, Monachium 1978

Obrona przeciwlotnicza
Batchelor J., Hogg I: The History of Artillery, Heyne, Monachium 1977

Motoryzacja sił zbrojnych
Georgano G.N.: Pojazdy wojskowe z II wojny światowej, Osprey Automotive,
Londyn 1994
Komet: Lexikon der Trucks, Komet, Kolonia bez roku
Mazza F.: pojazdy wojskowe, Moewig, Rastatt 1992
Norbye J.P.: Cars made in Japan, Bleicher Verlag, Gerlingen 1991
Oswald W.: pojazdy silnikowe i czołgi Reichswehry, Wehrmachtu i
Niemieckie Siły Zbrojne, Motorebuchverlag, Stuttgart 1970
Posthumus C.: The first cars, Heyne, Monachium 1976
Posthumus C.: Classic Cars, Heyne, Monachium 1977
Spielberger W.J.: pojazdy silnikowe i czołgi armii austriackiej
1896 do dziś, Motorbuchverlag, Stuttgart 1976
Vanderveen B.: Dyktando Historycznych Pojazdów Wojskowych, Bitwa o Brytanię
Prints International, Londyn 1989

Amunicja
Mötz J.: Austriackie naboje wojskowe, Verlagsbuchhandlung Stöhr, Wiedeń 2001
Mötz J.: Österreichische Militärpatronen Band 1 & 2, autopublikowane przez Mötza,
Laxenburg 2001

Marynarka Wojenna
Baumgartner L., Sieche E.: Statki c.(u.)k. Marynarka wojenna na zdjęciu Tom 1: 1848-1895, Verlagsbuchhandlung Stöhr, Wiedeń 1999 r.
Baumgartner L., Sieche E.: Statki c.(u.)k. Marynarka wojenna na zdjęciu Tom 2: 1896-1918, Verlagsbuchhandlung Stöhr, Wiedeń 2001
Bathe B.W., De Cervin G.B: Żaglowce są wielkie, Delius, Bielefeld 1991
Beeler J.: Birth of the Battleship, Chatam, Londyn 2001
Bilzer F.: Torpedowce i niszczyciele K.U.K. Kriegsmarine 1867-1918, Weishaupt, Graz 1990
Breyer S.: pancerniki i krążowniki bojowe 1905-1970, Lehmann, Monachium 1970
Burton A.: The Rise and Fall of British Shipbuilding, Constable, Londyn 1994
Chant C.: Fast attack boats, Motorbuchverlag, Stuttgart 1994
Chiesneau R.: Aircraft Carriers of the World, 1914 to the present, Arms and Armour Press, Londyn 1992
Clancy T.: Nuclear Submarine, Heyne, Monachium 1995
Clancy T.: Marines, Heyne, Monachium 1998
Conway's History of Ships: The Earliest Ships, Conway's, London 1996
Historia statku Conway'a: Cogs, Caravels and Galleons, The Sailing Statek 1000-1650, Conway's, Londyn 1994
Historia statku Conway'a: The Advent of Steam, The Merchant Statek parowy przed 1900 r., Conway's, Londyn 1993 r.
Conway's History of Ships: Steam, Steel and Shellfire, The Steam Warship 1815-1905, Conway's, Londyn 1992
Historia statku Conway'a: Linia bitwy, Żeglarski okręt wojenny 1650-1840, Conway's, Londyn 1992
Historia statku Conway'a: Age of the Galley, Conway's, Londyn 1995
Conway's All the World Fighting Ships 1860-1905, Conway, Londyn 1979
Conway's All the World Fighting Ships 1906-1921, Conway, Londyn 1985
Conway's All the World Fighting Ships 1922-1946, Conway, London 1980

Conway's All the World Fighting Ships 1947-1995, Conway, Londyn 1995
Croizat V.: The Brown Water Navy, Blanford Press, Poole 1984.
The Reibert Marine, Mittler, Herford 1987
Dunmore S.: Zatopione łodzie podwodne, Collection Rolf Heyne, Monachium 2002
Fock H.: Small naval ordnance, Koehler, Hamburg 1996
Fock H.: Z-vor!, International Development and War Deployment of Niszczyciele i torpedowce 1914-1939, Koehler, Hamburg 1989
Fock H.: Z-vor!, International Development and War Deployment of Niszczyciele i torpedowce 1940-1945, Koehler, Hamburg 1989
Friedman N.: The Naval Institue Press World Naval Weapons Systems 1991/92, Naval Institute Press, Annapolis 1991
Greger R.: Pancerniki Świata, Motorbuchverlag, Stuttgart 1993
Gruber K.: Siła morska pod czerwoną, białą, czerwoną flagą - pasma 1 i 2, Österreichischer Milizverlag, Salzburg 2005 (tom 1) i 2006 (tom 2)
Hansen H.J.: Okręty niemieckiej floty 1848-1945, Urbes, Monachium 1973
Duke B..: Niemieckie łodzie podwodne 1906 -1966, Pawlak, Herrsching 1990
Hill R.: The War of the Tankships, Brandenburgisches Verlagshaus, Berlin 2001
Izrael U.,Gebauer J.: Statki pancerne około 1900 roku, Branderburg Wydawnictwo, Berlin 1998
Jackson R.: Niszczyciele, Fregaty i Korwety, Grange, Rochester 2002
Kapelan P., Currie J.: Konwój, Mediator, Hamburg 1999
Layman R.D. McLaughlin S.: The Hybrid Warship, Conway, London 1991
Lyon H.: Fighting ships, dolphin, Monachium 1986
Macintyre D., Bathe B.: Okręty wojenne w 5000 lat, Weltbild Verlag, Augsburg 1992
McKay J.: The 100-gun ship Victory, Conway, London 1987
Miller D.: Łodzie podwodne, wydawnictwo książek motoryzacyjnych, Stuttgart 1992 r.
Pawlik G.; Baumgartner L.: S.M. Submarines, Weishaupt, Graz 1986
Pawlik G., Christ H., Winkler H.: K.u.K. Flotylla naddunajska 1870-1918, Weishaupt, Graz 1989
Preston A., Batchelor J.: Łodzie podwodne od 1919 r., Heyne, Monachium 1974 r.
Preston A., Batchelor J.: Submarines until 1919, Heyne, Monachium 1975
Preston A.: Cruiser 1880-1990, wydawca książek o silnikach, Stuttgart 1991.
Rasdolgin A.A.: Historia rosyjskiej marynarki wojennej do 1917 roku, Koehler, Herford 1993

Roberts J.: The Battleship Dreadnought, Conway, London 1992
Schaumann W, Schubert P.: War on the Danube, The History of KOOT Donauflottille, Mayer&Comp, Klosterneuburg bez roku
Schmalenbach P.: Historia artylerii morskiej, Koehler, Herford 1993
Speller I., Tuck Ch.: Pojazdy amfibii w użyciu, wydanie Historia współczesna, Wiedeń 2001
Terzibaschitsch S.: Combat Systems of the U.S. Navy, Koehler, Hamburg 2001
White J.F.: Tankowiec okrętowy 1941-1945, Koehler, Hamburg 2000
Książeczka kieszonkowa floty Weyers 1999/2001, Bernard&Graede, Bonn 2000

Siły powietrzne

Bach M.: Przemysł lotniczy w pierwszej wojnie światowej, Nara, Allershausen 2003
Casey L., Batchelor J.: Naval Aircraft 1939-1945, Heyne, Monachium 1975
Cooper B., Batchelor J.: Bomber 1914-1939, Heyne, Monachium bez specyfikacji roku
Cooper B., Batchelor J.: Bomber 1939-1945, Heyne, Monachium bez specyfikacji roku
Gunston B., Batchelor J.: Helikopter 1900-1960, Heyne, Monachium 1977
Gunston B., Batchelor J.: Helikopter 1960-1977, Heyne, Monachium 1977
Keimel R.: Samoloty austriackiej firmy Lohner 1909-1923, wydanie TMW, Wiedeń 1993.
Kens K., Müller H.: Samolot pierwszej wojny światowej 1914-1918, Hejne, Monachium 1966
Kens K.: Samoloty z II wojny światowej 1939-1945, Heyne, Monachium 1968
Munson K.: The World War II Aircraft, Motorbuchverlag, Stuttgart 1995
Nicolaou S.: Historia samolotów morskich, Pięta, Wintermühlenhof 1997
Oliver D: Latające łodzie i samoloty amfibijne od 1945 roku, wydawca książek motoryzacyjnych, Stuttgart 1991

O'Connor M.: Air Aces of the Austro-Hungar Empire 1914-1918, Flying Machines Press, Mountain View 1994

Pociski

Engelmann J.: Rakiety, które powinny decydować o wojnie, Nebel 2006

Broń jądrowa
Hoffmann K.: J. Robert Oppenheimer: twórca pierwszej bomby atomowej, Springer 1995

Broń biologiczna
Barnaby W.: Broń biologiczna - niewidzialne zagrożenie, Goldmann, 2002

Broń chemiczna
Gartz J.: Chemiczne środki bojowe, Lörbach 2003
Grümmer G.: Giftküchen des Teufels, wydawnictwo wojskowe NRD, Berlin 1985 r.
Uzbrojenie w ogóle
Wetzig S.: The German Armament Sites 1939-1945, Podzun-Pallas, Wölfersheim 2005

Wsparcie dowodzenia
Olischer J. i Koisser L.: Electronic Warfare I, TD, Wiedeń 2003 r.
Haid K.: Środki komunikacji z biegiem czasu, Dipl. Arbeit am FH-StG "Militärische Führung", Wr. Neustadt 2000

Elektronika
Sifferlinger N.: Wycofanie się obiecuje sukces - radiotelegrafia Wielkiej Brytanii. Kriegsmarine, Wydawnictwo Austria, Wiedeń 2000

Wykorzystanie przestrzeni kosmicznej do celów wojskowych
Thaller G.E.: Spy Satellites, Vth, 1999

Indeks słów kluczowych

Kopalnie czołgów Ironclads Czołgi: patrz czołgi bojowe, zmechanizowane pojazdy bojowe piechoty, pojazdy bojowe piechoty Pistolety R Rakiety - Rozwój Radar - Rozwój Systemy robotyczne System obrony przeciwrakietowej Rewolwer S Rozwój prochu strzelniczego Battleship Łódź motorowa (typ statku) Karabin samozaładowczy Highflyer Bombowce strategiczne karabin szturmowy Samolot odrzutowy T Rozwój torpedy U Okręty podwodne W Broń kosmiczna Z Zeppelin (sterowiec) Niszczyciel (typ statku)	

Kolibri 360 GmbH
Ferdinand-Jühlke-Straße 7
99095 Erfurt, Deutschland
produktsicherheit@kolibri360.de

Druck:
CPI Druckdienstleistungen GmbH
im Auftrag der
Kolibri 360 GmbH
Ferdinand-Jühlke-Str. 7
99095 Erfurt